**변화의 시작**
5AM 클럽

# 변화의 시작
# 5AM 클럽

로빈 샤르마 지음 | 김미정 옮김

한국경제신문

# 오늘부터 시작하라

이 책을 손에 든 당신에게 깊은 감사를 드린다. 당신의 소질과 재능이 아름답게 표현되는 데 이 책이 도움이 되기를 간절히 바란다. 나아가 창의성과 생산성, 세상을 향한 봉사의 마음에도 영웅적인 변화를 일으키기를 기대한다.

나는 이 책을 이탈리아, 남아프리카공화국, 캐나다, 스위스, 러시아, 브라질, 모리셔스에서 4년에 걸쳐 썼다. 등 뒤에서 불어오는 부드러운 여름 바람처럼 글이 술술 써질 때도 있었고, 좀처럼 진도가 나가지 않을 때도 있었다. 창의력 고갈로 백기를 들고 싶을 때도 있었고, 나의 개인적 욕구를 넘어서는 큰 책임감이 계속 글을 쓰도록 힘을 불어넣어 준 때도 있었다.

.

이 책은 내가 20년 넘게 유명한 기업가들, 전설적인 회사의 최고경영자들, 스포츠 슈퍼스타들, 음악계의 우상들, 왕족들에게 가르쳐 엄청난 성공을 거둔 개념과 방법들을 바탕으로 하고 있다. 책이 완성되기까지 나와 함께해준 세계 각지의 훌륭한 분들께 큰 감사를 전한다.

당신을 위해 내가 가진 모든 것을 쏟아부어 이 책을 썼다. 그래서 나는 마음을 다해 당신에게 이 책을 바친다. 세상은 더 많은 영웅을 필요로 한다. 당신 안에 영웅이 있는데 왜 영웅이 나타나기를 기다리고만 있는가? 오늘부터 시작하라.

사랑과 존경을 담아
로빈 샤르마

THE 5AM CLUB
# CONTENTS

"우리에겐 승리를 축복할 영원 같은 시간이 있지만, 그 승리를 쟁취할 수 있는 시간은 그리 많지 않다."

— 에이미 카마이클Amy Carmichael

"자신이 원하는 사람이 되는 데 너무 늦거나 너무 이른 때란 없다. 나는 당신이 자부심을 가지고 살아가길 바란다. 만약 자신이 그렇지 않다고 생각된다면, 언제고 다시 시작할 힘을 가졌길 바란다."

— 스콧 피츠제럴드F. Scott Fitzgerald

"음악을 듣지 못하는 이들에게는 춤을 추는 사람들이 미쳤다고 생각될 수도 있다."

— 프리드리히 니체Friedrich Nietzsche

Own Your Morning
Elevate Your Life

1장

# 변화를 갈망하다

총을 쓰면 너무 끔찍하겠지. 목을 매는 방법은 너무 구식이고. 손목을 긋는다면 너무 조용히 넘어가 버리겠지. 이제 방법을 정하는 일만 남았다. 한때는 영예로웠던 생을 신속하고 정확하게, 가장 덜 지저분하면서 가장 효과적으로 끝낼 방법을.

불과 1년 전만 해도 아주 멋진 삶이었다. 그녀는 업계의 거물, 사회의 지도자, 자선가로 널리 칭송받는 기업인이었다. 대학 재학 중에 기숙사 방에서 설립해 30대 후반인 지금까지 경영하고 있는 기술 회사는 제품을 내놓을 때마다 격찬을 받으면서 시장 점유율을 계속 높여왔다.

그러나 그녀를 몹시 질투하는 비열한 자들이 기습적인 쿠데타를 일으키는 바람에 그녀는 회사 지분을 크게 잃고 새로운 직장을 찾아야만 되는 처지로 전락했다. 삶의 거의 전부를 바쳐 일궈온 회사인데 말이다.

그녀에게 이 놀라운 사태는 견디기 힘들 만큼 잔인한 일이었다. 평소 겉모습은 차가워 보여도 그녀는 동정심과 인정, 사랑이 넘치는 사람이었다. 당연하게도, 인생 자체에 배신당했다는 생각이 들었다. 자신은 마땅히 훨씬 나은 대접을 받아야 하는 사람이었다.

그녀는 수면제를 병째로 털어 넣는 방법을 생각해냈다. 그러면 더 깨끗이 목숨을 끊을 수 있으리라. 수면제를 한꺼번에 털어 넣고 신속히 끝내버리자. 한시라도 빨리 이 고통에서 벗어나야만 한다.

그때 서랍장 위의 무언가가 그녀의 눈에 띄었다. 온통 흰색으로 꾸민 침실이라 더욱 돋보이는 세련된 오크 서랍장이다. 거기에는 어머니가 준 '개인 최적화personal optimization' 콘퍼런스 입장권이 놓여 있었다. 평소 그녀는 그런 행사에 참석하는 사람들을 '날개가 부러진' 이들이라고 비웃었다. 발전적이고 성공적인 삶을 사는 데 필요한 모든 것을 이미 갖추고 있으면서도 사이비 스승으로부터 답을 찾으려 한다는 이유에서였다.

어쩌면 그 견해를 재고해야 하는 때인지도 모른다. 사실 선택의 여지가 별로 없었다. 그 콘퍼런스에 가서 목숨을 구할 돌파구를 찾아보든지, 아니면 평화를 찾아야 했다. 신속한 죽음을 통해서.

## 2장

# 진정한 성공과 행복을 위한 원칙

당신의 열정을 꺼뜨리지 말라.
모든 것이 불확실하고 희망조차 보이지 않는 늪처럼 여겨질지라도
꺼지지 않는 불꽃으로 점화해라.
당신이 누려 마땅하지만, 도달할 수 없었던 삶에 대한 좌절로 인해
당신 영혼 속의 영웅이 쓸쓸히 사라지게 하지 마라.
당신은 원하는 세상을 쟁취할 수 있다.
그것은 존재하는 현실이며, 또한 가능하다. 당신의 것이다.
아인 랜드

그는 매우 훌륭한 연사였다. 청중을 사로잡는 웅변가였다. 여든이 넘어 전설적인 경력의 끝자락에 접어든 그는 영감을 주는 대가, 리더십의 전설, 평범한 사람들이 재능을 최대한 발현하도록 돕는 진실한 정치인으로 전 세계인의 존경을 받아왔다. 그래서 강연회가 열릴 때면 경기장을 가득 채울 만큼 많은 사람이 몰려들었다.

그의 강연은 특별한 데가 있었다. 우리 마음속의 전사를 이끌어내는 통찰과 우리 가슴속의 감성 풍부한 시인을 불러내는 아이디어가 조화를 이뤘다. 그의 메시지는 보통 사람들이 일에서 최고의 성공을 거두면서도 값진 삶을 사는 마법을 되찾을 수 있도록 방법을

제시해줬다. 그럼으로써 냉정한 세상이 우리를 복잡성complexity, 피상성superficiality, 기술적 혼란technological distraction의 북새통에 빠뜨리기 전에 우리가 본래 지니고 있던 천재성을 되찾게 해주었다.

연사는 고령인 탓에 등이 약간 구부정했지만, 키가 컸다. 연단으로 걸어가는 그의 발걸음은 조심스럽지만 우아했다. 잔잔한 흰색 세로줄 무늬가 들어간 진회색 양복 차림은 매우 품위 있었고, 푸른 빛이 도는 안경이 적당한 멋을 더해줬다.

"자신이 가진 재능을 전부 발휘하지 않고 시간을 보내기에는 인생이 너무나도 짧습니다." 연사는 강연장을 채운 수천 명을 향해 입을 열었다.

"여러분은 전설이 될 책임뿐만 아니라 기회 또한 얻어 세상에 태어났습니다. 대가 수준으로 과업을 완수하고, 대단히 중요한 일을 달성하며, 이 작은 행성에 선을 가져오는 원동력이 되도록 설계되고 창조됐습니다. 여러분에게는 비문명화된 문명 속에서 본연의 위대함을 다시 주장할 힘이 있습니다. 고급 신발과 값비싼 물건들은 사들이면서도 더 나은 자신이 되는 데는 좀처럼 투자하지 않는 수많은 사람들 가운데서 여러분은 자신의 고결함을 회복할 수 있습니다. 여러분의 리더십은 끊임없이 디지털 기기로 이끌리는 사이버 좀비 노릇을 그만두고 탁월함을 모델로 삼아 삶을 재구성하고, 예의를 보여주고, 선량한 사람들에게 제약을 가하는 자기중심성에서 벗어나기를 요청합니다. 아니, 요구합니다. 세상의 모든 위인은 테이커taker가 아니라 기버giver였습니다. 많은 것을 소유한 사람이 승자라는 흔한 망상을 버리십시오. 대신 독창성과 그것이 제공하는 유용성으로 시장을 흔들어놓는 영웅적인 일을 하십시오. 그러면서도 대단히 윤리적이고, 놀랍도록 아름답고, 내면의 평화를 견고히 지키는 개인 생활을 가꾸어나갈 것을 권합니다. 이것이 천사와 함께 하늘로 날아오르는 방법입니다. 그리고 신과 함께 걸어가는 방법입니다."

연사가 잠시 말을 멈추고 숨을 크게 들이쉬었다. 숨쉬기가 불편한 듯 숨을 들이쉴 때마다 쌕쌕거리는 소리가 났다. 그는 갓 입대한 이등병의 군화만큼 광을 낸 세련된 검정 부츠를 내려다봤다. 그 순간, 앞줄에 앉은 청중은 그의 늙은 얼굴에서 눈물 한 방울이 떨어지는 것을 보았다.

그의 침묵은 몹시 불길했다. 연사가 불안정해 보이자 긴장 속에 몇몇 청중이 자리에서 들썩거렸다. 얼마 후 연사는 왼손에 들고 있던 마이크를 내려놓았다. 그리고 조심스럽게 바지 주머니에 손을 넣어 손수건을 꺼내 뺨을 닦았다.

"여러분 각자의 인생에는 사명이 있습니다. 여러분 모두의 영혼은 본능적으로 탁월함을 지향합니다. 이 강당 안의 누구도 평범한 수준에 머물 필요가 없으며, 산업계에 뚜렷이 드러나고 있는 집단적 탈전문화collective de-professionalization와 명백한 사회 현상인 대량 평준화mass mediocratization에 굴복할 필요도 없습니다. 너무나 많은 선량한 사람이 머릿속으로 한계를 정해놓고 그것을 현실로 믿습니다. 뛰어난 잠재력을 지닌 많은 사람이 일이나 개인 생활에서 특별해질 수 없는 이유에 갇혀 살아갑니다. 그런 모습을 보노라면 제 마음이 아픕니다. 여러분의 변명은 모사꾼이며, 두려움은 거짓말쟁이이며, 의심은 도둑이라는 사실을 기억해야만 합니다."

많은 사람이 고개를 끄덕였다. 몇몇이 손뼉을 쳤고, 이내 강당 전체가 박수 소리로 가득 찼다.

"저는 여러분을 이해합니다. 정말입니다." 연사가 말을 이었다.

"여러분의 인생에서 힘든 시간이 있었다는 것을 압니다. 누구나 그러니까요. 열의와 욕망, 호기심으로 가득한 어린 시절에는 어떤 꿈을 꾸었던가요. 그때 생각했던 대로 일이 잘 풀리지 않는다고 느낄 수도 있을 것입니다. 늘 반복되는 나날이 여러분이 계획했던 바는 아니겠지요? 일을 하다 보면 때때로 영혼이 질식할 것 같다는 느낌을 받기도 할 것입니다. 걱정거리들로 스트레스를 받고 끝없는 책임에 시달리느라 독창성이 억압받고 기운이 빠지는 것도, 우리를 노예로 만드는 기술 탓에 하찮은 것들을 욕심내고 욕구의 즉각적인 충족을 갈망하는 것도, 늘 똑같은 한 주를 보내면서 그게 인생이라고 부르는 것도 전부 계획에 없던 일일 것입니다. 땅에 묻히는 건 여든 살이 넘어서이겠지만 이미 서른 살 때부터 죽어 있는 사람이 너무 많습니다. 네, 알고 있습니다. 여러분은 상황이 달라지기를 바랐을 것입니다. 더 재미있고, 더 신나고, 더 성취감을 주고, 특별하고, 신비로운 나날을 꿈꿨을 겁니다."

마지막 대목에서 연사의 목소리가 떨렸다. 숨쉬기도 힘겨워 보였다. 미간을 찡그리며 걱정스러운 표정을 짓던 그는 무대 한쪽에 놓인 의자로 가서 앉았다.

"네, 이 강당에는 현재 좋아하는 삶을 사는 사람도 많이 있다는 것을 알고 있습니다. 일에 열중하고, 거의 비현실적인 열정으로 가족과 지역사회를 풍요롭게 하며, 세상에서 큰 성공을 거둔 사람들이겠죠. 정말 잘하셨습니다. 하지만 그런 분들에게도 춥고 위험한 계곡에서 길을 잃었던 시기가 있습니다. 탁월성과 용기로 가득 찬 내면의 보물창고에 등을 돌리고 편안함과 두려움, 무감각의 좁은 세계로 주저앉는 바람에 창조력과 생산성이 무너졌던 적이 있습니다. 나약한 삶에 실망하고, 어린 시절의 부푼 꿈들이 꺾였던 적이 있습니다. 믿었던 사람에게 상처를 받고, 이상이 훼손된 적이 있습니다. 그리고 순수한 마음이 짓밟히면서 삶이 황폐해졌던 적도 있습니다."

강연장이 동굴 안처럼 조용해졌다.

"여러분이 인생행로의 어디쯤 와 있든, 불완전한 과거의 고통으로 멋진 미래의 영광이 방해받게 하진 마십시오. 여러분은 스스로가 알고 있는 것보다 훨씬 강합니다. 눈부신 승리와 넘치는 축복이 곧 찾아올 것입니다. 여러분이 지금 겪고 있는 가혹한 시련은 대단히 생산적이고, 비범하고, 영향력 있는 삶을 영위하는 데 요구되는 성장의 과정입니다. 혹시 지금의 삶이 엉망진창이라고 느껴진다면, 그것은 두려움이 믿음보다 조금 더 강하기 때문입니다. 연습을 통해 두려움에 떠는 내면의 목소리를 낮출 수 있습니다. 그리고 승리의 목소리를 높일 수 있습니다. 사실 여러분이 경험했던 도전적인 사건들, 여러분에게 해가 됐던 사람들, 여러분이 견뎌냈던 시련들 전부가 지금의 여러분이 되기 위한 완벽한 준비 과정이었습니다. 지금 여러분 안의 보물, 재능, 힘을 깨어나게 하는 교훈들이었습니다. 어떤 것도 우연이 아니었습니다. 헛된 것은 없었습니다. 여러분이 가장 원하는 삶을 시작하기 위해서 반드시 거쳐야 할 것들이었습니다. 그것들이 여러분을 세계를 변화시킬 인물, 제국을 건설할 주역, 역사의 창조자로 만들어줄 것입니다."

"아주 쉬운 일처럼 말씀하시지만, 실제로는 그렇지 않죠."

다섯째 줄에 앉은 빨간 야구 모자를 쓴 남자가 소리쳤다. 불쑥 내

뱉은 지적이 무례해 보일 수도 있었지만, 그의 음색과 몸짓은 연사에 대한 진심 어린 존경을 드러내고 있었다.

"나도 선생의 의견에 동의합니다. 어떤 아이디어든 활용되지 않는다면 전혀 가치가 없습니다. 아무리 작은 실행이라도 거창한 의도보다 가치가 있습니다. 그런데 경이롭고 전설적인 인물로 성장하기 위한 실행이 쉽다면 모든 사람이 그렇게 하고 있겠죠. 그렇지 않습니까?"

"그렇죠." 빨간 모자를 쓴 남자가 손가락으로 아랫입술을 문지르며 대답했다.

"사회는 우리에게 거짓말을 해왔습니다." 연사가 힘겹게 일어나 말을 이었다.

"모든 가능성에는 안전한 항구를 떠나려는 힘겨운 노력, 정기적인 재창조, 깊은 헌신이 매일 요구됩니다. 그런데도 사회는 즐기며 사는 것이 낫다고 말해왔죠. 저는 현실에 안주하고 편안하게 살라는 유혹이 궁극적으로는 불굴의 자세로 자신의 찬란한 꿈을 위해 노력하는 삶보다 100배는 더 잔인하다고 믿습니다. 현재 성공한 사람, 영향력이 있는 사람, 행복한 사람들은 '자신의 안전지대를 벗어나야 세계적 수준으로 발돋움할 수 있다'는 준칙을 항상 기억합니다."

남자가 고개를 끄덕였다. 그 말고도 고개를 끄덕이는 사람이 여럿 보였다.

"우리는 어려서부터 탁월성, 독창성, 품위라는 가치를 추구하며 사는 데에는 별다른 노력이 필요하지 않다는 생각을 주입받았습니다. 그래서 길이 험해지고 인내심이 필요해지면, 길을 잘못 들었다는 생각을 하게 되죠." 연사는 의자에 다시 앉으면서 지적했다. "우리 사회는 약속을 지킬 줄 모르고, 책무를 어기고, 아주 작은 장애물에도 포부를 접는 심약하고 예민한 사람들의 문화를 조장해왔습니다."

연사가 한숨을 크게 쉬었다.

"힘든 것은 좋은 것입니다. 진정한 위대함과 타고난 천재성의 발현은 본디 어려운 일입니다. 최대 한계까지 안간힘을 다해 노력하는 사람들만이 자신의 위대함과 천재성을 드러낼 수 있습니다. 자신의 특별한 힘, 가장 뛰어난 능력, 가장 고무적인 야망을 실현하는 여정에서 발생하는 고통은 인간에게 만족감을 선사하는 가장 큰 원천 중 하나입니다. 보상을 받는 데 필요한 일을 다 했으며, 최상의 자신이 되기 위해 대담하고도 열정적으로 노력했다고 확신할 때 행복과 내적 평화의 문이 열립니다. 재즈의 전설인 마일스 데이비스 Miles Davis는 자기 분야의 평균을 뛰어넘어 뛰어난 잠재력을 최대한 발휘하기 위해 전력을 다했습니다. 미켈란젤로는 엄청난 정신적, 정서적, 신체적, 영적 희생을 치르며 걸작들을 완성했습니다. 평범한 재봉사이지만 대단한 용기를 지녔던 로사 파크스 Rosa Parks는 버스에도 흑인과 백인의 좌석이 따로 있던 시절, 체포되는 굴욕을 무릅쓰고 백인에게 자리를 양보하기를 거부하여 흑인 인권 운동에 불을 지폈습니다. 찰스 다윈은 그 유명한 진화 이론을 수립하기까지 장장 8년 동안 따개비를 연구하며 고도의 기교를 갖추려면 어떤 의지가 필요한지 보여주었습니다. 다시 오지 않을 인생의 많은 시간을 시답잖은 셀피 selfie와 온라인 친구들의 아침 식사를 구경하거나 폭력적인 비디오 게임을 하는 데 소비하는 대다수 현대인은 이러한 헌신을 '미친 짓'으로 치부할 것입니다."

연사는 이렇게 지적하면서 마치 참석자 한 명 한 명과 시선을 맞추기라도 하려는 듯이 강당을 둘러보았다.

"스티븐 킹Stephen King은 《캐리》가 팔려 유명해지기 전에 고등학교 작문 교사와 세탁 공장 인부로 일했습니다." 늙은 연사의 이야기가 이어졌다. "그는 원고가 몹시 실망스러워 쓰레기통에 버리려고 했어요. 다행히 그의 아내 태비사가 남편이 외출했을 때 원고를 발견했죠. 그녀는 담뱃재가 묻은 원고를 깨끗이 털어 읽어보고는 남편에게 멋진 작품이라고 말해줬습니다. 그제야 킹은 원고를 출판사에 보냈죠. 그래 봐야 선인세로 겨우 2,500달러를 받았지만 말입니다."

"정말?" 앞쪽에 앉은 여성이 무심코 중얼거렸다.

"그럼요"라고 연사가 대답했다. "빈센트 반 고흐 또한 평생 900점의 유화와 1,000점 이상의 스케치를 남겼지만 사후에야 유명해졌습니다. 그의 창작욕은 대중의 박수갈채로 부추겨진 자부심에서 나온 것이 아니었습니다. 어떤 고난을 감내하더라도 자신의 창조력이 어디까지 발휘될 수 있는지 보고 싶어 하는 본능에 고무된 것이었습니다. 전설적 존재가 되기란 절대 쉽지 않습니다. 하지만 저는 평범함에 갇히기보다는 그 길을 선호합니다. 평범함은 영웅의 잠재력을 가진 수많은 사람이 끊임없이 경계해야 하는 상황이죠."

연사의 말투는 무척 단호했다.

"간단히 말하면 여러분이 가장 불편하게 느끼는 상황에 가장 큰 기회가 있다는 것입니다. 마음이 불편해지는 신념, 위협을 느끼는 감정, 불안함을 느끼는 프로젝트 등 여러분의 불안정한 부분이 저항하는 곳에서 재능을 발휘해야 합니다. 창의적인 생산자이며 개인적 자유와 기회를 추구하는 사람으로서 자신의 역량을 깊이 들여다

보십시오. 그런 다음 그 신념과 감정, 프로젝트를 속히 받아들이십시오. 그것들을 무시하며 일상을 반복해서는 안 됩니다. 겁을 먹었던 그것들에 발을 들여놓을 때, 여러분은 잊고 있던 힘을 되찾을 것입니다. 그리고 어린 시절 이후로 잃었던 순수와 경외감을 되찾게 될 것입니다."

갑자기 연사가 기침을 하기 시작했다. 처음에는 가벼운 기침이었으나 점차 격렬한 기침으로 변했다. 그러다가 갑자기 푹 고꾸라졌다.

한 손에는 휴대전화, 다른 한 손에는 낡은 수첩을 든 비서가 철제 계단을 뛰어 올라갔다. 하지만 너무 늦었다. 늙은 연사는 바닥에 쓰러진 채 꼼짝도 하지 않았다. 넘어지면서 머리에 생긴 상처에서는 조금씩 피가 흘러내렸다. 손에는 여전히 손수건이 쥐어져 있었다. 안경이 옆에 떨어져 있고, 반짝거리던 그의 눈은 감겨 있었다.

3장

# 낯선 이와의 뜻밖의 만남

천년만년 살 것처럼 생활하지 말라. 죽음이 너를 맴돌고 있나니.
아직 살아 있는 동안, 여전히 지상에 존재하는 동안,
진정 선한 사람이 되려고 노력하라.
마르쿠스 아우렐리우스

사업가는 강연장에서 만난 사람들에게 거짓말을 했다. 생산성을 높일 방법을 배우기 위해서 온 거라고 말이다. 구루의 방법론을 배우면 자신의 회사가 독보적인 경쟁 우위를 확보하여 시장을 확실히 지배할 것으로 기대한다고도 말했다. 하지만 당신은 그녀가 콘퍼런스에 참석한 진짜 이유를 알고 있다. 그녀는 희망을 되찾아야만 했다. 그래야 살 수 있었다.

강연장에는 화가도 한 명 있었다. 그는 어떻게 하면 창의력을 자극하고 능력을 키워 미술계에 오랫동안 영향을 미칠 수 있는 그림을 그릴 수 있는지 이해하기 위해 강연장을 찾았다. 그리고 몰래 들어온 듯한 노숙자도 있었다.

사업가와 화가는 서로 옆자리에 앉아 있었다. 강연장에서 처음 만난 사이였다.

"연사님은 돌아가신 걸까요?"

사업가가 밥 말리Bob Marley 같은 레게머리를 만지작거리고 있는 화가에게 물었다.

"잘 모르겠어요. 나이도 많은 데다 너무 세게 넘어져서 말이죠. 깜짝 놀랐네요. 이런 일은 처음 봐요." 화가는 귀걸이를 잡아당기며 걱정스럽게 답했다.

"저는 이분 강연에 처음 와봐요. 이런 데에 관심이 없었거든요"라고 사업가가 말했다. "하지만 디지털 기기들이 집중력과 깊은 사고력을 파괴하는 이 시대의 생산성에 관한 정보는 마음에 들었어요. 강연을 들으면서 내 지적 자산을 지키는 방식을 개선해야 한다는 사실도 깨달았고요." 그녀는 의례적인 말을 이어갔다. 자신의 사정을 털어놓을 마음이 전혀 없고, 성장의 길을 찾는 사업가라는 인상을 주고 싶어 하는 게 분명했다.

"네, 아주 최신 정보였어요." 화가가 불안해하며 대꾸했다. "강연은 저에게도 큰 도움이 됐어요. 그런데 조금 전 상황이 믿기지를 않네요. 현실 같지가 않아요, 안 그래요?"

화가인 그는 더 나은 그림을 그리고, 개인 생활도 개선하기를 원했기 때문에 연사의 주장을 추종했다. 하지만 이유야 어찌 됐든 자기 내면에 있는 악마가 훌륭한 천성을 지배하는 듯했다. 원대한 야망과 놀랍도록 독창적인 아이디어를 그 악마가 매번 망쳐놓곤 했다.

화가는 덩치가 컸으며 턱 밑에는 염소수염이 삐죽삐죽 나 있었다. 검정 티셔츠와 무릎 아래까지 내려오는 반바지에 검정 부츠를 신고 있었죠. 한마디로 독창적인 차림새였다. 게다가 흥미로운 문신이 양쪽 팔과 왼쪽 다리를 가로질러 이어졌는데 '부자는 가짜들이다' 라는 문구가 새겨져 있었다. 유명한 스페인 화가 살바도르 달리Salvador Dalí가 남긴 '나는 마약을 하지 않는다. 내가 마약이다' 라는 문구도 보였다.

"안녕하시오!" 노숙자 차림의 한 남자가 그들의 몇 줄 뒤에서 큰 소리로 인사를 건넸다. 청중은 강당을 빠져나가는 중이었고, 음향과 조명 담당자는 무대 장치를 치우고 있었다.

막 인사를 나눈 두 사람이 고개를 돌리자 자연인처럼 뒤엉킨 머리카락과 몇십 년간 면도도 하지 않은 듯한 얼굴에 땟국이 흐르는 누더기를 걸친 사람이 보였다.

"네? 무슨 일이시죠?" 사업가가 북극의 얼음장처럼 차가운 목소리로 물었다.

"형씨, 무슨 일입니까?" 화가가 좀 더 온화하게 응수했다.

노숙자가 자리에서 일어나 느릿느릿 걸어와 두 사람 옆에 앉았다.

"구루가 꼴깍했을 것 같소?" 그가 손목에 앉은 딱지를 떼어내며 물었다.

"잘 모르겠어요. 아니었으면 좋겠는데…." 화가가 다시 레게머리 가닥을 빙빙 돌리며 대답했다.

"두 사람은 강연이 마음에 들었소? 노인네의 말에 동의해요?" 꾀죄죄한 노숙자가 질문을 계속했다.

"당근이죠"라고 화가가 대답했다. "나는 좋았어요. 그대로 실천하기가 힘들어서 문제이지, 심오한 이야기들이죠. 효과도 클 테고요."

"나는 잘 모르겠어요. 오늘 강연에서 마음에 드는 부분이 많은 건 사실이지만, 아직 확신이 가지 않는 부분도 있어요. 시간을 두고 생각해봐야 할 것 같아요." 사업가는 냉소적으로 말했다.

"음, 나는 그가 일인자라고 생각해요." 노숙자가 트림을 하며 말했다. "나는 그의 가르침 덕분에 부자가 됐거든요. 세계 최상급 삶을 누리는 것도 그의 덕택이죠. 사람들 대부분이 자신에게 경이로운 일이 '생기기'를 바라죠. 하지만 그는 내게 가르쳐주었어요. 특출한 성과를 올리는 사람들은 경이로운 일이 '일어나게' 한다고 말이에요. 게다가 내 큰 꿈을 이루는 데 필요한 비밀 철학과 그 정보를 결과로 변환할 기술, 즉 전략과 도구도 가르쳐주었어요. 그가 알려준 생산적인 아침 일과 하나만으로도 내가 시장에서 차지하는 영향력이 달라졌어요."

노숙자의 오른쪽 눈 바로 위 이마에는 기다란 흉터 자국이 나 있었다. 거기다 수염까지 회색이어서 위협적인 인상을 주었다. 목에는 인도 사원의 수행자들이 두르는 것과 같은 구슬 목걸이를 하고 있었다. 그의 용모는 수년간 거리에서 살아온 듯이 보였고 과장된 말투는 불안하게 들렸다. 그런데 목소리에서는 이상하게도 권위가 느껴졌고, 그의 눈은 자신감을 내뿜었다.

"미친 사람이네요. 저 사람이 부자라면 나는 마더 테레사지." 사업가가 화가에게 속삭였다.

"그러게요. 정신이 이상한 사람 같아요." 화가가 대답했다. "하지만 저 엄청난 시계 좀 봐요."

60대 후반으로 보이는 노숙자는 왼쪽 손목에 커다란 시계를 차고 있었다. 영국의 헤지펀드 매니저들이 호화 만찬에 차고 갈 법한 시계였다. "최소 10만 달러는 나가겠어요"라고 사업가가 나지막하게 말했다. "우리 회사 사람 몇이 회사가 신규 상장된 다음 날 저런 시계를 샀기 때문에 알아요. 유감스럽게도 근래 회사 주가가 폭락했죠. 그래도 그놈의 시계는 계속 차더라고요."

"그런데 강연의 어느 부분이 가장 좋던가요?" 노숙자가 손목을 벅벅 긁으며 물었다. "도입 부분에서 이야기했던 천재성의 심리학이었소? 혹은 억만장자들의 생산성 비결을 알려준 중간 부분의 놀라운 모델이었소? 최고의 성과를 만들어내는 신경생물학적 기제에 매혹됐을 수도 있겠군요. 아니면 쓰러지기 전에 한 말이었을까? 우리에겐 전설이 될 책임이 있다고 주장한 것 말이죠." 노숙자가 불쑥 윙크를 하더니 자신의 커다란 시계를 흘깃 쳐다봤다.

"친구들, 즐거웠소. 하지만 시간은 가장 소중한 상품 중 하나라고 확실히 배워서 말이오. 투자의 귀재인 워런 버핏Warren Buffet은 부자는 시간에 투자하고 가난한 사람은 돈에 투자한다고 했죠. 그러니 당신들과 길게 어울릴 수가 없군요. 활주로에 제트기가 와 있을 것 같으니 가봐야겠어요."

'저 사람, 망상에 빠진 것 같아'라고 사업가는 생각했다.

"버핏은 '나도 비싼 양복을 삽니다. 내가 입으면 싸구려로 보일 뿐이죠'라는 말도 했죠. 그 말도 기억해두지 그래요?"

약간의 틈을 두고 그녀가 말을 이었다. "무례하게 굴 생각은 없지만, 여길 어떻게 들어왔는지 모르겠군요. 또 그 두꺼운 시계는 어디서 났는지, 제트기 이야기는 뭔지 그것도 모르겠고요. 그리고 강연에서 있었던 사고를 그런 식으로 말하지 말아요. 재미있는 일이 아니잖아요. 정말이지, 그분이 아직 숨이 붙어 있는지 어떤지 모르는 상황인데 말이에요."

"그건 그래요. 그럼 안 되죠." 화가가 동의하며 염소수염을 쓰다듬었다. "당신은 서퍼처럼 얘기하는군요."

"친구들, 진정해요"라고 노숙자가 말했다. "우선 나는 서퍼가 맞아요. 10대 시절을 말리부에서 서핑을 하며 보냈죠. 큰 파도가 부서지는 근처에서 서핑하곤 했어요. 지금은 타마린만의 좀 더 작은 파도를 타죠. 아마 두 사람은 가본 적이 없는 곳일 거요."

"그런 곳은 처음 들어봐요. 터무니없는 이야기만 하는군요." 사업가가 쌀쌀맞게 말했다.

하지만 노숙자의 말문을 막을 수는 없었다.

"둘째로 나는 산업계에서 크게 성공한 사람이에요. 회사를 여럿 세웠고, 그 회사들 전부 수익성이 매우 높답니다. 수십억 달러의 매출을 올리는 회사들이 수익은 바닥이던 시기에도 내가 세운 회사들은 탄탄하게 성장했어요. 세상이 미쳐가고 있어요. 탐욕은 넘치고 분별력은 부족하죠." 그가 걸걸한 목소리를 좀 더 높이며 덧붙였다. "셋째, 괜찮다면 나는 비행기가 기다리고 있어서 가봐야겠소. 비행장은 여기서 멀지 않지만. 가기 전에 다시 한번 물을게요. 궁금해서 그래요. 두 사람은 강연의 어느 부분이 가장 좋았어요?"

"거의 전부요"라고 화가가 대답했다. "연사님의 이야기를 한 마디도 빠뜨리지 않고 녹음할 정도로 마음에 들었어요."

노숙자가 말했다. "음, 좋아요. 어디 들어봅시다. 강연에서 당신이 가장 흥미를 느꼈던 부분을 틀어봐요."

"내가 녹음한 전부가 마음에 들 거예요!" 화가가 팔을 들자 기타의 거장인 지미 헨드릭스Jimi Hendrix를 정교하게 새긴 문신이 드러났다. 죽은 슈퍼스타의 얼굴 위로는 '사랑의 힘이 권력에 대한 사랑을 이길 때 세상에 평화가 올 것이다'라는 글귀가 보였다. "특별한 내용을 듣게 될 거요." 그가 덧붙였다.

"그래요, 댁이 마음에 들었던 부분을 틀어봐요." 사업가도 일어서며 부추겼다. 왠지 잘 모르겠지만 그녀의 마음 깊숙이에서 무언가 작은 변화가 일어나고 있었다. '삶이 나를 무너뜨리고 있는지도 몰라. 그렇다면 내가 돌파구를 만들 수도 있지'라는 생각이 들었다. 연사의 강연을 들을 때부터, 전적으로 공감하지는 않았더라도 회사에서 경험하고 있는 사태가 자신의 위대함을 드러내는 데 필요한 일종의 준비일 수도 있겠다는 생각이 들었다. 물론 여전히 회의적이긴 했다. 하지만 마음이 열리고 있음을 감지했다. 마음이 더 열릴지도 몰랐다. 그래서 물러서지 않고 마음이 가는 대로 따라가 보겠다고 속으로 다짐했다.

그녀는 "가장 포기하고 싶은 순간이 앞으로 나아갈 힘을 찾아야 할 때입니다"라던 연사의 주장을 떠올렸다. 기필코 답을 찾아서 문제를 해결하고, 더 나은 미래를 경험하기 위해 계속 노력하겠다고 맹세했다. 그러자 희망이 점차 커지고 걱정은 서서히 줄어들었다. 그리고 최상의 자아가 '아주 특별한 모험이 시작될 거야'라고 작고 나직한 목소리로 속삭이기 시작했다.

4장

# 평범함에서 벗어나기

어떤 때는 아침 먹기 전에 여섯 가지나 되는 불가능한 일을 믿기도 했는걸.
루이스 캐럴, 《이상한 나라의 앨리스》에서

---

"척 보니 당신은 화가군요. 내 말이 맞죠?" 노숙자가 허름한 셔츠에
대롱대롱 달린 단추를 만지작거리며 물었다.

"네. 좌절한 화가라고나 할까. 뭐 그럭저럭 괜찮아요. 위대한 화
가까지는 못 되지만." 화가가 중얼거렸다.

"취리히의 내 아파트에도 미술 작품이 꽤 많아요." 노숙자가 너그
러운 미소를 지으며 말했다. "가격이 급등하기 직전에 반호프스트
라세(취리히를 대표하는 번화가—옮긴이)에 아파트를 한 채 장만했죠. 어
디를 가든 최고급만 상대하는 것이 얼마나 중요한지 배웠거든요.
지금과 같은 삶을 얻는 데 가장 필요했던 게 그거였어요. 나는 사업

을 할 때도 최고의 인력만 받아들입니다. C급 직원들로 A급 회사를 만들 수는 없거든요. 우리는 시장을 무너뜨리고 업계를 완전히 바꿔놓을 정도의 가치가 있는 제품만 출시합니다. 우리 회사는 윤리적으로 고객들의 삶을 풍요롭게 하고, 깜짝 놀랄 만한 사용자 경험을 제공하며, 다른 회사와의 거래에서는 상상할 수도 없는 열성적 추종자들을 만들어내는 서비스만을 제공합니다. 내 개인 생활도 마찬가지입니다. 나는 많이 먹지는 않지만, 최고의 음식만 먹습니다. 가장 독창적이고 깊은 생각이 담긴 책들만 읽고, 빛이 잘 들고 영감을 주는 공간에서만 시간을 보내고, 아주 매혹적인 장소만 방문하죠. 인간관계에서도 내게 기쁨을 더해주고 평화를 선사하며 더 나은 사람이 되도록 자극을 주는 사람들만 곁에 둡니다. 인생은 너무나도 소중하잖아요. 자신을 이해하지 못하는 사람들과 어울릴 수는 없죠. 자신과 죽이 맞지 않는 사람들, 자신과 가치관이 다르고 삶의 기준도 낮은 사람들, 마인드셋$^{mindset}$, 하트셋$^{heartset}$, 헬스셋$^{healthset}$, 소울셋$^{soulset}$이 다른 사람들과 어울릴 필요는 없어요. 주변 사람들과 환경이 생산성과 결과에 강력한 영향을 미치기 때문입니다. 마치 작은 기적처럼요.”

“흥미롭네요.” 사업가가 휴대전화 화면을 내려다보며 화가에게 소곤거렸다. “뭘 좀 알면서 이야기하는 것 같아요.”

거미줄처럼 얽혀 있던 그녀의 주름이 살짝 펴졌다. 그녀의 한쪽 손목에서는 은팔찌 두 개가 달랑거렸다. 팔찌 하나에는 '할 수 없다고 하지 말고 할 수 있다고 하라' 라는 문구가, 다른 하나에는 '완벽함을 추구하는 것보다 일을 완수하는 것이 낫다' 라는 문구가 새겨져 있었다. 창업 초창기 자신감에 넘쳤던 그녀가 자신에게 선물했던 팔찌다.

"마인드셋은 나도 알지만 하트셋, 헬스셋, 소울셋이라는 말은 처음 듣네요"라고 화가가 말했다.

"앞으로 알게 될 거예요. 일단 그것들을 알게 되면 당신이 창조하고, 생산하고, 세상에 보여주는 방식이 완전히 달라질 겁니다. 거대 기업과 위대한 세상을 건설하려는 사람들을 위한 아주 혁신적인 개념이거든요. 사업가든 아니든, 지금은 세상 사람들 대부분이 모르고 있지만 말입니다. 만약 알게 된다면, 삶의 중요한 영역 전부가 급성장할 것입니다. 당분간은 그저 내 주변의 모든 것을 최고 중의 최고로 만드는 데 힘쓸 생각이에요. 주변 환경이 인식, 영감, 실행을 좌우하거든요. 예술 작품은 내 영혼의 양식이에요. 훌륭한 책들은 내 희망을 지켜주고요. 뜻깊은 대화는 내 상상력을 키워주죠. 아름다운 음악은 내 감정을 고양해주고, 아름다운 풍경은 내 영혼을 강화해줍니다. 하루만 긍정적인 마음으로 가득한 아침을 보내도 모든 세대의 삶을 향상시켜줄 수 있는 대단히 창의적인 아이디어를 얻을 수 있어요. 그리고 인류의 발전은 각 분야 상위 5%의 활약으로 이뤄진다는 이야기도 해야 하겠군요. 사업에 종사하는 진정한 목적은 재산의 축적에만 있지 않습니다. 진짜 이유는 사회에 도움이 되기 위해서입니다. 나는 사업을 할 때 봉사에 가장 초점을 둡니다. 돈과 권력, 명성은 그 과정에서 찾아온 필연적인 부산물일 뿐입니다. 내가 젊었을 때 나이 든 훌륭한 친구 하나가 가르쳐준 거예요. 그 덕분에 나는 훨씬 번창했고 자유로워졌어요. 그때 이후로 이 비주류 사업 철학이 내 경영 방식을 지배해왔죠. 언젠가는 당신들에게 내 멘토를 소개해줄 수 있을지도 모르겠군요."

노숙자는 잠시 말을 멈추고 또다시 시계를 들여다보았다. 그러고는 눈을 감고 이렇게 말했다. "아침을 지배하라. 인생을 발전시켜라." 마치 마술처럼, 그가 내민 왼쪽 손바닥에 아주 작고 도톰한 흰 종잇조각이 나타났다. 상당한 마술 실력이었다.

그 종이에는 다음과 같은 그림이 그려져 있었다.

사업가와 화가는 어리둥절하면서도 노숙자에게 매료된 듯 입이 벌어졌다.

"두 사람 모두의 내면에는 영웅이 있어요. 어린 시절에는 당신들도 이런 사실을 알고 있었죠. 자신의 힘을 제한하고, 천재성에 족쇄를 채우고, 마음의 진실을 배반하라는 어른들의 지시가 있기 전엔 말이죠." 노숙자가 연사와 아주 비슷한 이야기를 했다.

"어른은 아이만 못합니다." 그가 말을 이어갔다. "아주 어릴 적에는 어떻게 살아야 하는지 알고 있습니다. 그때는 별을 바라보는 것만으로도 기쁨으로 가득하죠. 공원에서 뛰면서 살아 있음을 느껴요. 나비를 쫓으면서 신이 나요. 나도 나비를 참 좋아합니다. 하지만 성장하면서 인간으로 사는 법을 잊어요. 대담하고 열정적이며 사랑스럽고 활기차게 사는 법을 잊어버리는 거예요. 그 때문에 소중한 희망의 보고가 서서히 사라지죠. 평범함을 수용하게 됩니다. 사람들과 어울리고, 남들보다 많이 가지고, 인기를 얻을 걱정을 하면서부터 창의성, 긍정성, 스스로 알고 있던 위대함의 빛이 흐려집니다. 나는 부족하고 무관심하고 제한된, 무미건조한 어른들의 세계에 참여하지 말라고 주장하려 합니다. 그리고 오로지 진정한 대가, 위대한 천재, 역사의 순수한 전설만 아는 비밀스러운 현실로 당신들을 초대하려 합니다. 전혀 의식하지 못하고 있는 원초적인 힘을 발견하게 하려고요. 당신들은 일과 개인 생활에서 마법을 일으킬 수 있을 것입니다. 나는 확실히 그랬어요. 당신들도 그럴 수 있도록 돕기 위해 내가 왔습니다."

사업가와 화가가 한마디 대꾸할 사이도 없이 노숙자가 계속 이야기했다. "아, 예술의 중요성을 이야기하고 있었죠. 사람들의 삶을 둘러싸고 있는 생태계 이야기도요. 포르투갈 작가인 페르난도 페소아Fernando Pessoa의 멋진 말이 생각나는군요. 그는 '예술은 환상을 통해 우리를 존재의 누추함에서 해방한다. 우리는 덴마크의 왕자 햄릿이 겪은 악행과 고통은 느끼면서도 자신의 잘못과 고통은 느끼지 못한다. 그것들은 그 자체로 혐오스러울뿐더러 우리 자신의 문제이므로 더욱 혐오스러운데도 말이다'라고 했죠. '나에 대해서는 어떤 확신도 없지만, 별이 빛나는 풍경은 나를 꿈꾸게 한다'라는 빈센트 반 고흐의 말도 생각나고요." 노숙자는 침을 꿀꺽 삼켰다. 그러고는 약간 시선을 돌리고 목청을 가다듬었다. "나는 많은 일을 겪었답니다. 인생에 이리저리 차이다 나가떨어지기도 하고, 아프기도 하고, 공격도 당하고, 이용도 당했죠. 이런, 마치 유행가 같군. 애인이 바람나고 개가 죽기라도 하면 히트곡 하나 나오겠는걸."

노숙자는 혼자 큭큭 웃더니 다시 이야기를 이어갔다. "그래도 괜찮아요. 고통은 깊은 내면으로 들어가는 문이니까요. 무슨 말인지 알겠어요? 비극은 자연의 위대한 정화 장치죠. 비극은 자아의 거짓됨과 두려움, 오만함을 태워버립니다. 비극의 상처를 두려워하지 않을 용기만 있다면 우리의 광채와 천재성을 되찾을 수 있어요. 비극은 연민, 독창성, 공감력, 진정성을 포함한 많은 보상을 안겨줍니다. 조너스 솔크<sup>Jonas Salk</sup>(소아마비 예방 백신을 개발한 미국의 의학자—옮긴이)는 '나는 꿈을 꾼 적도 있고 악몽을 꾼 적도 있지만 꿈 덕분에 악몽을 이겨낼 수 있었다'라고 말했죠." 노숙자가 깊은 생각에 잠긴 듯한 표정으로 말을 마쳤다.

"저 사람 정말 기이해요. 아주 괴짜예요. 하지만 특별한 구석이 있어요." 사업가는 눈부신 경력을 쌓아오는 동안 자신을 지켜준 냉소주의의 갑옷을 조금 벗으면서 화가에게 조용히 이야기했다.

화가가 이 별난 불청객에게 말했다. "좋아요. 강연에서 가장 마음에 들었던 부분이 무엇인지 물었죠? 나는 '훈련에서 땀을 더 흘린 자가 전쟁에서 피를 덜 흘린다'라는 스파르타 전사의 신조가 가장 인상적이었어요. '지켜보는 이도 없고 남들 모두가 자는 이른 아침 시간이 큰 승리를 거두게 한다'라던 그의 주장도 좋았어요. 세계 정상급의 아침 일과가 갖는 가치에 관한 가르침도 정말 좋았고요."

사업가는 휴대전화를 흘끗 내려다봤다. "나도 좋은 말을 몇 개 메모해뒀어요. 그런데 보석 같은 그 말은 놓쳤네요." 그러면서 방금 화가가 한 말을 입력했다.

"우리는 들을 준비가 된 말만 들을 수 있죠." 노숙자가 현명하게 말했다. "모든 학습은 정확히 현재의 수준에서 이뤄져요. 그래서 학습이 진행될수록 이해도가 높아지죠."

그 순간, 연사의 목소리가 울려 퍼졌다. 노숙자의 눈이 타지마할만큼이나 커졌다. 쓰러져 있던 연사가 다시 일어났나 하고 생각한 듯, 소리의 출처를 찾으려고 사방을 둘러봤다. 곧 모든 것이 명확해졌다. 화가가 녹음기를 틀었던 것이다.

"내가 가장 좋았던 부분이 여기예요. 당신의 질문에 대한 완전한 답이 되겠군요." 화가가 노숙자의 눈을 똑바로 바라보며 말했다.

— 산만함에 중독되어 있고 방해 요소들에 시달리는 사이버 좀비 문화 가운데 일과 개인 생활의 중요 영역에서 우수한 결과를 꾸준히 산출할 수 있게 보장해줄 방법은 세계적 수준의 아침 일과를 도입하는 것입니다. 하루를 승리로 시작하는 것입니다. 하루를 시작하는 처음 몇 시간이 바로 영웅이 만들어지는 때입니다.

하루를 시작하는 시간을 아주 잘 보낸다면 나머지 시간은 저절로 잘 보내게 될 것입니다. 아침을 지배하세요. 인생을 발전시키세요.

화가는 소리가 쩌렁쩌렁 울릴 정도로 음량을 키워 녹음한 부분을 계속 들려줬다.

— 우리가 우상들의 활약을 지켜볼 때, 우리 문화는 그들은 항상 위대했다고 믿게끔 유혹합니다. 그들은 태어날 때부터 예외적인 존재였고, 좋은 DNA를 갖고 태어난 운 좋은 사람들이다, 그들의 천재성은 선천적이라고 믿게 합니다. 하지만 빛나는 그들의 모습은 하루 몇 시간씩 수년 동안 부단히 연습해온 과정을 거쳐 얻은 결과물입니다. 사업, 스포츠, 과학, 예술 분야의 특출한 이들을 지켜볼 때 우리는 한 가지에 편집적으로 매달리고, 한 가지 기술에 오롯이 집중하고, 한 가지 목표를 위해서 엄청난 희생을 치르고, 보기 드물게 철저히 준비하고, 극단적인 인내심을 발휘해서 얻은 결과를 목격하는 것입니다. 전문가에게도 아마추어였던 시절이 있었으며, 대가도 시작할 때는 초보자였음을 기억하십시오. 평범한 사람도 올바른 습관을 일상화하면 특별한 업적을 이룰 수 있습니다.

"아주 훌륭한 양반이네요"라고 노숙자가 말했다. 그러더니 마치 축제를 즐기는 어린아이처럼 더러운 손으로 손뼉을 쳤다. 엉덩이를 앞뒤로 흔들고 발을 끌며 스텝을 밟기 시작하더니 눈을 감고 손을 허공으로 흔들며 손가락을 튕겼다. 벌어진 그의 입술에서는 래퍼들이 내는 비트박스 같은 소리가 나왔다.

"도대체 뭐 하는 겁니까?"라고 화가가 소리쳤다.

노숙자가 춤에 취한 채 대답했다. "춤은 아름다운 지식을 계속 가져다주거든요. 소크라테스는 '교육은 불길을 일으키는 불쏘시개다'라고 말했어요. 그리고 아이작 아시모프 Isaac Asimov(미국의 공상과학 소설가, 생화학자, 과학 저널리스트-옮긴이)는 '독학이 유일한 교육 방법이라고 믿는다'라고 했어요. 아무튼 우리 구루의 강연이나 계속 틀어봐요. 기가 막힌 강연이에요."

화가가 다시 녹음기를 틀었다.

— 주의가 산만해지도록 유혹하고 디지털 치매를 유발하는 세상이 여러분의 숙련 과정을 방해하지 못하도록 완강히 저항하십시오. 완전히 발휘되기를 갈망하는 태산 같은 잠재력에 다시 주목하고, 여러분의 강점을 정체시키는 온갖 이유를 오늘 당장 버리십시오. 우리 각자는 작은 기적들이 문득문득 찾아오는 나날들을 갈구합니다. 우리는 모두 순수한 영웅주의를 믿고, 제한 없는 예외의 세계로 들어서기를 소원합니다. 이 순간 살아 있는 모든 인간에게는 감탄을 자아내는 걸작을 만들어내고, 흔치 않은 경외감 속에서 하루하루 살아가고, 타인의 삶을 풍요롭게 하고 싶어 하는 원초적인 욕구가 있습니다.

우리 각자는 자신만의 고유한 방식으로 역사를 창조하기 위해 태어났습니다. 누군가에게는 그것이 젊은이들의 정신을 고양하는 뛰어난 프로그래머나 훌륭한 교사가 되는 것일 수 있습니다. 어떤 사람에게는 멋진 엄마나 훌륭한 관리자가 되는 것이고, 또 어떤 사람에게는 사업을 크게 키우거나 고객에게 최상의 서비스를 제공하는 환상적인 영업 사원이 되는 것일 수도 있습니다.

하지만 우리 중 극소수만 이런 결과를 보장해줄 사고방식, 아침 일과, 일관된 조건들을 발견하고 정착시켰습니다. 우리는 모두 뛰어난 재능과 무한한 기쁨, 두려움으로부터의 해방이라는 타고난 권리에 다시 접근하기를 원하지만, 실제로 그 일을 하고자 하는 사람은 극소수에 불과합니다. 이상한 일이죠? 우리 대다수는 우리의 본질인 총명함을 버리라는 최면에 걸렸습니다. 이 시대를 사는 우리 대부분은

'바쁘다'를 입에 단 채 소중한 시간을 바쁘게만 보냅니다. 진정한 인생은 소홀히 하면서 사소한 일이나 인위적인 즐거움을 쫓아다닙니다. 매우 슬픈 일입니다.

"나는 저 부분이 정말 공감이 됐어요." 사업가가 끼어들며 약간 감정적으로 말했다. "나는 확실히 기기에 중독돼 있거든요. 쉬지 않고 이것저것 확인하죠. 아침에 눈을 뜨자마자부터 잠들기 직전까지요. 그로 인해 집중력이 떨어지고 팀과 내가 전념해야 할 중요한 제품에 집중하지를 못해요. 그래서 상황이 너무 복잡하게 느껴지고, 혼자만의 시간이 더는 없다는 생각도 들어요. 각종 메시지, 알림, 광고, 오락물이 압도해오거든요. 나는 벽에 부딪힌 듯한 느낌이었어요. 예상했던 것보다 회사는 빠르게 성장했고, 나는 상상했던 이상으로 성공을 거뒀어요 하지만 엄청난 스트레스를 주는 일이 몇 가지 있어요. 나는 정말 좋아하는 직원들을 내보내야 했습니다. 그들이 전 단계의 라이프사이클에는 맞았지만, 회사가 발전한 지금은 제대로 일을 못 할 수도 있다고 판단했기 때문이에요. 힘든 일이었죠. 게다가 회사에서는 내 인생을 뒤집어놓는 일들이 벌어지고 있어요. 그 이야기는 정말 하고 싶지 않네요. 어쨌거나 지금은 내게 정말 불안한 시기입니다. 그런데 연사님의 이야기가 리더로서 나의 기준을 높이는 데 도움이 되리라고 봐요."

그녀의 말에 노숙자가 응수했다. "리더십 향상이라는 부분에 공감하셨다는 얘기군요. 리더가 할 일은 불신하는 사람들이 자신의 비전을 수용하고, 무력한 사람들이 약점을 극복하고, 희망이 없는 사람들이 믿음을 갖도록 돕는 것임을 기억하세요. 그리고 당신이 좋아하지만 더는 회사에 맞지 않는 직원들을 해고했다는데, 그것은 사업을 키워가는 동안 거치는 정상적인 과정입니다. 회사가 성장하는 동안 그들이 성장하지 못한 탓이에요. 학습하고, 개발하고, 자신이 손댄 모든 것을 개선하기를 멈췄기 때문이죠. 아마 그들은 당신을 비난했겠지만, 그들이 자초한 일이에요." 초대받지 않은 이 낯선 남자는 팀 구축과 사업 성공에 관하여 놀랄 정도로 정교한 식견을 들려줬다.

"맞아요"라고 사업가가 대답했다. "그래서 그들을 해고해야만 했어요. 월급을 주는 만큼의 결과를 더는 내놓지 않으니까요. 그 뒤로 나는 새벽 2시에 진땀을 흘리며 깨는 일이 많아졌어요. 핵심 성과 지표<sup>KPI, Key Performance Indicators</sup>들을 너무 빨리 넘어서서 머리가 빙글빙글 돌 지경이에요. 신입 팀원들을 위한 멘토링, 새로운 브랜드 관리, 새로운 시장 진출, 새로운 공급 업체 감시, 신제품 개발, 새로운 투자자와 주주 만족시키기 등 해야 할 일이 끝도 없어요. 나는 큰일을 해낼 능력을 충분히 갖추고 있습니다. 하지만 어깨에 짊어진 짐이 너무 많아요."

사업가는 팔짱을 단단히 끼고 한곳을 응시한 채 이마를 찡그렸다. 그녀의 얇은 입술은 포식자를 감지한 말미잘처럼 굳게 닫혔으며 눈에는 극심한 고통이 담겨 있었다.

다시 노숙자가 이야기했다. "기기에 중독되어 있다고 했는데, 지적으로 활용되는 기술은 인간의 진보를 앞당긴다는 사실을 기억해둬요. 기술을 현명하게 사용할 때 우리의 생활이 개선되고, 지식이 풍부해지며, 세상이 점점 멋진 곳이 되어갑니다. 사람들의 마음을 망가뜨리고, 생산성을 떨어뜨리고, 사회의 구조를 파괴하는 것은 기술을 오용할 때죠. 그리고 방금 압박감에 관해 이야기했는데, 압박감이 얼마나 좋은 건데요. 테니스의 전설 빌리 진 킹Billie Jean King은 '압박감은 특권이다'라고 말했죠."

그가 사업가를 한번 보고는 말을 이었다. "당신은 성장해야 합니다. 인간적인 성장은 남은 인생을 보내는 가장 현명한 방법 중 하나입니다. 모든 도전 과제에는 리더, 직업인, 인간으로서 다음 단계로 성장할 멋진 기회가 함께 따라옵니다. 장애물은 당신의 야망이 얼마나 진지하게 보상을 원하는지 측정하기 위해 고안된 시험에 지나지 않습니다. 당신이 그 정도의 성공을 감당할 수 있는지, 그런 사람으로 발전해나갈 의향이 얼마나 있는지 알아보게 해주죠. 실패는 늑대의 옷을 뒤집어쓴 성장 기회라고 생각하세요.

인생에서 개인의 발전과 잠재력의 발휘만큼 중요한 것은 별로 없습니다. 톨스토이는 '세상을 바꿀 생각은 누구나 하지만 자신을 바꾸려는 사람은 아무도 없다'라고 했습니다. 더 성숙한 사람이 되세요, 그러면 자동으로 더 훌륭한 리더 그리고 더 뛰어난 생산자가 됩니다. 내 특별한 선생님은 '최상의 자아를 찾기 위해서는 약한 자아를 버려야만 한다'라고 말씀하셨어요. 그것은 끊임없는 개선, 부단한 반성, 지속적인 자기 발굴을 통해서만 가능합니다. 당신이 날마다 발전하지 않는다면 평생 제자리걸음인 삶을 살게 될 것입니다. 노먼 커즌스Norman Cousins(미국의 언론인, 평화운동가—옮긴이)의 말이 생각나는군요. 그는 '인생의 비극은 죽음이 아니라 살아 있는 동안 내면이 죽어가도록 내버려 두는 것이다'라고 했죠."

노숙자는 목소리를 높여가며 말했다. "내 특별한 선생님은 자신과의 일차적인 관계를 변화시키면 다른 사람과의 관계, 일, 수입, 영향력도 변하게 된다고 가르쳐주셨어요. 대부분의 사람은 스스로를 견디지 못합니다. 그래서 절대 혼자 있지 못합니다. 침묵하지도 못하죠. 그들은 잠재력을 낭비한 자신에 대한 혐오감을 외면하려고 끊임없이 다른 사람과 함께 있으려 해요. 그러니 고독과 고요가 가져다주는 경이와 지혜를 놓칠 수밖에요."

"내 인생은 너무 복잡해요. 압도당하는 기분이에요. 나 자신을 위한 시간도 없고요." 사업가가 말했다.

"이해해요." 화가가 새 친구의 어깨에 팔을 두르며 말했다. "당신은 지금 털어놓은 것보다 훨씬 많은 일을 겪고 있을 거라고 생각해요. 하지만 괜찮아요. 나도 어떤 날은 삶이 너무 엉망인 것 같아서 아침에 일어날 수도 없는걸요. 그럴 때면 나는 그냥 누워 있어요. 눈을 감고 머릿속의 안개가 사라지기를 바라면서. 가끔은 생각이 정리가 안 될 때도 있어요. 그런 날은 내 가슴에서 희망이라고는 찾을 수가 없어요. 기분이 더럽죠. 게다가 기분 더럽게 만드는 사람도 많아요. 나는 반사회적인 사람이 아니에요. 멍청이들이 싫을 뿐이죠. 요즘은 멍청이들이 너무 많아요. 분수에 넘치는 옷을 입고 입술을 내민 채 셀피나 찍는 멍청이들, 좋아하지도 않는 사람들과 어울리는 멍청이들 말입니다. 나라면 사려 깊은 삶을 살겠어요. 모험하는 삶, 진짜 삶, 예술가의 삶 말이에요. 사람들이 얼마나 피상적으로 변했는지, 그걸 보고 있자면 내가 미치겠어요."

그러면서 화가는 한쪽 주먹으로 반대쪽 손바닥을 쳤다. 그의 턱선에는 주름이 뚜렷이 잡히고 두꺼운 목에는 정맥까지 도드라졌다.

"맞아요. 무슨 말인지 알죠"라고 노숙자가 말했다. "인생은 쉽지가 않습니다. 고군분투해야 할 때가 많죠. 하지만 존 레넌<sup>John Lennon</sup>

의 말처럼 '결국 모든 게 괜찮아질 거예요. 만약 그렇지 않다면 그건 끝이 아닌' 거죠." 그가 다정히 말했다. 화가는 바로 기분이 풀어져서 웃었는데, 그 모습이 귀여워 보이기까지 했다. 노숙자의 말이 마음에 든 듯했다.

노숙자가 계속 말했다. "그리고 일과 개인 생활에서의 숙련은 우리 셋이야 분명히 지향하는 바이지만 나약한 사람들에게는 맞지 않는, 달성하기 힘든 목표입니다. 진정한 기쁨을 느낄 수 있게 삶을 개선하고 자기 분야를 지배할 수 있게 기술을 최대로 발전시키는 것이 오히려 불편을 키울 수도 있거든요. 솔직히 말하면 그렇습니다. 하지만 내가 배운 중요한 사실이 하나 있다면 성장의 쓰라림은 후회보다는 손실이 훨씬 적다는 것입니다."

"그런 말은 어디서 배웠어요?" 화가가 수첩에 노숙자의 말을 휘갈겨 쓰면서 물었다.

"알려줄 수 없어요. 아직은." 노숙자의 대답에 그 대단한 식견을 어디서 얻었는지가 더욱 비밀스럽게 느껴졌다.

노숙자가 여기저기 구멍이 난 셔츠의 주머니에 손을 넣더니 낡은 색인카드를 꺼냈다. 그러고는 발표에 나선 유치원생처럼 카드를 높이 들었다. "훨씬 젊었던 시절, 내가 처음으로 회사를 세웠을 때 어떤 성공한 양반이 내게 주신 거예요. 그때의 나는 당신들처럼 꿈에 취해서 세상에 나의 흔적을 남기러 나섰죠. 나 자신을 증명하기를 갈망했고 주도권을 쥐려고 흥분해 있었어요. 우리는 생후 50년간 정당성을 인정받고자 애씁니다. 사회적 인정을 갈망하고, 동료들이 존중해주기를 바라고, 이웃들이 좋아해주기를 기대하죠. 그래서 실제로 필요하지 않은 온갖 물건을 사고, 별로 즐겁지도 않은 돈벌이에 집착합니다."

"정말 그래요." 화가가 중얼거렸다. 그는 어깨 위로 레게머리가 달랑거릴 정도로 고개를 열심히 끄덕거렸다.

이제 강연장은 텅 비었다.

"우리에게 내면을 바라볼 용기가 있다면, 그 모든 것이 공허한 행동임을 알게 될 것입니다. 사람들은 외부의 물질이 내면의 공허함을 채워줄 거라고 잘못 생각하고 있습니다. 하지만 전혀 채워주지 못할 것입니다. 절대로요. 어쨌거나 대부분 사람은 인생 후반기에 이르러서 제대로 방향을 틉니다. 자신이 영원히 살 수는 없으며 남은 날이 많지 않다는 것을 깨닫기 시작하죠. 그렇게 인간의 유한성을 생각하게 됩니다. 그게 중요한 점이죠. 자신이 죽으리라는 사실을 깨닫는 것 말입니다. 그러면서 정말 중요한 것들에 더욱 집중하게 되고, 더욱 깊이 생각해보게 됩니다. 자신의 재능을 살렸는지, 자신의 가치에 충실했는지, 옳다고 믿는 성공을 거뒀는지 궁금해지기 시작합니다. 자신이 죽고 나면 가장 사랑하는 사람들이 어떤 말을 할지도 생각해봅니다. 이때 대다수는 거대한 변화를 꾀하게 됩니다. 사회에서 인정받고자 하는 노력을 그만두고 의미 있는 유산을 남기는 데 치중하는 거죠.

인생 후반의 50년 동안은 내가 덜 중요해지고 우리가 중요해집니다. 이기심이 줄고 봉사하는 마음이 커집니다. 삶에 무언가를 보태기를 중단하고, 줄여가고 단순화하기 시작합니다. 단순한 아름다움을 음미하는 법을 배우고, 작은 기적에 감사하게 되고, 마음의 평화가 얼마나 소중한지 알게 되며, 인간관계를 가꾸는 데 더 많은 시간을 쓰고, 많이 나누는 사람이 승자라는 사실을 이해하게 됩니다. 그러면서 남은 삶을 많은 사람에게 친절을 베풀 뿐 아니라 삶 자체를 사랑하는 데 온전히 바치게 됩니다. 그리고 이는 불멸로 가는 관문이 될 수 있죠."

"이 양반은 정말 특별한 것 같아요"라고 사업가가 소곤거렸다. "이렇게 희망과 활력, 현실감이 느껴지기는 몇 달 만에 처음이에요. 예전에는 내가 힘들 때마다 헤쳐나갈 수 있게 아버지가 도와주곤 하셨어요. 하지만 아버지가 돌아가신 뒤로는 기댈 사람이 아무도 없었어요." 그녀가 화가에게 말했다.

"어떻게 돌아가셨어요?" 화가가 물었다.

"음…, 스스로 목숨을 끊었다는 얘기까지만 할게요. 아버지는 대단한 분이셨어요. 선구적이고 성공적인 사업가였죠. 비행기를 조종하고, 빠른 자동차를 몰고, 맛있는 와인을 좋아하셨죠. 활기가 넘치는 분이었어요. 그러다 동업자에게 모든 것을 빼앗기셨어요. 지금 내가 처한 상황과 크게 다르지 않죠. 어쨌든 아버지는 세상이 무너지는 듯한 스트레스와 충격에 내몰려 우리가 상상도 하지 못했던 선택을 하셨어요. 아버지에게는 빠져나갈 길이 보이지 않았던 것 같아요." 사업가의 목소리가 갈라졌다.

"내게 기대도 돼요." 화가가 부드럽게 말했다. 새끼손가락에 히피 반지를 낀 손을 가슴에 갖다 대며 이렇게 말하는 화가는 기사 같기도 하고 보헤미안 같기도 했다.

두 사람이 친밀감을 나누는 순간을 노숙자가 방해하고 나섰다.

"자, 이것 좀 읽어봐요." 그가 색인카드를 건네며 말했다. "이 카드는 두 사람이 앞으로 경력을 쌓아가는 모험을 하는 동안 겪게 될 모든 일에 유용할 거예요."

노랗게 바랜 색인카드에는 붉은색으로 이런 글귀가 쓰여 있었다. '모든 변화가 처음에는 힘들고, 중간에는 혼란스러우며, 마지막에는 아름답다.'

"제게 귀중한 정보네요. 감사합니다"라고 사업가가 말했다.

그때 화가가 녹음기를 다시 틀었다.

— 여러분 각자는 조용한 천재와 의기양양한 영웅을 가슴에 담고 있습니다. 이상주의자 노인이 영감을 주기 위해 하는 말이라고 무시해버려도 괜찮습니다. 그러나 나는 이상주의자라는 사실이 자랑스럽습니다. 세상은 우리 같은 이상주의자를 더 필요로 합니다. 하지만 나는 현실주의자이기도 해요. 어쨌든 오늘날 지구상의 사람들 대다수가 자신에 대한 생각을 별로 하지 않습니다. 유감스러운 일이죠. 대부분이 겉으로 보이는 모습으로 자신의 정체성을 확립합니다. 자신이 기른 품성이 아니라 수집한 것들로 자신의 업적을 평가합니다. 자신이 추종하는 사람들이 편집해서 보여주는 거짓된 멋진 모습들과 자신을 비교하고, 재산을 기준으로 자신의 가치를 매깁니다. 그리고 한 번도 해보지 않은 일은 할 수 없다는 잘못된 생각의 꾐에 빠져 자신의 삶이 가질 수 있었던 웅장하고 짜릿한 가능성을 위축시킵니다. 그 때문에 대다수가 불확실성과 지루함, 산만함, 복잡성이라는 늪에서 허우적대는 것입니다.

노숙자가 다시 끼어들었다. "나는 피해자-변명 바이러스에 걸린 남녀를 '드라마 마마drama mama'라고 불러요. 그들은 천부적 능력을 발휘해 상황을 개선하는 대신 자신의 상황이 얼마나 나쁜지 불평만 합니다. 그들은 베푸는 대신 받기만 하고, 창조하는 대신 비판만 하고, 일하는 대신 걱정만 합니다. 당신들은 절대 드라마 마마가 되지 말아요. 평범함이 직장에서의 일과 가정에서의 개인 생활에 얼씬도 하지 못하도록 싸워줄 항체를 만드세요."

사업가와 화가는 서로 힐끔거렸다. 이 기이하고도 낯선 남자가 사용하는 용어도 생뚱맞았지만, 한 손을 들어 평화를 의미하는 손동작을 한 그의 모습은 더욱 우스꽝스러웠다. 둘은 낮게 키득거렸다.

그때 연사의 목소리가 다시 흘러나왔다. 이번엔 좀 더 격앙된 어조였다.

━━ 분명히 말해두지만 어디에 있건, 무슨 일을 하건 여러분은 남은 평생 매일같이 리더십을 보여줄 기회를 만나게 될 것입니다. 리더십은 세계적인 우상 또는 경제계 거물들만 보여주는 것이 아닙니다. 누구나 들어가 참가할 수 있는 경기입니다. 리더십은 공식 직함, 커다란 사무실, 은행에 예금해둔 돈에서 나오는 게 아니기 때문입니다. 리더십은 여러분이 하는 모든 일에 숙달되려는 노력, 그리고 사람 됨됨이와 더 큰 관련이 있습니다. 그것은 평범함의 압제에 저항하고, 경외감을 앗아가려는 부정적 생각을 거부하고, 어떤 형태로든 평범함의 노예로 전락하는 일이 없도록 하는 것입니다. 리더십은 여러분이 놓인 바로 그 자리에서 변화를 만들어내는 것을 말합니다. 진정한 리더십은 천재성을 보여주고, 범위와 혁신성과 실행 면에서 자기 분야 전체를 근본적으로 뒤엎고, 놀라우리만치 탁월하여 오랜 세월이 지나도 살아남을 용감한 결과물을 내놓는 것입니다.

그리고 절대 수입만을 위해 일하지 마십시오. 세상에 영향을 미치고

자 노력하십시오. 여러분의 본업에 진심 어린 가치를 담아 시처럼, 진기한 마술처럼 느껴지게 하십시오. 인간이 만들어낼 수 있는 모든 가능성을 펼쳐 보여주십시오. 평생 단 하나밖에 남기지 못한다 해도 세계 최고 수준의 걸작을 내놓겠다는 생각으로 인내심을 키우십시오. 그 위업을 달성하는 것만으로도 당신의 인생 여정은 가치가 있을 것입니다.

거장이 되십시오. 걸출한 인물, 예외적인 인물이 되십시오. 상위 5%는 명성·돈·인정에 신경 쓰기보다 현재의 기량을 넘어서고, 급여 이상으로 재능을 발휘하고, 수백만 명에게 영감과 도움을 주는 생산성을 창출하는 데 더 많은 투자를 합니다. 그리고 종종 그 덕에 수백만 달러를 벌기도 합니다. 그러니 절대 대충 하지 마십시오. 전력을 다하십시오.


노숙자는 눈을 감았다. 그러더니 갑자기 바닥에 엎드려 한쪽 팔로 팔굽혀펴기를 했다. "아침을 지배하라. 인생을 발전시켜라"라고 구호처럼 외치면서 말이다.

사업가와 화가는 서로 마주 보며 고개를 절레절레 저었다.

"내가 가장 좋아하는 책 중 하나가 《예언자》예요." 화가가 생각에 잠기며 말했다. "칼릴 지브란Khalil Gibran이라는 시인의 베스트셀러 중 하나죠. 그는 4년 동안이나 그 원고를 가지고 다니면서 끊임없이 다듬은 후에야 출판사에 넘겼어요. 그만큼 완전한 예술 작품이죠. 그가 기자와 인터뷰할 때 창작 과정에 대해 했던 말을 나는 아직도 정확히 기억합니다. 내가 화실에 있을 때 큰 지침이 되기 때문이죠. 그의 말은 예술가로서 힘을 내게 해줍니다. 미루는 버릇과 자주 씨름

해야 하기는 하지만요. 말했다시피 나는 꽤 괜찮은 화가예요. 하지만 훌륭한 화가가 될 수도 있다는 것을 이제 알게 됐어요. 태만함을 물리칠 수만 있다면 말이죠. 그리고 마음속의 괴로움도요."

"칼릴 지브란이 뭐라고 했는데요?" 노숙자가 자신의 커다란 시계를 만지작거리며 물었다. 그의 네모난 얼굴로 땀방울이 흘러내렸다.

"그는 정확히 이렇게 말했어요. '한 단어, 한 단어가 내가 전달할 수 있는 최선인지 확실히, 정말 확실히 하고 싶었습니다' 라고요."

"근사하군! 그게 최고인 사람들이 스스로 항상 고수하는 기준이죠"라고 노숙자가 말했다.

갑자기 녹음기를 통해 연사의 기침 소리가 들려왔다. 그 뒤의 말들은 몹시 힘겹게 나왔다.

— 내가 권하는 대로 한다면 누구나 일상에서 리더가 될 수 있습니다. 상황이 쉬울 때는 물론이고, 상황이 어려울 때는 더더욱 그렇습니다. 오늘부터 시작하세요. 그럼 미래의 성공이 보장될 것입니다. 한 가지 덧붙이자면 뜻깊은 의식을 도입하고 그것이 제2의 천성이 될 때까지 연습해서 사고와 성과, 활력, 번영, 평생의 행복을 증대시킬 수 없었던 사람은 지금까지 단 한 명도 없습니다.

이제 제 강연에서 가장 중요한 한 가지 원칙을 제시할 시점이 되었군요. 일로 성공하고 눈부신 인생을 살기 위한 가장 좋은 출발점은 '5AM 클럽'이라는 실천에 합류하는 것입니다. 5AM 클럽은 오전 5시에 하루를 시작한다는 의미입니다. 매일 아침 자신을 세계 최고로 만들 시간을 내지 않는다면 어떻게 세계적 인물이 될 수 있겠습니까?

사업가는 지금까지 보지 못했던 열띤 얼굴로 휴대전화에 메모를 했다. 화가의 얼굴에도 이제 기운이 난다는 듯한 미소가 걸렸다.

녹음기에서는 더 격렬해진 연사의 기침 소리가 들려왔다. 그리고 잔인한 침묵이 한참 이어졌다. 얼마 후 연사가 이야기를 계속했는데, 쌕쌕거리는 숨소리가 더욱 또렷해졌고 목소리까지 떨리기 시작했다.

— 오전 5시 기상, 이 한 가지에서 모든 행동의 변화가 옵니다. 하루를 시작하는 방식은 실제로 여러분의 집중력과 에너지, 즐거움, 탁월함을 결정합니다. 일찍 일어나는 하루하루가 여러분의 업적이라는 이야기의 한 페이지를 구성합니다. 총명함을 발산하고, 능력을 펼치고, 상징적 결과들이 나오는 큰 무대에서 활약할 기회를 가져다줍니다. 여러분의 내면에는 그럴 힘이 있으며, 그 힘이 가장 분명히 드러나는 때가 바로 새벽의 첫 햇살이 비칠 때입니다. 부디 과거의 고통과 현재의 좌절이 여러분의 영광을 깎아내리고, 근성을 억압하고, 최고의 자아 속에 숨어 있는 무한한 가능성을 불신하게 하지 마십시오. 여러분을 억누르려는 세상 속에서 자신을 개발하십시오. 여러분이 어둠 속에 머물기를 바라는 시대에는 자신의 빛 안으로 들어가십시오. 여러분의 재능을 잊도록 최면을 거는 시기에는 자신의 천재성을 되찾으십시오. 세계가 우리 각자에게 요구합니다. 자기 일에서 최고가 되고, 자신의 성장을 위해 싸우는 전사가 되고, 모든 인류를 위한 무조건적 사랑의 수호자가 되라고 말입니다.

신념과 피부색, 신분에 상관없이 이 작은 행성에 거주하는 모든 사람에게 존경과 연민을 보여주십시오. 많은 사람이 남을 헐뜯으면서 기운을 얻는 문명 속에서 타인의 정신을 고양해주십시오. 사람들이 자신 안에서 잠자는 경이로움을 느낄 수 있도록 도와주십시오. 저의 모든 이야기가 여러분 안에서 훼손되지 않은 부분, 그러니까 두려움, 세상 지식의 축적, 제약, 불신을 배우기 전에 생생히 살아 있던 부분에 말을 걸 것입니다. 자신의 내면에서 이런 측면을 발견하는 것이 자기 인생의 영웅, 문화를 변화시키려는 창의적 성취자, 지구의 시민으로서 여러분이 할 일입니다. 한 번에 그치지 말고 그런 면을 되찾는 데 평생을 바쳐야 합니다.

인간적 완성을 위한 이 기회를 받아들이세요. 약속드리건대 그와 동시에 성공이 찾아올 뿐 아니라 논리로는 설명되지 않는 신비가 여러분의 여생을 채워줄 것입니다. 불가능해 보이는 기적이 연이어 일어나며 여러분의 절실한 꿈을 실현해줄 것입니다. 그리고 여러분은 단순히 우리 곁을 거닐어주는 행동만으로도 온 세상을 발전시키는 진귀하고 위대한 영혼의 소유자 중 한 사람으로 진화할 것입니다.

이제 회의실 안은 어두웠다. 사업가가 크게 한숨을 내쉬었고, 화가는 꼼짝 않고 앉아 있었다.

노숙자는 울기 시작했다. 그러더니 의자에서 일어나 설교자처럼 팔을 들고 조지 버나드 쇼<sup>George Bernard Shaw</sup>의 명언을 크게 읊었다.

— 인생의 진정한 기쁨은 스스로 가장 중요하게 여기는 목적을 위하여 자신이 쓰이는 것. 세상이 자신을 행복하게 해주지 않는다고 불평하는 질병과 불만 덩어리가 되는 대신에 자연의 힘이 되는 것.

내 인생이 전체 사회에 속해 있으며, 살아 있는 동안 사회를 위해 내가 할 수 있는 일에 최선을 다하는 것이 나의 특권이라고 생각한다. 나는 완전히 소진된 상태로 죽기를 원한다. 더 열심히 봉사할수록 더 오래 살아남을 것이기 때문이다. 나는 그 자체로 인생에 기쁨을 느낀다. 나에게 인생은 곧 꺼져버릴 촛불이 아니다. 인생은 내가 잠시 들고 있는 찬란한 횃불이며, 나는 그것을 미래 세대에게 넘겨주기 전에 가능한 한 환히 타오르게 하고 싶다.

노숙자는 무릎을 꿇고 신성한 목걸이에 입을 맞췄다. 여전히 눈물을 흘리면서.

5장

# 기이한 모험

조각가가 작품을 탄생시킬 원재료를 갖고 있듯
누구나 자신의 운명을 손에 쥐고 있다.
다만, 재료를 원하는 모양으로 빚어내는 기술은 공들여 배우고 계발해야 한다.
괴테

"만약 두 분에게 관심이 있다면, 바닷가에 있는 우리 집에서 며칠간 아침 코칭을 해줄 수 있어요. 내 아침 일과를 보여주면서 왜 기상 직후 1시간을 최대로 활용하는 것이 자기연마와 탁월한 업무 수행에 필수인지 설명해줄게요. 얼마 지나지 않아서 당신들 인생이 눈부시게 아름다워질 거예요. 나와 지내는 것도 재미있을 거고요. 연사 양반의 강연에서 들었듯이 삶이 늘 쉽지는 않아요. 하지만 가치 있고 풍성하고 아름답죠. 시스티나 성당 천장화만큼 멋질 수도 있어요."

"나는 처음으로 그 천장화를 봤을 때 울었어요." 화가가 염소수염을 쓰다듬으며 말했다.

"미켈란젤로는 고약한 사람이었죠. 좋은 의미로요." 노숙자도 더러운 수염을 쓰다듬으며 말했다. 그러고는 비싼 게 분명한 가죽 지갑을 꺼내더니 그 안에서 그림이 그려진 플라스틱 조각을 조심스럽게 꺼냈다. 다음과 같은 그림이었다.

사업가와 화가가 반응할 틈도 주지 않고 노숙자가 계속 말했다. "헌신, 절제, 인내, 노력. 이런 가치를 믿는 사람이 요즘에는 거의 없죠. 너무 많은 사람이 권리가 거저 생긴다는 사고방식을 갖고 있어서 부유하고, 생산적이고, 만족스러운 삶이 봄이면 오는 제비처럼 언젠가는 찾아오리라고 기대하니까요. 그리고 자신이 해야 할 노력을 주변 사람들이 해주기를 바라죠. 이렇게 행동하는데 리더십이 어디 있겠어요? 말을 줄이고 행동을 해야 하죠. 아, 그리고 이것 좀 봐요."

노숙자가 몸을 돌리고 셔츠의 단추를 풀었다. 근육이 탄탄한 그의 등에는 '패자는 오락을 좋아하지만, 승자는 교육을 좋아한다'라는 문신이 새겨져 있었다.

"케이프타운 해안에서 5시간 거리의 환상적인 바다 한가운데에 있는 마법 같은 작은 섬, 내 집은 거기 있어요. 와서 같이 지내요." 그는 바닷가 풍경이 새겨진 플라스틱 카드를 사업가에게 건넸다. "얘들은 내 돌고래들이에요." 그가 손으로 그린 그림을 가리키며 기분 좋게 말했다.

"그만한 가치가 있는 여행이 될 거예요. 분명 일생일대의 모험이 될 거고요. 두 분의 인생에서 가장 값지고 환상적인 순간들이 펼쳐질 거예요. 나를 믿고 따라와봐요. 내가 아는 세계 최고의 아침 의식들을 전부 가르쳐줄게요. 당신들은 규칙적으로 일찍 일어나는 법을 배우게 될 거예요. 그래서 대다수가 일주일 동안 처리하는 것보다 많은 일을 정오면 몽땅 끝내고 건강과 행복, 평화를 최대치로 끌어올리게 될 거예요. 세계 각지에서 큰 성공을 거둔 많은 사람이 해 뜨기 전에 일어나는 데, 거기에는 다 이유가 있습니다. 그때가 '하루 중 가장 특별한 시간'이기 때문입니다.

내가 어떻게 이 혁명적인 방법을 이용해 내 제국을 건설했는지 설명해줄게요. 그리고 분명히 해두건대 제국에는 여러 형태가 있어요. 경제는 그중 하나일 뿐입니다. 당신들은 예술성, 생산성, 인류애, 자선, 개인의 자유, 심지어 영성의 제국을 만들 수도 있습니다. 나는 내 인생을 변화시킨 멘토가 가르쳐준 모든 것을 전해주려고 합니다. 당신들은 많은 것을 알게 될 것이며 근본적으로 달라질 것입니다. 새로운 렌즈를 통해 세상을 보게 될 것입니다. 그리고 가장 좋은 음식을 먹고 가장 멋진 노을을 보게 될 것입니다. 바다에서 수영하고, 돌고래들과 스노클링을 하고, 내 헬리콥터를 타고 바람에 춤추는 사탕수수밭 위를 날기도 할 거예요. 부디 내 진심 어린 초대를 받아들여 내 집에서 머물러주세요."

"세상에! 농담하는 거죠?"라고 화가가 소리쳤다. 많은 다른 예술가처럼 그도 극히 감정적이고, 소소한 것까지 경계하고, 잠재된 고통 탓에 예민하다는 사실이 점점 분명해지고 있었다. 대다수보다 많은 것을 느끼는 사람들은 때때로 자신이 저주받았다고 믿는다. 하지만 실은 남들이 놓치는 것을 감지하고, 남들이 간과하는 기쁨을 경험하고, 평범한 순간에서 장엄함을 알아채는 재능을 부여받은 것이다. 그들이 쉽게 상처를 받기는 한다. 하지만 훌륭한 교향곡을 작곡하고, 눈부신 건물을 건축하고, 병자를 위한 치료법을 찾아내는 사람들이기도 하다. 톨스토이는 "열렬히 사랑할 줄 아는 사람만이 큰 슬픔을 느낄 수 있다"라고 말했으며, 이란의 수피교도 시인인 루미Rumi는 "마음이 열릴 때까지 마음이 아파봐야만 한다"라고 했다. 화가는 이런 통찰을 몸으로 보여주는 듯했다.

"아니, 진심이에요." 노숙자가 열의에 차서 말했다. "나는 솔리튜드(고독)라는 마을에서 멀지 않은 곳에 집을 갖고 있어요. 그 이름에 꼭 맞는 마을이죠. 소음과 성가신 일에서 벗어난 조용하고 평온한 상태일 때만 자신의 진정한 운명을 기억할 수 있습니다. 그러니 그러자고 해요. 한번 해봅시다! 구루가 연단에서 말했듯이 살아가면서 우연처럼 나타난 좋은 기회들을 더 많이 활용할수록 마법이 나타날 것입니다. 게임을 하지 않고 이길 수는 없잖아요? 사실 삶은 당신들을 뒷받침해주고 있습니다. 그래 보이지 않을 때조차 말입니다. 다만, 두 분도 자기 몫을 해줘야 합니다. 절호의 기회가 왔을 때 뛰어드는 것 말이죠. 아, 우리 집에 온다면 딱 한 가지만 부탁할게요. 내 비밀 고문이 내게 가르쳐준 철학과 방법론을 가르쳐줄 수 있을 만큼 오래 머물러야 한다는 거예요. 5AM 클럽 회원이 되는 건 시간이 좀 걸리는 일이거든요."

노숙자는 잠시 말을 멈췄다가 덧붙였다. "그리고 비용은 내가 부담할 거예요. 경비 전부요. 괜찮다면 내 전용 제트기도 보내줄게요."

사업가와 화가는 즐겁기도 하고, 혼란스럽기도 하고, 어찌해야 할 바를 몰라 서로를 흘끗 바라봤다.

"이 친구와 둘이서만 잠시 이야기해도 될까요?" 화가가 여전히 수첩을 손에 든 채 노숙자에게 말했다.

"물론이죠. 충분히 의논해봐요. 나는 임원들에게 전화나 하고 있을게요." 노숙자가 강당 뒤쪽으로 가며 말했다.

"말도 안 돼. 너무나 터무니없는 소리예요." 화가가 사업가에게 말했다. "저 사람이 뭔가 특별하다는 당신 말에는 동감이에요. 어찌 보면 신비롭기도 하고요. 그가 계속 이야기하는 멘토 말이에요. 현대의 대가 같은 그 선생에게도 무척 관심이 가고, 이 노숙자 양반이 훌륭한 통찰력을 갖고 있다는 점도 인정해요. 경험도 많아 보이고요. 하지만 꼴을 봐요! 완전히 거지잖아요. 엄청 지저분하고요. 몇 주 동안 샤워도 안 한 것 같아요. 옷은 다 찢어져 있고. 이만저만 기이한 게 아니에요. 우리는 그가 어떤 사람인지 전혀 몰라요. 위험할 수도 있어요."

"네, 기이해요. 오늘 일어난 모든 일이 기이하죠"라고 사업가도 동조했다. 그녀의 야윈 얼굴이 부드러워졌는데, 눈은 여전히 우울해 보였다. "나는 큰 변화를 주어야 할 시점에 와 있어요"라고 그녀가 털어놓았다. "이런 상태로 계속 살 수는 없어요. 당신이 무슨 말을 하는지 알아요. 열한 살 때 아버지가 돌아가신 이후로 나는 모든 사람, 모든 것을 의심해왔어요. 아버지 없이 자란 딸은 굉장히 겁이 많죠. 솔직히 말하면 나는 여전히 정서적 외상을 갖고 있어요. 나는 매일 아버지를 생각해요. 몇 번 연애도 했지만 끝이 좋지 않았죠. 낮은 자존감으로 많은 어려움을 겪어왔고, 대인관계에서도 끔찍한 선택을 하곤 했어요."

사업가가 계속 이야기했다. "1년 전쯤부터 심리치료를 받고 있는데, 그러면서 내가 왜 그런 식으로 행동하는지 깨닫게 되었죠. 심리학자들은 이를 '아버지 없는 딸 증후군fatherless daughter syndrome' 이라고 부른다더군요. 나는 그 상처 탓에 누구를 만나든 버림받지 않을까 몹시 두려워하고 강한 불안을 느껴요. 네, 그래서 오히려 겉으로는 대단히 강한 척해요. 무자비하다고 느끼는 사람도 있을 만큼요. 아버지를 잃은 데 대한 울분이 내게 추진력과 야망을 가져다줬어요. 하지만 그 상실감은 공허함도 남겼죠. 나는 성공하면 잃어버린 사랑을 얻을 수 있다는 믿음으로 지치도록 일하면서 아버지의 죽음이 남긴 공허감을 채우려고 노력했다는 것을 알게 됐어요. 나는 마약을 갈구하는 중독자처럼 더 많은 돈을 벌어서 감정의 구멍을 메우려고 했어요. 사회적 지위에 굶주렸고 업계의 인정을 목말라했죠. 중요한 일을 할 수 있는 시간에 오락이 주는 순간적 즐거움을 찾아 온라인으로 도피하기도 했어요.

말했다시피 나는 나의 많은 행동이 어렸을 때 시련을 겪으면서 생긴 두려움에서 비롯됐다는 사실을 깨달아가고 있어요. 연사님이 이런 말을 했을 때 자극이 되더라고요. 절대로 돈을 위해서 일하지 말고 일의 의미와 일이 제공하는 개인적 성장과 세상을 변화시킬 기회를 추구하며, 리더로서 그리고 한 인간으로서 세계 최고를 목표로

하라고 하신 말씀요. 그분의 말에서 큰 희망을 느꼈어요. 나는 그분 말씀대로 살고 싶어요. 하지만 지금은 그에 전혀 미치지 못하죠. 게다가 최근 회사에서 일어난 일들 때문에 궁지에 몰려 있어요. 지금은 정말 제대로 살고 있지 못해요. 여기도 어머니가 무료 입장권을 주셔서 와본 거예요. 지금 저에게는 변화가 너무나 절실해요."

사업가가 심호흡을 했다. "미안해요." 그녀는 당황한 표정으로 사과했다. "당신을 잘 알지도 못하면서 왜 내 사정을 전부 털어놓는지 모르겠네요. 당신에게서 안전하다는 느낌을 받나 봐요. 이유는 모르겠지만. 너무 많은 이야기를 했다면 미안해요."

"괜찮아요"라고 화가가 대답했다. 그의 몸짓이 그녀의 이야기를 몰입해서 듣고 있었음을 보여줬다. 그는 염소수염이나 레게머리 가닥도 더는 만지작거리지 않았다.

사업가가 다시 이야기를 이어갔다. "그러니까 내 말은, 나는 변화를 위한 준비가 됐다는 거예요. 그리고 훌륭한 아침 일과가 창조성, 생산성, 경제, 행복을 어떻게 높일 수 있는지 알려주고 싶다는 이 노숙자가 실제로 우리를 도와줄 수 있으리라는 직감이 들어요." 그녀가 얼른 덧붙였다. "그리고 그의 시계를 생각해봐요."

이에 화가가 말했다. "나도 그가 좋아요. 아주 독특해요. 때로는 시적으로, 때로는 열정적으로 자신을 표현하는 점도 마음에 들어요. 사고도 활발하고, 마치 명언에 목숨 건 사람처럼 조지 버나드 쇼도 인용하고, 정말 멋있어요. 하지만 나는 여전히 그에게 믿음이 안 가요." 화가가 다시 주먹으로 손바닥을 치면서 말했다. "시계는 어떤 멍청한 부자에게서 훔친 건지도 모르죠."

"당신 기분이 어떤지 알아요"라고 사업가가 대답했다. "나도 똑같은 기분이 드니까요. 우리도 방금 만났잖아요. 이 여행을 당신과 함께 가는 것도 사실 어떨지 모르겠어요. 아, 기분 나쁘게 생각하지 말아 주세요. 당신은 정말 좋은 사람처럼 보여요. 약간 거친 구석이 있는 듯하지만, 그게 어디서 온 건지도 알 것 같아요. 당신 속마음은 훌륭해요. 난 알 수 있어요."

화가가 흐뭇한 표정을 슬쩍 지으며 노숙자를 흘끗 보았다. 노숙자는 비닐봉지에서 아보카도 조각을 꺼내 먹고 있었다.

"얼마간 사무실을 비우게 일정을 조정할 수 있는지 확인해봐야겠네요. 우리가 저 사람과 시간을 보내려면요." 그녀가 노숙자를 가리키며 말했다. 노숙자는 간식을 먹으면서 구식 휴대전화로 통화를 하며 천장을 응시하고 있었다. "나는 그의 제안이 좋아지기 시작하는데요. 경이로운 모험이 될 거라는 느낌이 들어요. 다시 생기가 도는 기분이에요."

"음, 당신이 그렇게 말하니까 나도 마음이 바뀌려고 해요." 화가가 말했다. "기분 좋은 미친 짓처럼 생각되기 시작했어요. 완전히 새로운 독창성의 세계에 접근할 특별한 기회처럼 느껴져요. 내 작품 활동을 위해서도 아주 좋은 일 같고요. 그리고 보니 작가 찰스 부코스키Charles Bukowski(한때 주류 문단으로부터 외면당하던 이단아였으나 당대 미국의 가장 저명한 시인이자 작가로 꼽히게 된 인물—옮긴이)의 말이 생각나는군요. 그는 '미쳐본 적이 없는 이들도 있다. 얼마나 끔찍한 삶이란 말인가!'라고 했었죠. 연사도 우리의 재능과 재주, 강점을 살릴 수 있도록 정상적인 삶의 경계를 벗어나라고 했잖아요. 내 본능도 그렇게 하라고 말하고 있어요. 당신이 간다면 나도 갈게요."

"결정했어요. 나는 가볼 거예요!"라고 사업가가 소리쳤다.

"나도 찬성." 화가도 동의했다.

두 사람은 일어서서 노숙자에게로 다가갔다. 그는 눈을 감고 가만히 앉아 있었다.

"지금 뭐 하고 있어요?" 화가가 물었다.

"내가 되고 싶은 모든 것과 내가 만들고 싶은 고차원의 삶을 열심히 그려보고 있어요. 터키의 한 전투기 조종사는 비행이 있을 때마다 사전 비행을 했다더군요. 상상 속에서 그와 부대원들의 바람직한 임무 수행 방식을 꼼꼼히 예행연습하여 현실에서 임무를 완벽히 실행할 준비를 했다는 거예요. 하트셋, 헬스셋, 소울셋과 함께 마인드셋은 개인의 위대함, 엄청난 생산성, 창조적 승리를 부르는 매우 강력한 도구입니다. 내 초대를 받아들인다면 당신들에게 이 놀라운 개념들을 전부 가르쳐줄게요. 아무튼, 내가 눈을 감고 있었던 이유부터 이야기해보죠. 거의 매일 아침 나는 그날의 이상적인 성과를 마음속으로 상상해봅니다. 또한 내가 계획했던 일을 성공시키면 어떤 기분일지 내 감정을 깊숙이 들여다봅니다. 그리고 자신감이 넘치는 상태로 나 자신을 고정합니다. 그런 다음 완벽한 하루를 살기 위해 밖으로 나가 최선을 다합니다."

사업가는 그의 말에 매료되어 "멋지군요"라고 말했다.

"이것은 내가 최상의 상태에 머물기 위한 SOP<sup>Standard Operating</sup> Procedure 가운데 하나일 뿐입니다. 이런 습관이 잠들어 있는 유전자를 깨워서 게놈을 활성화한다는 사실은 과학으로도 입증됐어요. 알다시피 DNA가 운명을 결정짓지는 않습니다. 아, 걱정하지 말아요. 섬에 있는 동안 후생유전학<sup>epigenetics</sup>이라는 획기적인 분야에 대해서도 배우게 될 테니까요. 멋진 신경과학 지식도 배우게 될 것입니다. 대중의 주의를 분산시키는 무기에 당신들의 놀라운 능력이 파괴되지 않도록 말입니다. 두 분은 집중력과 체력을 철저히 유지할 멋진 방법들을 알게 될 것입니다. 세계 최고의 사업가들이 어떻게 지배적인 기업을 구축했는지 알게 되고, 세상에서 가장 즐겁게 사는 사람들이 신비에 가까운 삶을 영위하기 위해 아침마다 따르는 정해진 체계도 배우게 될 것입니다. 오, 혹시 궁금해할 것 같아서 하는 말인데 SOP는 관리 운영 절차라는 말입니다. 내 특별 고문이 썼던 용어죠. 그리고 보니 두 분은 우리 집에 가기로 했나 본데요?"

"네, 가기로 했어요." 사업가가 경쾌하게 말했다. "제안해주셔서 감사합니다."

"감사합니다." 화가도 말했다. 좀 진정이 된 듯한 모습이었다.

사업가가 진지한 목소리로 말했다. "부디 영향력 있는 리더와 크게 성공한 사업가들처럼 아침 일과를 만들 수 있도록 당신이 알고 있는 전부를 가르쳐주세요. 오늘 아주 오랜만에 고무적인 기분을 느끼고 있어요. 제 상황이 최상은 아니지만요."

화가도 말했다. "저도 같은 바람이에요. 제가 최고의 화가, 최고의 인간이 되게 해줄 끝내주는 아침 일과의 비밀을 알려줘요." 그가 수첩을 들고 흔들며 말했다. "비행기도 보내주고, 당신의 마을까지 데려다줄 차도 보내줘요. 코코넛도 주고, 돌고래도 태워줘요. 그리고 우리 삶을 향상시키게 해줘요. 전적으로 따를 테니까요."

"동기 부여 방법을 알려주려는 게 아니에요." 방금 전까지 볼 수 없었던 진지한 말투로 노숙자가 말했다. "전적으로 '변혁'을 위한 과정이 될 거예요. 확실한 데이터와 최신 연구, 엄격한 현장 시험을 거친 대단히 실용적인 전술들로 뒷받침된 내용을 다룰 겁니다. 두 분이 경험할 수 있는 최고의 모험을 기대하세요!"

"좋아요." 사업가가 노숙자의 거친 손을 잡고 말했다. "우리 두 사람에게는 여전히 이 모든 상황이 극히 이상하게 여겨져요. 하지만 이유야 어쨌든 우리는 이제 당신을 믿습니다. 이 새로운 경험을 전적으로 받아들이려고 해요."

"우리를 위해 이렇게까지 해주다니 정말 친절하시군요. 고맙습니다"라고 화가도 말했다.

"좋아요. 현명한 결정이에요"라는 따뜻한 대답이 돌아왔다. "내일 아침 강연장 밖에서 기다려요. 며칠 입을 옷만 챙겨 오면 돼요. 아까도 말했지만, 나머지는 내가 기쁜 마음으로 준비할게요. 고마워요."

"왜 당신이 고맙다고 하세요?" 사업가가 의아해하며 물었다.

노숙자가 부드럽게 미소를 띠고 생각에 잠기며 턱수염을 긁적거렸다. "마틴 루터 킹 목사는 암살되기 전 마지막 설교에서 이렇게 말했습니다. '우리 모두 위대해질 수 있습니다. 봉사는 누구나 할 수 있기 때문입니다. 봉사하는 데 대학 졸업장이 필요하지는 않습니다. 봉사를 위해 플라톤과 아리스토텔레스를 알 필요는 없습니다. 봉사를 위해 아인슈타인의 상대성 이론을 알 필요는 없습니다. 봉사를 위해 열역학 제2법칙과 물리학 이론을 알 필요는 없습니다. 은총으로 가득한 마음만 있으면 됩니다. 사랑으로 창조된 영혼만 있으면 됩니다' 라고요."

노숙자는 계속 말했다. "내가 지난 몇 년 동안 얻은 가장 큰 교훈 중 하나는 타인에게 베푸는 것이 자신에게 주는 선물이라는 거예요. 타인을 기쁘게 해주면 자신은 더 큰 기쁨을 얻을 수 있습니다. 동료들의 상태를 개선해주세요. 그러면 자신의 상태도 자연히 향상됩니다. 성공하면 멋있죠. 하지만 의의 있는 삶은 더욱 근사합니다. 우리 세상을 발전시킨 위인들은 희소성이 아니라 관대함이라는 공통점을 지니고 있어요. 그리고 지금은 그 어느 때보다도 사리사욕에 집착하는 나르시시스트가 아닌 순수한 지도자가 필요합니다."

노숙자가 한 번 더 자신의 커다란 시계를 내려다봤다. "이 세상을 떠날 때는 직함도, 재산도, 멋진 장난감도 가져갈 수 없잖아요. 이 삿짐 트럭이 영구차 뒤를 따라가는 장례식 본 적 있어요?" 그가 싱긋 웃었다. 그의 말을 듣고 있던 두 사람도 씩 웃었다.

"보물 같은 분이에요"라고 사업가가 속삭였다.

"당근." 화가도 인정했다.

"당근이라는 말 좀 쓰지 말아요." 사업가가 말했다. "짜증이 나려고 해요."

화가는 멋쩍어하는 표정으로 대답했다. "알았어요."

"세상을 떠나는 날 중요한 것은 생전에 얼마나 잠재력을 활용했는가, 얼마나 영웅적 행위를 했는가, 얼마나 사람들에게 은혜를 베풀었는가뿐입니다." 노숙자가 웅변조로 말했다.

"그런데 내일 아침 몇 시까지 와야 하나요?" 사업가가 앙상하게 마른 어깨에 핸드백을 걸치며 물었다.

"5AM." 노숙자가 대답했다. "아침을 지배하라. 인생을 발전시켜라."

그러고는 사라졌다.

## 6장

# 5AM 클럽의 시작

여러분의 시간은 한정되어 있습니다.
그러니 다른 사람의 인생을 살아주느라 시간을 낭비하지 마십시오.
도그마에 갇히지 마십시오. 그것은 남들의 사고 결과에 따라 사는 것입니다.
다른 사람들의 시끄러운 의견으로 자기 내면의 목소리가 묻히지 않게 하십시오.
그리고 무엇보다 여러분의 마음과 직관을 따를 용기를 가지십시오.
그것들은 이미 여러분이 진심으로 무엇이 되고 싶어 하는지 알고 있습니다.
스티브 잡스

---

"너무 피곤해요." 사업가가 엄청나게 큰 커피잔을 들고서 늙은 거북
이처럼 기운 없이 중얼거렸다. "생각했던 것보다 힘든 여행이 될 수
도 있어요. 완전히 새로운 세계로 걸어 들어가는 기분이에요. 어제
말했듯이 나는 정말로 변할 준비가 되어 있어요. 새롭게 시작할 준
비요. 하지만 불안하기도 해요. 어젯밤에 잠도 많이 못 잤어요. 꿈
이 어찌나 으스스하고 끔찍하던지. 이 여행이 위험할 수도 있겠다는
생각이 들어요."

화가도 동조했다. "나도 죽을 것 같아요. 이렇게 일찍 일어나는
거 정말 싫은데. 생각을 잘못했나 봐요."

용감한 두 영혼은 강연장 바깥 인도에 서 있었다. 새벽 4시 49분이었다.

"그는 안 올 거예요." 화가가 거칠게 소리쳤다. 그는 적막한 거리로 침을 뱉더니 눈을 찡그리며 하늘을 올려다봤다.

"그 노숙자는 틀림없이 안 올 거예요." 사업가도 냉소적으로 말했다. "그가 무슨 시계를 찼든 개의치 않겠어요. 말을 잘했다는 것도 중요하지 않아요. 아버지를 연상시켜준 것도 이제 아무런 의미가 없어요. 아, 진짜 피곤하다. 아마 그는 쉴 곳을 찾아 강연장에 들어왔을 거예요. 5AM 클럽에 관한 내용은 연사의 발표를 듣고 흉내 낸 것들이고요. 그가 이야기했던 전용기도 그가 자주 빠지는 망상의 일부였을 거예요."

사업가는 회의론자로 돌아갔고, 자신의 요새 안에 숨었다.

바로 그때 할로겐 전조등 한 쌍이 어둠의 벽을 뚫고 나타났다. 두 사람은 서로를 바라봤다. 사업가는 어색하게 미소를 지었다. "그래. 어쩌면 본능이 이성보다 훨씬 똑똑할지 몰라." 그녀가 혼자 중얼거렸다.

번쩍거리는 잿빛 롤스로이스가 인도 쪽으로 다가왔다. 빳빳한 흰색 유니폼을 입은 남자가 신속하게 차에서 내려 정중하게 인사를 했다.

"안녕하세요? 안녕하십니까?" 그가 영국식 억양으로 인사를 건네며 두 사람의 가방을 능숙하게 차에 실었다.

"그 부랑자는 어디 있어요?" 화가가 촌뜨기처럼 눈치 없이 물었다.

운전기사의 얼굴에 웃음기가 비쳤지만 재빨리 평정을 되찾았다.

"죄송합니다. 라일리 씨 복장이 몹시 소박하기는 하죠. '투지'가 필요하다고 느껴질 때 그러신다고 하더군요. 대개는 매우 고급스러운 생활을 하고 뭐든 원하는 대로 하죠. 그래서 가끔 겸손함을 잃지 않기 위해 그러신대요. 라일리 씨가 두 분께 이걸 전해달라고 하셨습니다."

운전기사가 건넨 봉투 안에는 편지가 들어 있었다.

— 안녕, 친구들! 컨디션이 최상이기를 바랍니다. 어제 두 분을 놀라게 할 뜻은 없었어요. 단지 현실에 발을 디디고 있을 필요가 있어서 그랬어요. 내가 좋아하는 철학자 중 하나인 에픽테토스(고대 로마의 스토아학파 철학자—옮긴이)는 이렇게 말했죠. '그러나 황소도 고귀한 영혼을 가진 사람도 한 번에 무엇이 되려고 해서는 안 된다. 혹독한 겨울 훈련을 받으며 자신을 준비시켜야 하고, 자신에게 적절하지 않은 일을 성급하게 추진해서는 안 된다.'

어제 같은 복장을 하거나 일주일에 한 번 단식을 하거나 한 달에 한 번 바닥에서 자는 등의 자발적인 불편은 나를 강하게 하고, 절제하게 하며, 내 삶의 중심이 되는 몇 가지 우선순위에 집중하게 해줍니다. 아무튼, 멋진 비행을 하고 곧 낙원에서 만납시다.

운전기사가 계속 말했다. "어제 두 분이 만난 사람은 훌륭한 분이에요. 외모가 사람의 됨됨이를 알려주지는 않죠."

"면도도 안 해서 더 그랬어요." 화가가 롤스로이스 로고 장식을 바라보며 말했다.

"라일리 씨는 매우 정중하고 품위 있는 분이기 때문에 절대 본인 입으로 이 말씀을 하지는 않을 겁니다. 당신이 '부랑자'라고 불렀던 신사는 세계에서 가장 부유한 사람 중 한 명입니다."

"정말이에요?" 사업가가 눈이 동그래지며 물었다.

"그럼요." 운전기사가 점잖게 웃으며 문을 열고 흰 장갑을 낀 손으로 두 사람에게 차에 타라고 손짓했다. 좌석에서는 새 가죽에서 나는 좋은 향이 났다.

"라일리 씨는 수년 전에 여러 가지 사업을 하면서 재산을 모았어요. 현재 국제사회에서 동경의 대상이 되고 있는 회사의 초기 투자자이기도 하죠. 자세한 이야기까지 할 필요는 없지만, 자신이 진실한 마음이고 신뢰해도 좋다고 안심시켜드리라는 지시를 받았어요. 그리고 21번 격납고로 안전하게 모셔다드리라고 하셨어요."

"21번 격납고라고요?" 화가가 좌석에 느긋이 기대앉으며 물었다.

"라일리 씨 제트기들이 보관된 곳이요." 운전기사가 간단히 대답했다.

"제트기들?" 사업가가 아름다운 갈색 눈을 반짝이며 매우 호기심 어린 표정으로 물었다. 운전기사는 "네"라고 짧게 답했다.

운전기사가 이른 아침 거리를 빠른 속도로 지나가는 동안 차 안에는 침묵이 흘렀다. 화가는 무심히 한 손으로 물병을 돌리면서 창문 밖을 내다봤다. 그로서는 수년 만에 보는 일출 광경이었다. "매우 특별하네요. 정말 아름다워요. 이 시간에는 모든 게 너무나 평화롭군요. 소음도 없고 정말 평화로워요. 지금 저는 피곤한데도 생각이 명료해요. 상황이 더 명확히 보여요. 주의가 흐트러지지 않고요. 우리를 제외한 세상이 잠든 것 같아요. 참으로 평온하네요."

그는 옅은 호박색 햇살과 동틀 무렵의 미묘한 색조, 그 순간의 고요함에 감동했고 경이감을 느꼈다.

사업가는 운전기사를 유심히 살폈다. "당신 상사에 대해서 좀 더 이야기해주세요." 그녀가 계속 휴대전화를 만지작거리며 말했다.

"더 말씀드릴 수 있는 게 별로 없습니다. 그분은 재산이 수십억 달러나 됩니다. 그런데 대부분을 자선단체에 기부했죠. 라일리 씨는 제가 아는 사람 중에서 가장 흥미롭고 관대하며 인정이 많은 분입니다. 그리고 정직성, 공감력, 성실성, 의리 같은 가치관이 확고할 뿐 아니라 의지력도 대단합니다. 감히 이런 말씀을 드려도 될지 모르겠지만, 괴짜이기도 하고요. 아주, 아주 부유한 사람들이 흔히 그렇듯이 말이죠."

"그건 우리도 눈치챘어요." 사업가가 동의했다. "그래도 흥미롭기는 하네요. 왜 그가 괴짜라는 건가요?"

"곧 알게 될 겁니다"라는 간단한 대답만 돌아왔다.

롤스로이스는 금방 민간 공항에 도착했다. 라일리는 보이지 않았다. 완벽하게 관리되는 듯이 보이는 상아색 제트기 앞까지 운전기사가 속도를 냈다. 상아색 외의 색상이 보이는 부분은 꼬리날개뿐이었다. 거기에는 주황색으로 '5AC'라는 세 글자가 쓰여 있었다.

"5AC는 어떤 의미인가요?" 사업가가 휴대전화를 꽉 쥐고 긴장한 목소리로 물었다.

"5AM 클럽을 가리킵니다. '아침을 지배하라. 인생을 발전시켜라.' 라일리 씨가 여러 관심 사업을 추진하면서 명심하는 격언 중 하나죠. 유감스럽게도 이제 작별을 해야겠군요. 또 뵙겠습니다." 이렇게 말한 후에 그는 반짝거리는 비행기로 짐을 옮겼다.

승무원 두 명이 기내로 올라가는 철제 계단 근처에서 수다를 떨고 있었다. 세련된 금발의 승무원이 사업가와 화가에게 뜨거운 물수건부터 준 후에 은쟁반에 올린 커피를 권했다. "좋은 아침입니다"라고 그녀가 인사를 건넸다.

"만나서 정말 반가웠습니다." 운전기사가 차에 올라타며 제트기를 향해 외쳤다. "라일리 씨를 만나면 안부 전해주세요. 그리고 모리셔스에서 즐겁게 지내세요."

"모리셔스?" 두 사람은 마늘 향을 맡고 깨어난 뱀파이어만큼이나 놀랐다.

"이거 정말 믿을 수가 없네." 화가가 기내로 올라가면서 말했다. "모리셔스! 그곳에 대해 좀 알아요. 내가 늘 가보고 싶었던 섬이거든요. 관광객이 많이 찾는 프랑스풍의 매우 아름다운 곳이래요. 그리고 사람들 말에 따르면 지구상에서 가장 따뜻하고 행복한 사람들이 사는 곳이라고 해요."

"나도 깜짝 놀랐어요." 사업가가 커피를 홀짝이며 대꾸했다. 그녀는 비행 준비를 하는 조종사들을 유심히 봤다. "모리셔스가 눈부시게 아름다운 곳이고, 주민들은 아주 친절하고, 사람들을 잘 도와주고, 매우 종교적이라는 이야기는 나도 들었어요."

비행기가 완벽히 이륙해 구름 위로 높이 올라갔다. 순항 고도까지 올라가자 승무원이 고급 샴페인을 내놓으면서 캐비어를 포함한 근사한 요리를 권했다. 상당히 만족스러워진 사업가는 회사를 뺏으려고 시도하는 잔인한 투자자들에 대한 분노도 잠시 밀어놓을 수 있었다.

사실 사업가의 입장에서는 지금이 라일리가 거물 기업인이자 세계적인 자선가로 부상하는 데 로켓 역할을 해준 5AM 클럽의 철학과 기본 방법론을 배우러 여행을 가기에 이상적인 시기가 아닐지도 몰랐다. 아니, 어쩌면 지금이야말로 일상적 현실에서 벗어나 이 세상에서 가장 큰 성공을 거두고, 영향력을 갖고 있고, 즐겁게 사는 사람들이 어떻게 하루를 시작하는지 알아볼 완벽한 기회일지도 몰랐다.

사업가는 샴페인을 마시고 영화 한 편을 봤다. 그리고 깊은 잠에 빠졌다. 화가는 《미켈란젤로, 피오렌티노, 라파엘 다 우르비노: 바티칸 예술의 거장들Michelangelo Fiorentino et Rafael da Urbino: Masters of Art in the Vatican》이라는 책을 갖고 왔다. 그는 몇 시간 동안 푹 빠져서 그 책을 읽었다. 그는 몹시 만족스러웠고 행복감을 느꼈다.

제트기는 광대한 대륙들과 다양한 지형 위를 날아갔다. 조심스러운 비행 끝에 비행기가 부드럽게 착륙했다.

"모리셔스 섬에 오신 것을 환영합니다." 새로 포장된 활주로를 달리면서 기장이 기내 방송을 했다. "대단히 감사합니다. 모리셔스의 시우사구르 람굴람 경 국제공항에 오신 것을 환영합니다." 그는 인생의 대부분을 하늘에서 보낸 사람에게서 묻어나는 자신감을 내비치며 말을 이어갔다.

"VIP 두 분을 모시게 되어 영광이었습니다. 라일리 씨의 개인 비서가 알려준 여행 일정대로 며칠 후에 다시 뵙겠습니다. 저희 비행기에 탑승해주신 두 분께 다시 한번 감사드립니다. 우아하고 격조 있으며, 무엇보다도 안전한 여행을 하셨으리라 믿습니다."

승무원이 활주로에 시동을 켠 채 기다리고 있는 SUV까지 두 사람을 안내했다.

"짐도 곧 나올 거예요. 해변에 있는 라일리 씨 댁의 손님방까지 갖다 드릴 테니 걱정하지 마십시오. 감사합니다." 그녀가 우아한 어조로 덧붙이며 천천히 손을 흔들어줬다.

"완전히 특급 서비스네요. 최고예요." 사업가가 패셔니스타들처럼 볼을 빵빵하게 만들어 셀피를 찍으며 말했다.

"당근." 화가가 그녀의 사진 속으로 끼어들었다. 그는 아인슈타인의 유명한 사진을 흉내 내듯 혀를 쑥 내밀었다.

레인지로버가 고속도로를 달리는 동안 길가의 키 큰 사탕수수 줄기들이 인도양에서 불어온 향기로운 산들바람에 흔들거렸다.

그들은 시간을 초월한 듯한 작은 마을들을 지나갔다. 도롯가에는 부겐빌레아가 심어져 있고, 아이들이 작은 풀밭에서 뛰놀고 있었다. 이따금 수탉 울음소리가 들려오고, 이가 빠진 노인들이 오래된 나무 의자에 앉아 있는 모습도 보였다. 하루해가 너무 길다는 듯한 표정에서는 삶의 고난으로 지쳤지만 인생을 충실히 살아온 사람의 연륜이 엿보였다. 경쾌한 새들이 아름다운 가락으로 합창하고, 형형색색의 나비들이 사방에서 날아다녔다.

모든 것이 섬 고유의 시간에 따라 움직이는 듯했다. 사람들은 쾌활해 보였다. 과도한 일정, 기계에 지배당하며 때로는 영혼 없이 사는 삶에서는 보기 힘든 활기를 뿜어냈다. 해변은 말로 표현할 수 없을 정도로 아름다웠고, 조각 같은 산들에 둘러싸인 풍경은 고갱의 작품 속에서 튀어나온 듯했다.

"저 위의 바위들 보이시죠?" 침묵을 지키던 운전사가 봉우리 중 하나에 있는 사람 형상과 닮은 암석을 가리키며 말했다. "저 산 이름이 피터 보스Pieter Both예요. 모리셔스에서 두 번째로 높은 산이죠. 저 산꼭대기 보이죠? 사람 머리와 비슷하지 않나요?" 그가 손가락으로 암석을 가리켰다.

"진짜 그러네요"라고 화가가 대답했다.

운전사가 말을 이었다. "우리가 초등학교 다닐 때 들은 이야기인

데, 한 남자가 저 산기슭에서 잠이 들었대요. 이상한 소리에 깨어나 보니 요정과 천사들이 주위에서 춤을 추고 있었다죠. 그들은 남자에게 방금 본 것을 아무에게도 말하지 말라고 했어요. 그러지 않으면 돌로 변할 거라고요. 그는 그러겠다고 약속했지만 신비로운 경험에 흥분해서 약속을 깨뜨리고 자신의 행운을 떠벌렸어요. 화가 난 요정과 천사들은 그를 바위로 만들었어요. 이후 그의 머리가 점점 부풀어 올라서 저 웅장한 산의 꼭대기에 올라앉게 되었고, 모든 사람에게 약속을 지키라고 상기시켜주고 있답니다. 자신이 한 말을 지키라고요."

"재미있는 이야기네요"라고 사업가가 말했다. 그녀 쪽 창문이 열려 있었던 까닭에 웨이브 진 그녀의 갈색 머리가 바람에 날렸다. 항상 찌푸리고 있어서 주름이 잡히던 그녀의 얼굴은 이제 아주 매끈했다. 말하는 속도도 느려졌고 목소리에서는 전에 없던 평온함이 느껴졌다. 그녀는 한 손을 좌석에 올려놓았다. 화가의 손에서 그리 멀지 않은 위치였다.

"마크 트웨인<sup>Mark Twaine</sup>은 '모리셔스가 먼저 창조되고 이를 모방해 천국이 창조됐다'라는 글을 썼죠." 운전사가 다소 굳어 있던 자세를 풀면서 말해주고는 환한 웃음을 지었다.

"이런 곳은 처음 봐요"라고 화가가 말했다. 거칠고 분노한 남자처럼 적대감을 보이던 그는 이제 괴로움과 근심 걱정이 덜한 느긋한 태도로 바뀌었다. "이곳의 분위기가 내 안의 매우 창의적인 부분을 자극해주네요."

사업가가 화가를 유심히 바라보다가 바다 쪽으로 고개를 돌리며 조용히 미소 지었다.

운전사가 "5분 후에 도착합니다"라고 조용히 말했다. 그런 다음

두 사람에게 평판을 하나씩 건네며 말했다. "이것들을 공부해주세요." 고급 재료에 정성이 가득 담겨 보이는 평판이었다.

거기에는 다음과 같은 다섯 가지 조항이 정교하게 새겨져 있었다.

### 규칙 #1

산만함에 중독되면 창조적인 생산은 끝난다. 제국의 건설자들과 역사의 창조자들은 동이 트기 전, 복잡한 일상의 손아귀를 벗어난 고요함 속에서 1시간 동안 자기만의 시간을 가지며 세계적 수준으로 하루를 보낼 준비를 한다.

### 규칙 #2

핑계는 천재성을 막는다. 이전에 일찍 일어나는 습관을 기르지 못했다고 해서 지금도 할 수 없는 것은 아니다. 자기합리화를 떨쳐버리고 매일 조금씩 꾸준히 개선하다 보면 놀라운 결과를 얻게 된다는 사실을 기억하라.

### 규칙 #3

모든 변화가 처음에는 힘들고, 중간에는 혼란스러우며, 마지막에는 아름답다. 지금 당신에게 쉬운 일 모두가 처음에는 어려웠다. 꾸준히 연습하면 일출과 함께 기상하는 것도 평범한 일이 될 것이다. 그리고 자동화될 것이다.

### 규칙 #4

상위 5%와 똑같은 결과를 얻으려면 95%의 사람이 꺼리는 일을 해야 한다. 그렇게 하고자 할 때 대다수가 당신에게 미쳤다고 할 것이다. 괴짜라고 불리는 것은 위대함의 대가라는 사실을 기억하라.

### 규칙 #5

항복하고 싶어도 계속하라. 승리는 끈질긴 사람을 사랑한다.

해안가에 줄지어 선 빛바랜 흰 집들을 지나가면서 차가 속도를 줄였다. 바다가 나타났다. 초록빛과 푸른빛이 도는 파도가 물거품을 일으키며 '쏴' 하고 몰려와 모래사장에 와서 부서졌다. 바다 내음이 나는 공기는 계피 향이 살짝 섞인 꿀처럼 달콤했다.

해가 지기 시작하면서 눈부신 노을이 물결에 반사됐다. 새들이 지저귀고 나비가 날아다녔다. 이 모든 풍경이 황홀하기만 했다.

"도착했습니다." 운전사가 침입자보다는 야생동물을 막기 위해 세워진 듯한 철제 울타리 앞에서 인터폰에 대고 말했다.

문이 천천히 열렸다.

SUV는 온갖 색깔의 꽃과 나무가 빽빽이 늘어선 구불구불한 길을 따라 내려갔다. 운전사가 창문을 열자 재스민과 장미 향을 실은 신선한 바닷바람이 들어왔다. 말쑥한 작업복을 입은 정원사들이 진심을 담아 손을 흔들어줬다. 비둘기 두 마리가 돌길을 따라 깡충거렸다.

억만장자의 집은 그리 화려하지 않았다. 세련된 해변 별장처럼 설계됐으며 미국 부유층의 별장과 스웨덴 농가의 분위기가 함께 났다. 감각적으로 아름다우면서 아늑한 공간이었다.

집 뒤쪽으로는 바다까지 이어지는 아주 넓은 베란다가 있었다. 벽에는 진흙투성이인 산악자전거 한 대가 기대어져 있고, 진입로 끝에는 서프보드가 놓여 있었다. 바닥에서 천장까지 이어지는 거대한 창문이 유일하게 화려한 건축 요소였다. 데크에는 귀한 꽃들이 꼼꼼하게 배열되어 있고 그곳에 놓인 카트에는 전채 요리, 각종 치즈, 얇게 저민 생강 소각을 넣은 신신한 레몬차 등이 준비되어 있었다. 햇빛에 바랜 회색 계단을 내려가니 여행 잡지에서나 볼 수 있는

숨 막힐 듯 아름다운 해변이 있었다.

이 모든 아름다운 풍경 한가운데에 한 남자가 모래 위에 홀로 서 있었다. 그는 바다만 바라볼 뿐 꼼짝도 하지 않았다.

에펠탑처럼 키가 큰 그 남자는 헐렁한 군복 무늬 반바지에 웃통을 벗고 구릿빛 상체를 드러내놓고 있었다. 거기에 노란색 샌들과 최신 유행의 선글라스가 더해져 서퍼들의 젠 스타일과 소호의 맵시가 섞인 스타일을 하고 있었다.

"저기," 사업가가 그를 가리키며 말했다. "드디어 우리를 초대한 분을 만나게 됐네요. 그 유명한 라일리 씨를." 그녀가 활기차게 발걸음을 재촉해 해변으로 이어지는 나무 계단을 내려갔다. "그를 봐요! 바닷가에서 햇볕을 쬐며 인생을 즐기고 있네요. 내가 특별한 사람이라고 했잖아요. 그는 약속을 지켰어요. 나는 속으론 그가 우리 뒤를 봐줄 거라는 것을 의심하지 않았어요. 서둘러요." 그녀가 느리게 움직이는 동료를 재촉했다. "라일리 씨를 힘껏 안아주고 싶네요!"

"나도요. 그는 약속을 지켰어요. 나도 라일리 씨처럼 햇볕 좀 쬐어야겠어요." 화가가 사업가를 서둘러 따라가며 검정 셔츠를 벗었다.

"라일리 씨!" 화가가 몹시 부실한 폐로 숨을 들이쉬며 모래사장에 서서 소리쳤다.

호리호리한 남자는 왕실의 자동차 행렬이 도착하기를 기다리는 왕궁 경비대처럼 여전히 꼼짝 않고 서 있었다.

"라일리 씨!" 사업가도 애타게 불렀다.

대답이 없었다. 남자는 멀리 수평선에 점점이 떠 있는 컨테이너선만 바라보고 있었다.

곧 구릿빛으로 그을린 남자 뒤까지 다가간 화가가 그의 왼쪽 어깨를 톡톡 쳤다. 남자가 즉시 돌아봤다. 두 사람에게서 헉 소리가 나왔다. 사업가는 갸름한 손을 입에 갖다 댔고, 화가는 본능적으로 뒤로 물러서다가 모래사장으로 넘어졌다.

두 사람 모두 눈앞의 광경을 보고 놀랐다.

남자는 바로 연사였다.

### 7장
# 변화를 위한 준비

아이는 아무 거리낌 없이 불가능해 보이는 일을 믿는다.
천재나 광인도 마찬가지다.
당신이나 나 같은 사람만 뇌는 커지고 심장은 작아진 까닭에
의심하고, 고민하고 망설인다.
**스티븐 프레스필드**

"와!" 사업가가 놀라움과 기쁨이 뒤섞인 미소를 지으며 소리쳤다.

"선생님 강연회에 갔었어요. 정말 훌륭했어요." 약간 망설이는 듯하더니 말을 이었다. "저는 기술 회사를 이끌고 있습니다. 업계 전문가들이 로켓 궤도라고 부를 만큼 급성장해온 회사죠. 얼마 전까지만 해도 경이로울 정도로 상황이 좋았는데…." 사업가의 목소리가 점점 흐려졌다.

그녀는 연사로부터 시선을 돌려 화가를 빤히 바라봤다. 초조하게 팔찌를 만지작거리는 그녀의 얼굴에 주름이 더 뚜렷해졌다. 그 멋진 해변을 배경으로 그녀의 얼굴에는 무겁고 피곤하고 상처 입은 표

정이 떠올랐다.

"무슨 일이 있었나요, 당신 회사에?" 연사가 물었다.

"우리 회사에 투자했던 사람들 가운데 일부가 제 지분이 너무 많다고 생각했어요. 자신들의 지분을 늘리고 싶어 했죠. 몹시 탐욕스러운 사람들이에요. 그래서 그들은 경영진을 조종하고, 핵심 직원들을 설득해 저를 반대하는 집회를 열게 하고, 지금은 저를 회사에서 쫓아내려고 해요. 회사가 곧 제 인생인데 말이에요." 사업가는 금방이라도 울 것 같은 표정이었다.

모래사장 가장자리의 얕은 물로 화려한 색깔의 열대어 떼가 헤엄쳐 지나갔다.

그녀가 이야기를 이어갔다. "저는 목숨을 끊을 생각까지 했어요. 그러다 선생님의 강연에 참석하게 됐죠. 선생님의 귀중한 지식이 제게 희망을 주었어요. 선생님이 해주신 여러 말씀이 다시 기운을 차리게 해줬어요. 어떻게 된 건지는 정확히 모르겠지만 저와 제 미래를 믿게 해주셨어요. 감사하다는 말씀을 드리고 싶었어요." 그러고는 연사를 껴안았다. "선생님은 제가 인생의 최적화를 위한 여행을 시작하게 해주셨어요."

"그렇게 관대히 말해줘서 정말 고맙습니다." 어제와는 완전히 다른 모습으로 연사가 대답했다. 그는 햇볕을 많이 쬐어서 건강한 홍조를 띠고 있었을 뿐만 아니라 자세도 꼿꼿했다.

연사가 말을 이어갔다. "그렇게 말해줘서 고마워요. 하지만 당신이 삶의 개선을 모색하게 해준 것은 사실 내가 아닙니다. 내 통찰력과 방법을 적용하기 시작함으로써, 내 가르침을 실행함으로써 인생을 바꿔나가고 있는 것은 당신이죠. 말만 그럴듯한 사람들이 아주 많습니다. 그들은 자신이 어떤 야망을 달성할 건지, 어떤 포부를 실현할 계획인지 이야기합니다. 평가가 아니라 사실을 알려주는 말이고 불평이 아니라 그냥 하는 이야기인데요, 사람들 대부분이 평생 똑같은 상태로 살아갑니다. 어제의 행동 방식에서 벗어나기를 두려워하죠. 성장과 발전, 개인적 향상의 기회를 모두 저지하면서 평범함에 안주하고 순응의 족쇄에 묶여 있습니다. 대부분의 선량한 사람이 숙달과 용기, 대담함이 기다리고 있는 가능성의 바다로 나아가라는 인생의 부름을 두려워하고 거부합니다. 하지만 당신은 내가 강연에서 알려준 정보 일부를 행동에 옮겼습니다. 오늘을 살아가는 사람들 가운데 더 나은 리더, 생산자, 인간이 되려고 기꺼이 노력하는 아주 소수의 사람에 속하는 거예요. 참으로 장합니다.

변신이 쉽지 않다는 것은 나도 압니다. 하지만 빛나는 나비의 삶을 살려면 애벌레의 삶을 끝내야 합니다. 구태의연한 당신이 죽어야만 최상의 당신이 탄생할 수 있습니다. 당신은 참으로 현명한 사람입니다. 이상적인 조건이 갖춰질 때까지 기다리지 않았으니까요. 위대한 힘은 간단한 시작에서 분출되는 법입니다. 당신이 불타는 열망으로 시작한 일을 실현하고 매듭짓기 시작할 때 당신 안에 감춰져 있던 영웅적 힘이 저절로 나올 것입니다. 그러면 자연이 당신의 노력에 주목하고 예상 밖의 수확으로 당신의 충실한 노력에 응답해줄 것입니다. 즉, 당신의 의지력과 자신감이 커집니다. 그리고 더욱더 명석해집니다. 1년 후면 오늘부터 시작했다는 점을 매우 기뻐하게 될 것입니다."

"감사합니다"라고 사업가가 말했다.

"어떤 남자가 달리기를 시작하려면 체중부터 줄여야 한다고 이야기하더군요. 그건 작가가 집필을 시작하기 위해 영감을 기다린다거나, 관리자가 자기 분야의 선두주자가 되기 위해 승진을 기다린다거나, 스타트업 회사가 혁신적인 제품을 출시하기도 전에 충분한 자금이 들어오기를 기다리는 것과 마찬가지죠. 인생은 긍정적인 행동을 보상하고 망설임을 처벌하면서 흘러갑니다. 어쨌든 내가 당신의 성장에 작게나마 도움을 줄 수 있었다니 기쁘군요. 당신은 어렵지만 흥미진진한 모험을 하는 중인 듯합니다. 자존심이 상하는 날이 영혼에는 좋은 날이라고 생각해주세요. 두려움의 목소리가 감당하기 어렵다고 주장하는 시기야말로 가장 멋진 선물이라는 것을 지혜의 빛은 알고 있습니다."

"우리는 선생님이 돌아가셨다고 생각했어요." 사업가가 말했다. "무사하셔서 다행이에요. 그리고 겸손한 말씀도 감사하고요."

"나는 겸손한 사람이 가장 훌륭한 사람이라고 믿습니다. 진정한 리더는 자신에게 만족하고 자신감을 느끼기 때문에 타인을 높여주는 것을 주 임무로 삼습니다. 그들의 내면은 자기존중, 기쁨, 평온함으로 가득하기 때문에 성공을 광고함으로써 자신이 더 괜찮은 사람처럼 느껴지게 할 필요가 없습니다. 진정한 힘과 거짓된 힘 사이에는 큰 차이가 있죠." 연사가 어제와 같은 모습으로 설명했다.

"우리 문화는 직함과 이력, 박수갈채와 찬사, 돈과 저택을 추구하라고 말합니다. 당신이 인간으로서 자신의 가치를 이런 것들로 정의하도록 세뇌되지만 않는다면 그것도 괜찮습니다. 정말 괜찮아요. 그것들을 즐기세요. 다만 집착하지는 마세요. 이런 것들은 우리 문명이 성공하고 평화로워지려면 추구해야 한다고 믿도록 우리를 세뇌한 거짓된 힘들일 뿐입니다."

"아, 그렇군요." 사업가는 연사의 모든 이야기를 흡수했다.

"진정한 힘은 외부에서 얻어지지 않습니다. 돈이 많은 사람 중에 마음이 풍족하지 않은 사람도 많습니다. 믿어도 좋습니다." 연사는 슬리퍼를 벗어서 설탕처럼 하얀 모래사장에 가지런히 놓으며 말했다. "전설을 낳은 진정한 힘은 당신의 겉모습과 외적인 소유물에서 나오지 않습니다. 세상은 지금 길을 잃었습니다. 참되고 지속적인 힘은 자신의 본성을 알고 자신이 가진 가장 풍부한 재능을 깨달을 때 저절로 나타납니다. 진정한 부는 생산성, 자기 규율, 용기, 정직, 공감, 진실성이라는 고귀한 덕목을 지향하며 살아갈 뿐만 아니라 자신의 생각대로 인생을 이끌고 가는 데서 나옵니다.

지금은 무리에서 벗어나길 두려워하는 맹목적인 양과 같은 사람이 너무 많아요. 정말 다행스럽게도, 내가 말하는 진짜 힘은 현재 지구에 사는 모든 사람이 얻을 수 있습니다. 역사상 위대한 스승들은 모두 무소유의 생활을 했습니다. 마하트마 간디^Mahatma Gandhi가 세상을 떠났을 때 그가 갖고 있었던 것이라고는 샌들, 시계, 안경, 음식을 담아 먹는 소박한 그릇 등 고작 열 개 정도였습니다. 매우 풍요로운 마음과 진정한 힘으로 수백만 명에게 영향을 미쳤던 테레사 수녀는 이 세상 물건이라고는 거의 없는 작은 방에서 죽음을 맞았습니다."

"왜 인류의 영웅들은 소유한 게 별로 없었을까요?" 모래사장에 앉아 휴식을 취하고 있던 화가가 물었다.

"종국에는 중요하지도 않은 물질을 좇으며 사는 인생이 헛되다는 것을 알 수 있을 만큼 정신적으로 성숙했기 때문입니다. 그리고 대다수와 달리 인격 도야에 힘써서 오락, 구경거리, 탈출구, 사치품으로 내면의 공허함을 채우려는 욕구가 없어졌기 때문입니다. 피상적 소유욕이 없어질수록 창조적 비전을 존중하고, 고유한 천재성을 발휘하고, 상위의 도덕적 청사진에 따라 살아가는 등 본질적인 것을 추구하려는 갈망이 커지죠. 그들은 영감을 주고, 능숙해지고, 두려움이 없어지는 것은 전부 내면의 문제임을 본능적으로 이해했습니다. 진정한 힘을 알게 되면 그 힘이 주는 성취감 앞에서 외적 힘은 초라해지는 법이죠. 오, 이들 역사의 거물들은 최고 본성을 발견하면서 훌륭한 삶의 주요 목표는 세상에 대한 기여 그리고 영향력, 유용성, 유익함이라는 사실을 깨닫게 됐습니다. 사업 구축가business-builder들이 '이해관계자의 가치 극대화unlocking stakeholder value'라고 부를 수 있는 덕목들이죠. 어제도 말한 것처럼 '리더의 일은 봉사하는 것'입니다. 철학자 루미는 '한 방울의 물을 포기하고 바다를 이루게 하라'라는 말로 나보다 훨씬 훌륭하게 그 점을 지적해주었죠."

"가르침을 주셔서 감사합니다." 사업가가 진심으로 인사를 한 후, 화가 옆으로 가 앉았다.

"선생님이 나아지신 걸 보니 기분이 좋네요." 일광욕을 즐기는 고양이처럼 햇볕을 쬐고 있던 화가가 물었다. "대체 어제는 어떻게 된 거예요?"

"탈진했던 거죠." 연사가 털어놓았다. "너무 많은 도시 방문, 너무 잦은 비행, 너무 많은 미디어 출연, 너무 많은 강연 때문에요. 사람들이 리더십 개발을 가속화하고, 재능을 발휘하고, 자기 삶의 영웅이 될 수 있게 도와주어야 한다는 임무에 빠져서 나 자신을 너무 혹사했어요. 그러면 안 된다는 걸 잘 알면서도 말이죠."

그런 다음 연사는 선글라스를 벗고 두 학생에게 손을 내밀었다.
"만나서 즐거웠어요."

"저도요"라고 화가가 대답했다. "선생님 강연은 저에게 큰 힘이
됐습니다."

맑은 물속으로 앙증맞은 물고기 떼가 바쁘게 헤엄쳐 지나갔다.
연사는 그것들을 보며 활짝 웃다가 다시 이야기를 이어갔다.

"왜 내가 여기 있는지 궁금하죠?"

"맞습니다." 사업가가 신발을 벗고 하얀 모래 속으로 발을 집어넣
으며 말했다.

"음, 라일리가 서른세 살 때이었을 때부터 내가 자문을 해주고 있
습니다. 프로 스포츠 선수가 기술 코치를 두고 있듯이 비범한 사업가
들도 그렇습니다. 혼자 힘으로 아이콘이 될 수는 없기 때문이죠. 우
리가 만났을 때 그는 막 사업을 시작한 단계였지만, 이미 그때도 배
우면 배울수록 더 많이 성취할 수 있다는 사실을 이해하고 있었습니
다. 성장은 매일 최상의 경기를 펼쳐야 하는 진정한 스포츠입니다.
교육은 퇴보에 대비한 예방접종이고요. 그리고 한 영역에서의 발전
은 삶의 모든 영역에서 발전을 가져옵니다. 수입과 영향력을 2배로
늘리려면 자기연마와 전문 능력이라는 핵심 영역에서 투자를 3배로
늘려야 합니다. 나는 이를 '2×3× 마인드셋'이라고 부릅니다."

"좋은데요." 화가가 축 늘어진 배를 긁으면서 말했다.

"라일리는 세계적 수준으로 올라서려면 세계적 수준의 지원군이
필요하다는 사실을 일찌감치 이해했습니다. 세월이 흐르면서 우리
는 환상적인 친구가 되었어요. 그의 해변 별장에서 팜 하트 샐러드
와 갓 구운 새우와 훌륭한 프랑스산 와인으로 5시간 동안 점심을 먹

으며 즐거움을 함께 나누는 사이가 됐습니다."

연사는 위로 팔을 쭉 뻗고 저 멀리 거대한 산을 바라봤다. 그대로 잠시 침묵을 지켰다.

"우리는 깊은 슬픔도 함께 나눴습니다. 그 친구가 쉰 살 생일 직후에 암 진단을 받았을 때 그랬죠. 그는 남자가 바랄 수 있는 모든 것을 가진 듯이 보였습니다. 하지만 건강 없이는 아무 소용이 없다는 것을 깨닫게 됐어요. 그 일을 계기로 그는 바뀌었습니다. 건강은 아픈 사람의 눈에만 보이는 월계관입니다. 격언에도 있듯이 젊을 때는 부를 위해 건강을 희생하고, 늙고 현명해지면 무엇이 가장 중요한지 깨닫고 단 하루의 건강을 위해서라도 전 재산을 기꺼이 내놓으려 합니다. 세상에서 가장 부유한 사람이라도 묘지에 누우면 무슨 소용이겠어요." 연사가 재빨리 덧붙였다. "하지만 그는 암을 이겨냈죠. 그의 꿈을 부수려는 모든 것으로부터 자신을 지켜낸 것처럼요. 라일리는 대단한 친구입니다. 나는 그를 형제처럼 사랑해요."

"음, 두 분을 만나서 정말 반가웠어요." 연사가 계속 말했다. "두 분이 온다는 이야기는 들었어요. 라일리는 훌륭한 아침 일과를 습관으로 만들어 생산성을 극대화하고, 탁월한 성과를 유지하고, 삶을 사랑하게 할 방법을 알려주게 되었다고 몹시 흥분해 있습니다. 멘토인 내게서 배웠던 것들을 당신들과 나누겠다니 나도 기쁩니다. 당신들도 곧 익히게 될 통찰력과 학습 모형이 썩 마음에 들 거예요. 5AM 클럽은 두 분 모두에게 혁명이 될 것입니다. 믿을 수 없는 이상한 이야기 같겠지만, 그가 가르쳐주는 방법을 습관으로 만들면 내면 깊은 곳에서 중대한 변화가 시작될 것입니다."

연사는 다시 선글라스를 꼈다.

"어쨌든 라일리가 앞으로 며칠 동안 여기서 편히 지내라는 말을 전해달라더군요. 나는 스노클링, 요트 타기, 낚시를 하느라 바빠서 자주 보지는 못할 겁니다. 낚시는 내가 인생에서 가장 좋아하는 일 중 하나예요. 내가 모리셔스에 오는 이유는 당신들이 곧 만날 훌륭하고 친절한 사람을 코치하기 위해서뿐만 아니라 복잡한 세상에서 벗어나 재충전을 하기 위해서이기도 합니다. 너무나도 많은 난관과 경제적 손실, 포화 상태의 산업, 환경 파괴 등이 우리의 창의력과 에너지, 성과, 행복을 파괴하려고 위협하는 세상이니까요. 나는 재생과 재충전을 위해 이곳에 옵니다. 조용한 휴가 없이 고도 성과에만 매달리면 심신의 고갈 상태가 지속됩니다. 휴식과 회복은 자기연마를 위해 노력하는 모든 사람에게 사치가 아니라 필수입니다. 나는 그런 원칙을 수년간 가르쳐왔습니다. 그런데 내가 그 원칙을 잊었던 탓에 강연장에서 쓰러지는 대가를 치렀죠.

나는 디지털 기기로 인한 끊임없는 주의 분산과 시간을 빼앗기는 과도한 소통에서 벗어나 홀로 있을 때 영감을 얻는다는 사실도 절실히 깨닫게 됐습니다. 매우 즐거울 때 선천적 천재성이 저절로 드러난다는 사실 또한 압니다. 휴식을 취해서 여유가 있고 즐거울 때 세상을 변화시킬 아이디어가 떠오릅니다. 인도양의 이 작은 섬은 최선의 나로 되돌아가게 해줍니다. 믿기 힘들 만큼 아름다운 경치, 맛있는 음식, 감정과 생각을 솔직히 드러내는 다정한 사람들이 있는 이곳은 진정 안전한 성역이죠. 나는 모리셔스 사람들이 아주 좋습니다. 그들 대부분은 삶의 단순한 즐거움이 선사하는 경이로움에 여전히 감사할 줄 알거든요. 가족과의 식사나 친구와 수영한 후 마트에서 사 온 통닭구이와 차가운 피닉스 한 캔으로 하는 저녁 식사 같은 것 말입니다."

"피닉스가 뭐예요?" 화가가 물었다.

"모리셔스의 맥주 이름이에요." 연사가 대답했다. "정말이지 나는 항상 100배는 강해지고, 빨라지고, 집중력이 높아지고, 힘이 넘쳐서 이 섬을 떠납니다. 나는 평소 생활에서는 정말 열심히 일합니다. 자랑처럼 들리지 않았으면 좋겠는데, 나는 사회에 희망을 주고 사회 안의 탐욕과 증오와 갈등을 줄이는 데 힘을 보태려고 전력을 다합니다. 그러다 여기로 오면 내가 다시 살아납니다. 우리는 모두 세상을 위해 일하는 거잖아요. 아무튼 두 분도 즐겁게 지내세요, 알았죠? 내 강연에 와주고 긍정적으로 말해준 점 다시 한번 감사드립니다. 그런 말이 내게 얼마나 의미가 있는지 모를 겁니다. 비평가는 누구나 될 수 있습니다. 하지만 격려의 말은 용기가 있어야 해줄 수 있죠. 영향력이 큰 리더가 되기 위해 무례한 사람이 될 필요는 결단코 없습니다."

"아, 마지막으로 한 가지 더." 연사가 반바지에서 모래를 털어내며 덧붙였다.

"뭔데요?" 사업가가 존경을 담은 어조로 물었다.

"내일 아침에 여기 해변으로 오세요. 그때부터 교육이 시작될 거예요."

"그러죠." 사업가가 대답했다. "몇 시에 오면 되나요?"

"5AM. 아침을 지배하라. 인생을 발전시켜라."

이 말을 남기고 연사는 성큼성큼 걸어갔다.

## 8장

# 세상을 변화시킨 사람들의
# 아침 일과

동이 트기 전에 일어나는 것이 좋다.
그런 습관이 건강과 부와 지혜를 가져다주기 때문이다.
**아리스토텔레스**

---

"5AM 클럽 가입을 환영합니다!" 억만장자가 해변 별장 계단을 달려 내려오며 소리쳤다. "본주르! 이건 크레올어(두 언어의 요소가 혼합된 언어가 제1 언어로 습득되어 완전한 지위를 얻게 된 것―옮긴이) 아침 인사예요. 제시간에 나왔네요! 아주 좋습니다! 시간 엄수는 고상한 특성이죠. 내 이름은 스톤 라일리입니다." 그가 두 손님에게 정중히 악수를 청하며 말했다.

낡은 누더기는 단정한 검정 트레이닝 반바지와 깨끗한 흰색 티셔츠로 바뀌었다. 티셔츠에는 '어떤 아이디어도 실천하기 전까지는 소용이 없다'라는 문구가 인쇄돼 있었다. 면도를 말끔히 하고 맨발로 나타난 그는 체격이 매우 탄탄하고 구릿빛으로 멋지게 선탠을 한 모습이었고, 그 덕에 강연장에서 봤을 때보다 몇 년은 젊어 보였다. 그는 검정 야구 모자를 뒤로 돌려쓰고 있었다.

그의 초록색 눈은 여전히 맑았고 그의 미소는 빛이 날 정도로 환했다. 그렇다, 사업가가 감지한 대로 이 사람에게는 아주 특별한 무언가가 있었다. 흰 비둘기 한 마리가 날아오더니 마치 마법에 걸린 것처럼 이 재계 거물의 머리 위에서 10초 정도 맴돌았다. 그러고는 날아갔다. 상상이 가는가? 그건 경이로운 광경이었다.

"괜찮다면 둘 다 한번 안아봅시다." 억만장자가 대답도 기다리지 않고 사업가와 화가를 열정적으로 끌어안았다.

"와, 당신들은 용기가 있어요. 용기가 대단해요"라고 그가 사려 깊게 말했다. "그 지저분한 노인을 믿었잖아요. 전혀 모르는 사람, 그것도 부랑자로 보이는 사람을 말이에요. 내가 어떻게 보일지 신경 쓰지 않는 것은 아니에요. 단지 예전만큼은 신경 쓰지 않을 뿐이죠. 나는 있는 그대로가 좋아요. '돈이 많아진다고 사람이 달라지지 않는다. 다만 돈을 벌기 전의 자기 모습이 더 잘 드러날 뿐이다' 라는 옛사람들의 혜안이 생각나네요."

억만장자는 바다를 응시하며 신선한 새벽 햇살을 온몸으로 받아들였다. 그는 눈을 감고 숨을 깊이 들이쉬었다. 잠시 후 그가 반바지 뒷주머니에서 꽃을 꺼냈다. 사업가도 화가도 처음 보는 꽃이었다. 그런데 주머니 속에 넣어둔 꽃이건만 상한 데가 없었다. 이상한 일이었다.

"진심으로 일과 개인 생활에서 마법을 일으키고자 하는 사람에게 꽃은 중요하죠." 그가 꽃잎에 코를 대고 향을 맡으면서 말했다. "우리 아버지는 농부였어요. 나는 캘리포니아로 이사하기 전까지 농장에서 자랐죠. 우리는 단순하게 사고하고, 단순하게 말하고, 간소하게 먹고, 모든 생활이 간결했어요. 소년은 시골을 떠났지만, 시골에 대한 향수는 없어지지 않아요." 시선을 아름다운 바다에 고정한 채 이야기하는 그에게서 아련한 그리움이 느껴졌다.

사업가와 화가는 억만장자에게 깊은 감사를 표했다. 그들은 지금까지의 모험이 참으로 경이로웠으며, 이 섬과 그의 해변 별장이 이전에 본 어느 곳보다 아름답다고 진심 어린 인사를 건넸다.

"유토피아죠?" 억만장자가 선글라스를 끼며 말했다. "나는 축복받은 사람이에요. 두 분이 와줘서 정말 기쁩니다."

"그럼 해가 뜰 때 일어나는 습관은 아버지께서 길러주신 건가요?" 셋이 바닷가를 거니는 동안 화가가 물었다.

작은 게 한 마리가 바삐 지나가고 나비 세 마리가 머리 위로 부드럽게 날아갔다.

놀랍게도 억만장자가 제자리에서 뱅뱅 돌며 춤을 추기 시작했다. 마치 신비 체험을 하는 수행자처럼. 그는 돌면서 이렇게 소리쳤다. "당신들 방의 커튼에 '일찍 일어나지 않으면 아무런 발전이 없다!' 라고 새겨놓았으면 좋았을 텐데."

"네?" 사업가가 어리둥절한 얼굴로 쳐다봤다.

"윌리엄 피트<sup>William Pitt</sup> 백작의 훌륭한 말을 인용한 거예요. 왠지 지금 그 말을 하고 싶었어요. 어쨌든 우리 아버지에 대한 질문에 답을 해주죠." 억만장자가 생각에 잠겨 말했다.

"그렇기도 하고 아니기도 합니다. 나는 어릴 적에 매일 아침 일찍 일어나는 아버지를 지켜봤습니다. 다른 좋은 습관들과 마찬가지로 아버지는 새벽 기상을 수없이 반복하다 보니 늦잠을 자기가 불가능했죠. 하지만 아이들 대부분이 그렇듯이 나는 아버지가 바라는 대로 하지 않고 늘 반항했습니다. 반항아 기질이 있었거든요. 무슨 이유에서인지 아버지는 나와 매일 실랑이를 하는 대신 그냥 내가 원하는 대로 하도록 내버려 뒀어요. 그래서 나는 늦게까지 잤어요."

"멋진 아버지셨네요"라고 사업가가 말했다. 그녀는 요가복 차림에, 메모를 열심히 하려고 휴대전화를 들고 있었다.

"그랬죠." 깨끗한 해변을 따라 천천히 걸으면서 억만장자가 자신의 학생들에게 다정하게 어깨동무를 했다.

억만장자의 이야기가 이어졌다. "오전 5시 기상을 내게 가르쳐준 사람은 바로 연사님이었습니다. 그분을 처음 만났을 때 나는 청년이었죠. 첫 번째 회사를 설립했을 때였어요. 나를 인도해주고, 도전의식을 북돋워 주고, 최고의 리더로 발전시켜줄 사람이 필요했습니다. 모든 사람이 그분이 세계 최고의 경영자 코치라고 하더군요. 대기자 명단에 이름을 올리고 3년을 기다려야 할 정도였죠. 나는 그분께 매일 전화를 했고 결국 멘토가 되어주겠다는 승낙을 받아냈습니다. 그때는 그분도 꽤 젊었죠. 그런데도 깊은 지혜와 순수한 힘, 독특한 영향력을 갖추고 있었습니다."

"그래서 아침 일찍 일어나는 훈련이 도움이 되었나요?" 화가가 끼어들었다.

억만장자가 화가를 향해 미소를 지었다. "일찍 일어나는 습관 하나를 익히자 다른 습관까지 전부 바뀌고 개선되었죠. 현재 연구자들은 다른 모든 규칙적인 행동 방식을 증대시켜주는 이런 핵심 행동을 '핵심 습관<sup>keystone habit</sup>'이라고 부릅니다. 일찍 일어나는 습관을 심층의 신경 경로에 심어주기까지는 얼마간의 노력이 필요했고, 중간에 약간의 고통도 따랐으며, 내가 할 수 있는 한 최대로 전념해야 했습니다. 저절로 일찍 일어나게끔 하는 걸 자동화한다고 하는데요. 그 과정에서 솔직히 짜증이 나던 날들도 있었고, 더 자고 싶은 날들도 있었습니다. 하지만 오전 5시 기상 습관이 몸에 배자 하루하루가 점점 좋아지더군요."

"어떻게요?" 사업가와 화가가 동시에 물었다.

사업가는 마치 그들이 이제 한 팀으로 이 경험을 함께하고 있고, 자신이 그에게 관심을 쏟고 있다는 걸 은근히 보여주듯이 손가락 하나를 화가의 팔에 다정히 갖다 댔다. 화가가 그녀와 눈을 맞췄다. 부드러운 미소가 떠올랐다.

억만장자의 이야기가 계속됐다. "급격한 변화가 이어지고, 주의를 분산시키는 요인이 압도해오고, 일정은 넘쳐나는 이 시대에 오전 5시에 일어나 선생님이 가르쳐준 아침 일과를 따르는 것은 평범한 수준에 머물지 않으려는 대항책이었습니다. 그 덕에 아침에 서두르는 일이 없어졌죠! 그 한 가지만으로도 당신의 하루가 얼마나 달라질지 상상해봐요. 오로지 이른 아침 시간에만 가능한 고요 속에서 느긋하게 하루를 시작하게 됩니다. 중심을 잃지 않고 강하고 자유로운 느낌으로 하루를 시작하는 거죠. 시간이 흐를수록 내 집중력은 극적으로 향상됐습니다.

우승을 다투는 운동선수든 최고경영자나 유명 건축가나 존경받는 첼리스트든, 모든 거장은 장시간 집중력이 흐트러지는 법 없이 자신의 기술을 최대로 발휘하는 능력을 계발해온 사람들입니다. 인지 범위가 좁아지고, 관심이 분산되고, 시시한 성과와 업적을 수용하면서 실망스럽고 평범한 삶을 살아가는 사람이 너무나 많은 세상에서 그런 집중력은 뛰어난 결과를 창출할 수 있게 해주는 특별한 요인 중 하나입니다."

"전적으로 동의합니다"라고 화가가 말했다. "요즘은 몇 시간이고 계속해서 작품 활동에 집중하는 사람을 보기 힘들어요. 디지털 기기에 중독된 사람들을 '사이버 좀비'라고 불렀던 연사님의 말씀이 옳아요. 저도 그런 사람을 매일 봅니다. 더는 진짜 인간이 아닌 것 같다는 생각도 들어요. 화면에 시선이 고정된 로봇에 가깝죠. 정신은 딴 데 있으니 반쯤 죽어 있는 삶이죠."

"그렇죠." 억만장자가 맞장구를 쳤다. "자기 분야에서 선두를 차지하고 최고의 기량을 연마할 마음이 강하다면 주의를 산만하게 하는 요인들을 반드시 차단해야 합니다. 신경과학자들은 절정의 정신 상태, 즉 지각이 예리해지고, 독창적인 아이디어를 떠올릴 가능성이 커지며, 완전히 새로운 수준의 처리 능력을 얻게 되는 상태를 '몰입flow'이라고 부릅니다. 오전 5시 기상은 몰입 상태를 촉진하죠. 동트기 전 주변 사람 대부분이 잠들어 있을 시각에 일어나는 것은 창의력을 급격히 높여주고, 에너지를 2배로 증가시키고, 생산성은 3배로 높여주며…."

"정말요?" 사업가가 그의 말을 가로막고 물었다. 아침 일과의 변화만으로 인간의 삶이 그렇게 완전히 재정립될 수 있다는 견해에 흥미로움을 누를 수가 없었기 때문이다.

"물론입니다. 정직은 내가 사업을 해오면서 줄곧 지켜온 신념 중 하나였습니다. 양심에 거리끼는 일 없이 복잡하지 않은 마음으로 매일 저녁 일찌감치 잠자리에 드는 것만큼 좋은 건 없죠. 그건 시골 소년이었던 내 본성의 일부인 것 같아요." 억만장자가 대답했다.

갑자기 사업가의 휴대전화에 긴급한 문자가 왔다는 알림이 떴다. "정말 죄송해요. 팀원들에게 여기 있는 동안은 전화하지 말라고 했는데…. 더구나 왜 이 시간에 연락을 하는지 도무지 모르겠네요." 그녀가 이렇게 말하면서 휴대전화 화면을 내려다봤다.

커다란 글씨로 다음과 같은 문자가 떴다.

'회사를 떠나. 아니면 넌 죽는다.'

사업가는 휴대전화를 들고 어쩔 줄 몰라 했다. 호흡까지 거칠어지면서 떠는 바람에 전화기가 모래사장으로 떨어졌다.

"무슨 일이에요?" 화가가 다급히 물었다.

핏기 하나 없는 얼굴로 손을 떨고 있는 친구를 보고는 재차 물었다. "무슨 일이에요?"

억만장자도 걱정스러운 듯했다. "괜찮아요? 물이라도 줄까요?"

"방금 살해 협박을 받았어요. 발신자는… 음, 그러니까… 투자자들이에요. 회사를 내놓으래요. 그들이 아…, 저를 쫓아내려고 해요. 스스로 떠나지 않으면… 죽이겠다고 했어요." 그녀는 몹시 놀라서인지 말도 제대로 하지 못했다.

갑자기 억만장자가 끼고 있던 선글라스를 벗어서 위로 들고 빙빙 돌렸다. 몇 초 후 무성한 야자나무 뒤에서 이어폰을 끼고 소총을 든 거구의 남자 두 명이 해변으로 달려왔다.

"회장님, 괜찮으십니까?" 둘 중 키가 더 큰 사내가 긴장한 목소리로 물었다.

"응." 억만장자가 보안요원들에게 침착하고 자신감 있는 목소리로 대답했다. "그런데 둘이 즉시 확인해줄 게 있어." 그가 사업가를 보며 물었다. "내가 대신 처리해줘도 괜찮겠어요? 이 문제가 사라지게 해줄 수 있어요."

그러고 나서 억만장자는 뭐라고 혼잣말을 했다. 그러자 비둘기 떼가 높이 날아갔다.

"물론이죠. 도와주세요. 도와주신다면 저야 감사하죠." 사업가가 여전히 떨리는 목소리로 대답했다. 주름이 잡힌 이마에는 땀방울이 맺혀 있었다.

"이 일은 우리에게 맡겨요"라고 억만장자가 선언했다. 그러고는 정중하지만 거부할 수 없는 권위를 풍기며 경호원들에게 말했다. "여기 있는 내 손님이 회사를 뺏으려는 깡패들에게 심각한 괴롭힘을 당하고 있는 것 같군. 그자들이 무슨 일을 꾸미고 있는지 정확히 알아보고 해결책을 제시해주게."

두 남자가 절도 있게 인사를 하고는 서둘러 떠났다.

"걱정하지 말아요." 억만장자가 사업가를 안심시켰다. "저 친구들은 이 분야에서는 최고예요. 이런 건 일도 아니죠."

"정말 감사합니다." 사업가가 크게 안도하는 표정으로 대답했다.

화가가 그녀의 손을 부드럽게 잡아줬다.

"그럼 이제 내 이야기를 계속해도 될까요?" 태양이 매혹적인 열대 하늘로 더 높이 솟은 가운데 억만장자가 물었다. 손님들은 동시에 고개를 끄덕였다.

해변보다 조금 높은 곳에 있는 오두막에서 완벽한 복장을 갖춘 수행원이 나타났다. 오두막은 흰색 문과 창틀을 제외하고는 초록색 페인트칠이 되어 있었다. 곧 수행원이 커피를 내왔다. 사업가와 화가가 평생 마셔본 어떤 커피보다 진하고 맛이 좋았다.

"매일 아침 적당한 커피는 환상적인 인지 강화제죠. 항산화제가 많이 들어 있어서 노화도 늦춰줘요." 억만장자가 커피를 한 모금 마시면서 설명했다.

"그건 그렇고 어디까지 이야기했더라? 내가 5AM 클럽에 가입하고 선생님이 알려준 아침 일과를 실천한 뒤로 경험했던 이점들에 관해 이야기하고 있었죠? 선생님은 이를 20/20/20 처방이라고 하는데, 이 개념 하나만 제대로 익히고 끈기 있게 적용해도 생산성이 기하급수적으로 증가할 테니 내 말을 믿어봐요. 이 의식만큼 내 성공과 행복에 도움이 된 게 없었어요. 나는 사업 분야에서 이룬 성과를 절대로 내세우지 않습니다. 자랑이란 성격의 결함이라고 늘 생각해왔기 때문입니다. 진정으로 힘을 갖게 될수록 그것을 홍보할 필요는 줄어들죠. 그래서 강한 리더일수록 자신의 업적을 알릴 필요를 덜 느낍니다."

"당신의 업적에 대해서는 연사님이 조금 이야기해줬어요." 긴장이 좀 풀린 사업가가 말했다.

"그리고 강연장에서 당신의 요란한 차림새가 그걸 확인시켜줬죠!" 화가가 환히 웃으며 끼어들었다.

"오전 5시 기상은 그런 성과 대부분을 가능하게 해준 주요한 습관이었습니다. 그 덕에 나는 비전이 있는 사람이 될 수 있었어요. 나를 성찰할 여유를 가짐으로써 정신적인 풍요를 얻게 되었습니다. 이런 규율 덕에 상당한 소득 증가를 이뤘을 뿐 아니라 생활 방식이 개선되어 더 건강해지고 탄탄한 체격까지 갖게 되었습니다. 아침에 일찍 일어나면서 나는 상당히 뛰어난 리더가 되었고 더욱 성숙한 사람이 되었죠. 전립선암으로 비탄에 빠졌을 때도 아침 일과가 나를 지켜줬습니다. 정말입니다. 다음 수업에서는 잠에서 깨는 순간부터 정확히 무엇을 함으로써 놀라운 결과를 얻을 수 있는지 '20/20/20 공식'을 설명해줄게요. 두 분이 믿기 힘들 만큼 대단한 가치를 지닌 정보랍니다. 두 분 덕분에 아주 신이 나네요. 낙원에 오신 걸 환영합니다. 그리고 훨씬 더 나은 삶을 시작한 것을 축하합니다."

그날 밤 모리셔스에서 사업가는 몇 년 만에 푹 잤다. 살해 위협을 받았음에도 억만장자의 간결한 수업과 아름다운 자연환경, 깨끗한 바다 공기, 화가에 대한 호감 등이 걱정거리를 모두 잊게 했다. 그리고 오랫동안 잊고 있었던 평온한 상태를 되찾았다.

깊이 잠들었을 때, 요란하게 방문을 두드리는 소리가 들렸다. 세련된 손님용 숙소의 나무 탁자 위에는 억만장자가 세심히 준비해둔 알람시계가 있었다. 새벽 3시 33분이었다. 사업가는 화가일 거라고 생각했다. 시차 때문이거나 성대한 저녁 식사를 함께한 후에 잠이 오지 않아서 찾아왔을 터였다. 그래서 누구냐고 묻지도 않고 문을 열었다.

문 앞에는 아무도 없었다. 하늘에 별만 가득했다.

"누구세요?"

별장 근처 바닷가에서는 파도가 부드럽게 철썩이고, 장미 향기가 섞인 산들바람이 불어왔다.

"여기 누구 없어요?"

정적만 흘렀다.

사업가는 조심스럽게 문을 닫았다. 이번에는 문을 잠갔다. 그녀가 침대로 되돌아오는데, 다시 요란한 노크 소리가 났다.

"누구세요?" 이제 불안해진 사업가가 외쳤다.

"주문하신 모닝커피 가져왔습니다, 부인." 누군가가 탁한 목소리로 대답했다.

사업가의 얼굴이 찡그러졌다. 심장이 마구 뛰기 시작했다. '정신이 나갔나, 이런 시간에 커피를 가져와? 믿을 수가 없네.'

그녀는 자물쇠를 풀고 머뭇거리며 문을 열었다.

대머리에 한쪽 눈이 돌출된 땅딸막한 남자가 히죽 불쾌한 웃음을 지으며 서 있었다. 그는 빨간 바람막이와 무릎 바로 아래까지 내려오는 반바지를 입고 있었다. 목에는 가는 파란색 끈을 매고 있었는데, 그 끈에는 비닐로 코팅된 누군가의 사진이 달려 있었다.

사업가는 어둠 속에서 눈을 찡그리며 사진 속 얼굴을 확인하려 했다. 나이 든 남자의 얼굴이 보였다. 그녀가 잘 아는 사람, 대단히 사랑했던 사람, 몹시 그리워했던 사람이었다. 바로 돌아가신 아버지였다.

"당신 누구야?" 겁에 질린 사업가가 소리쳤다. "이 사진은 어떻게 구했어?"

"나? 네 동업자들이 보냈지. 너에 대해 알아야 할 정보는 다 알고 있다고. 몽땅 다. 네 데이터도 추적했고, 네 파일도 전부 해킹했거든. 네 이력 전부를 조사했어." 대머리 남자는 허리춤에서 칼을 꺼내 핏줄이 불거진 사업가의 가는 목에 갖다 댔다.

"이제 아무도 널 지켜줄 수 없어. 우리 팀 전체가 너만 주시하고 있거든. 난 널 해치지는 않을 거야, 아직은. 오늘은 확실히 알려주러 왔어. 직접 메시지를 전하러…. 회사를 떠나. 네 지분을 포기해.

그리고 꺼져. 아니면 이 칼이 네 목에 박힐 거야. 전혀 예상하지 않고 있을 때, 안전하다고 생각할 때…. 어쩌면 네 통통한 화가 친구와 함께 말이지."

남자가 칼을 치우더니 다시 허리춤 어딘가에 집어 넣었다. "잘자. 만나서 반가웠어. 조만간 또 볼 것 같군." 그런 다음 그는 바람처럼 사라졌다.

사업가는 덜덜 떨면서 무릎을 꿇었다. "하느님 제발 도와주세요. 더는 감당이 안 돼요! 저는 죽고 싶지 않아요."

문을 두드리는 소리가 또 들려왔다. 이번에는 좀 더 부드러운 노크 소리였다.

"나예요. 문 좀 열어봐요."

노크 소리에 사업가는 깜짝 놀랐다. 그리고 잠에서 깼다. 문을 두드리는 소리가 계속 났다. 눈을 뜨고 어두운 방을 둘러본 그녀는 악몽을 꿨음을 깨달았다.

사업가는 침대에서 일어나 느릿느릿 걸어갔다. 그녀는 익숙한 목소리에 마음이 놓여 문을 열었다.

그녀가 말했다. "방금 말도 안 되는 꿈을 꿨어요. 아버지 사진을 목에 건 포악한 남자가 나타나서 투자자들에게 회사를 넘기지 않으면 칼로 찌르겠다고 협박하는 꿈이요."

"괜찮아요?" 화가가 부드러운 목소리로 물었다.

"괜찮을 거예요."

"나도 이상한 꿈을 꿨어요." 화가가 찾아온 이유를 설명했다. "그러고 나니 잠이 안 오네요. 여러 가지 생각이 들더라고요. 내 작품들 수준, 내 신념 체계의 깊이, 어리석은 변명들, 냉소적인 태도, 공격성, 자기 파괴와 끝없는 미루기…. 내 일상을 분석하게 되네요. 그리고 남은 인생을 어떻게 보낼지도…. 당신, 정말 괜찮아요?" 화가는 놀란 동료를 제대로 위로해주지도 않고 자기 이야기에만 바빴다는 것을 깨닫고 물었다.

"괜찮아요. 당신이 여기 있으니까 낫네요."

"정말 괜찮아요?"

"네."

"나도 당신이 보고 싶었어요." 화가가 말했다. "내 꿈 이야기를 더 해도 될까요?"

"네, 들려줘요."

"음, 나는 학교에서 체구가 작은 아이였어요. 그래서 매일 내가 거인이고 해적이라고 상상했죠. 내가 거인처럼 힘이 세고 해적처럼 규칙 따위는 무시하며 활보한다고 믿었어요. 선생님들에게도 내가 거인이고 해적이라고 말했죠. 집에서도 부모님께 그렇게 말했고요. 선생님들은 나를 비웃고 무시하면서 현실로 돌아와 다른 아이들처럼 행동하라고, 그 우스꽝스러운 꿈을 멈추라고 했어요."

"부모님은 뭐라고 하셨어요? 선생님들보다 다정하셨나요?" 사업가가 소파에 요가 자세로 다리를 꼬고 앉아서 물었다.

"선생님들과 마찬가지였어요. 나는 거인도 해적도 아니라고 하셨죠. 꼬맹이라는 사실을 상기시켰어요. 그리고 공상을 멈추지 않으면 벌을 주겠다고 했어요."

"그래서 어떻게 했어요?"

"하라는 대로 했어요. 굴복했죠. 어른들의 태도에 맞췄어요. 나는 커지는 대신 작아졌어요. 착한 아이가 되었죠. 대부분의 사람이 평생 매일 그러듯이 나는 희망과 재능을 억누르면서 순응하려고 노력했어요. 우리가 어떻게 명석함을 멀리하도록 최면에 걸리고 자신의 천재성을 믿지 않게 세뇌되었는지 이제 깨닫기 시작했어요. 연사님과 억만장자의 말이 옳아요."

"당신 꿈 이야기를 더 해봐요"라고 사업가가 부드럽게 말했다.

"나는 체제에 나 자신을 맞추기 시작했어요. 더는 내가 거인처럼 힘이 세고 해적처럼 무모한 모험에 나섰다고 믿지 않게 되었죠. 나는 무리와 함께 움직이는 양처럼 다른 사람들과 비슷해졌어요. 결국에는 돈도 없으면서 지출을 하고, 사람들에게 멋있어 보이려고 필요 없는 물건을 사는 어른이 되었어요. 참으로 불쌍한 삶의 방식이죠."

"그런 행동들은 나도 해요"라고 사업가가 말했다. "나는 이 기이하고도 유용한 여행 덕분에 나에 대해 아주 많이 배우고 있어요. 내가 얼마나 피상적이었는지, 얼마나 이기적인지, 얼마나 많은 좋은 일이 내 인생에서 일어났는지 깨달아가는 중이에요. 내가 누리는 모든 축복을 상상도 할 수 없는 사람이 세상에는 많다는 것도요."

"무슨 말인지 알아요"라며 화가가 말했다. "꿈속에서 나는 회사원이었어요. 결혼해서 가정도 꾸렸고 꽤 괜찮은 동네에 살더군요. 좋은 차도 몰고요. 친구도 몇 명 있었어요. 직장에서 대출금을 갚아가면서 그럭저럭 생활도 할 만큼 월급을 받았고요. 하지만 날마다 똑같더군요. 생생한 삶이 아닌 회색빛 삶이었죠. 나이를 먹으면서 자식들은 제 인생을 찾아 집을 떠났어요. 몸은 노쇠해지고 기운은 떨어졌죠. 그리고 불행히도 꿈속에서의 아내도 세상을 떠났어요. 더 나이가 들면서 눈이 침침해지고 귀가 멀기 시작하더니 기억이 아주 희미해졌어요."

"이야기를 듣다 보니 나도 슬퍼지네요." 감상적인 목소리로 사업가가 말했다.

"그리고 정말로 늙어서는 내가 어디 사는지, 내 이름은 무엇인지, 지역사회에서 내가 어떤 사람이었는지도 기억이 나지 않았어요. 그런데 말이죠, 내가 진짜로 누구였는지 다시 기억나기 시작했어요."

"거인과 해적. 맞죠?"

"맞아요!"라고 화가가 대답했다. "그 꿈을 꾸고 나서 더는 미루지 말고 훌륭한 작품을 그려야 한다는 생각이 들었어요. 그리고 건강과 행복, 자신감, 사랑하는 삶을 더는 미뤄선 안 된다는 생각이 들었어요."

"정말요?" 사업가가 생각에 잠기며 물었다.

"정말요." 화가는 대답하면서 그녀의 이마에 키스를 했다.

9장

# 내 안의 위대함을 발현하는
# 프레임워크

위대한 사람은 실질적인 일에 매달리며 피상적인 일에 열중하지 않는다.
그들은 현실을 수용하며 겉치레에 힘쓰지 않는다.
그들은 후자를 버리고 전자를 지킨다.

노자

"오늘도 제시간에 나왔네요. 잘했어요!" 억만장자가 인사를 했다.

오전 5시, 희미하게 사라져가는 달과 함께 새로이 밝아오는 새벽 햇살이 해변에 서 있는 세 사람을 비춰주었다.

꽃들의 향기가 뒤섞인 향긋한 바닷바람이 불어왔다. 희귀종인 모리셔스 황조롱이 한 마리가 머리 위로 날아가고, 멸종 위기종인 분홍 비둘기 한 마리는 무성한 야자수 군락 근처에서 제 할 일로 분주했다. 도마뱀붙이 가족이 어디 중요한 데라도 가는지 쏜살같이 지나가고, 알다브라 코끼리거북 한 마리는 해안의 풀밭을 따라 기어갔다. 이 모든 자연의 찬란함은 모래사장에 서 있는 5AM 클럽 세

회원의 즐거움을 더해주고 영혼을 전율시켰다.

억만장자가 바다에 떠 있는 병을 가리켰다. 그가 손가락을 좌우로 흔들자 병이 좌우로 움직였다. 그가 손가락을 빙빙 돌리자 물속의 병도 빙빙 돌았다. 그리고 그가 손을 천천히 들어 올리자 병이 수면으로 떠오르는 듯했다.

곧 병이 젖은 모래사장 위로 밀려왔는데 그 안에는 돌돌 말린 실크 조각이 들어 있었다. 이 모든 일이 얼마나 신비로워 보였을지 상상해 보라.

"병 안에 메시지가 있네요." 억만장자가 즐거운 목소리로 말하며 어린아이처럼 손뼉을 쳤다. 참으로 불가사의한 인물이었다. "이것이 오늘 아침 수업 내용이군요." 그가 덧붙였다.

억만장자는 병을 들어서 뚜껑을 열고 실크 조각을 꺼냈다. 거기에는 다음과 같은 프레임워크가 수놓여 있었다.

3단계 성공 공식

"이것은 선생님이 나를 코치하기 시작할 때 알려준 가장 단순하면서도 근사한 모형 중 하나입니다"라고 억만장자가 설명했다. "앞으로 배우는 모든 내용은 이 틀 속에서 이해하면 됩니다. 그러니 두 사람 모두 이 모형을 잘 이해했으면 좋겠어요. 언뜻 보면 아주 단순하다고 느껴질 거예요. 하지만 점차 통합해가다 보면 얼마나 심오한 모형인지 알게 될 것입니다."

그리고 억만장자는 눈을 감고 다음과 같이 암송했다.

— 변화는 인식의 증대에서 시작된다. 더 많은 것을 볼수록 더 많은 것을 실현할 수 있다. 그리고 더 잘 알게 되면 더 큰 성과를 낼 수 있다. 신비로운 교향곡, 훌륭한 변화, 과학의 진보와 기술의 발전을 가져온 세계의 위대한 여성과 남성들은 자신들의 생각을 재설계하고 인식을 새롭게 하는 것으로 시작했다. 그럼으로써 그들은 대부분 사람이 인식하지 못하는 비밀의 우주로 들어갔다. 이는 그들이 소수에게 국한된 일상의 선택을 할 수 있게 해주었다. 마침내 그들은 소수만 경험할 수 있는 결과를 매일 자동으로 얻게 되었다.

그가 눈을 떴다. 입술에 검지를 대고 있는 모습이 매우 중요한 통찰에 잠겨 있는 듯했다. 그가 실크 조각에 수놓인 성공 공식을 뚫어지게 바라보며 이야기를 이어갔다. "영웅, 거장, 시대의 아이콘 모두에게는 평범한 사람들에게선 볼 수 없는 개인적 특성이 있습니다."

"무엇인데요?" 민소매 티셔츠에 스피도 수영복을 입은 우스꽝스러운 차림새의 화가가 물었다.

"엄격함." 억만장자가 대답했다. "세계 최고인 사람들에게는 깊이가 있습니다. 이에 반해 대부분의 사람은 자기 일에서 피상적인 사고방식에 갇혀 있습니다. 전 과정에서 가볍게 접근하고 실질적인 준비는 안 되어 있죠. 심사숙고하는 일도 드물고, 원하는 결과를 비전으로 수립하거나 멋진 결과를 얻기까지의 수행 과정을 끈기 있게 고려하지도 않죠. 대가들을 제외하고 95%의 사람이 그렇습니다. 세부 사항까지 세심한 주의를 기울이지 않고, 세세한 부분까지 깔끔하게 마무리 짓지 못합니다. 사실 대부분은 저항이 가장 적은 길을 최고로 칩니다. 꼭 해야 할 일만 얼른 끝내버리고 슬쩍 넘어가려 합니다. 그러나 뛰어난 창의력을 발휘해 크게 성공한 소수는 완전히 다른 철학을 갖고 일합니다."

"좀 더 자세히 얘기해주세요." 화가가 호기심을 보이며 부탁했다.

"그들은 피상성 대신 정밀성을 추구하는 사고방식을 갖고 임합니다. 그들은 깊이를 평생의 가치로 삼고 자신이 하는 모든 일에서 탁월함을 고집합니다. 벽돌공이 됐든 제빵업자나 최고경영자, 우주비행사가 됐든 자신을 예외적 존재로 규정한 이들은 자신의 창조적 결과물이 곧 자신의 평판으로 이어진다는 사실을 잘 알고 있습니다. 한 분야에서 최고인 사람들은 내놓는 모든 작업물에 자신의 이름이 붙는다는 사실을 인식합니다. 그리고 자신을 높이 평가해주는 사람들의 말을 가격으로 환산할 수 없는 소중한 것으로 여깁니다."

억만장자는 병을 문질렀다. 그러고는 병을 높이 들어 햇빛에 비추어 보면서 이야기를 이어갔다.

"하지만 그것은 사회적 승인 이상을 의미합니다. 어떤 수준의 일을 세상에 내놓는가는 자신을 얼마나 존중하는가를 반영합니다. 자존감이 대단히 강한 사람이라면 평범한 결과물은 차마 내놓지 못할 것입니다. 그건 곧 자신을 깎아내리는 일이기 때문입니다."

"자신의 분야를 선도하고 싶다면 일에서나 인간적인 면에서나 깊이가 있어야 합니다." 억만장자가 강조했다. "다른 사람들과 비슷하게 행동하고, 최상의 삶이 아닌 대충 사는 삶을 살고, 독창적인 삶이 아니라 모방하는 삶을 사는 소심한 영혼이 아니라 매우 특별한 사람이 되려고 노력해야 합니다."

"뜻깊은 이야기네요." 화가가 적극 공감하며 온몸에 햇빛을 받기 위해 민소매 셔츠를 벗었다.

"숙련된 대가들은 사려 깊게 자기 일에 임합니다. 자신이 무엇을 할지 꼼꼼하게 생각합니다. 로마 나보나 광장에 걸작 콰트로 피우미 분수를 공들여 조각한 잔 로렌초 베르니니<sup>Gian Lorenzo Bernini</sup>처럼, 그들은 최상의 기준에 도달하기까지 수고를 아끼지 않고 미세한 붓질에도 땀을 쏟아붓습니다. 그런 창작자들은 꼼꼼하게 무결점에 가까운 작품을 만들어냅니다."

"하지만 요즘 사람들은 할 일이 많습니다"라고 사업가가 불쑥 의견을 말했다. "17세기와는 다릅니다. 이메일 수신함은 꽉 차 있고, 일정도 빽빽합니다. 거의 매일 회의의 연속이죠. 홍보도 해야 하고요. 주어진 일도 결코 따라잡을 수 없을 것 같은 기분인걸요. 숙련의 경지에 도달하려고 애쓰기가 쉽지 않습니다."

"이해합니다." 억만장자가 친절하게 대답했다. "그런데 단순할수록 더 좋다는 말이 있죠? 당신이 너무 많은 일을 시도하니까 그런 거예요. 천재들은 평범한 작품 천 점보다 걸작 한 점을 남기는 것이 현명하다는 사실을 알고 있습니다. 내가 훌륭한 예술 작품을 좋아하는 이유 중 하나는 위대한 거장들의 신념 체계와 정서적 영감, 작업 방식에서 영향을 받기 위해서입니다. 내가 주장해온 대로 거장들은 오늘날의 기업이나 사회의 대다수가 사는 세상과는 전혀 다른 세상에서 살고 있다는 것을 확실히 말해줄 수 있습니다."

바로 그때 화려한 색깔의 나비가 억만장자의 왼쪽 귀에 날아와 앉았다. 그가 미소를 지으며 말했다. "꼬마 친구, 다시 만나 반갑구나." 이 재계 거물은 다시 말을 이었다. "슈퍼스타, 거장, 천재들이 달성한 업적을 분석해보면 그들은 매일 위대해질 기회를 잘 인식했기에 더 나은 일상적 선택을 했고, 그 결과 더 나은 성과를 거뒀다는 것을 알 수 있습니다."

억만장자가 학습 모형을 가리키며 계속 설명했다 "그것이 바로 자기 교육의 힘입니다. 새로운 아이디어를 알게 될 때 생산자로서 그리고 인간으로서 성장합니다. 개인적으로, 직업적으로 점점 발전해갈 때 훌륭한 야망을 실행에 옮기고 달성하는 수준이 높아집니다. 꿈과 비전을 실현할 능력이 향상되면서 수입과 영향력의 증가라는 보상 또한 당연히 받게 됩니다." 그가 모형 중 3단계를 가리키면서 말했다. "나와 함께 이 훈련을 받기로 한 것은 참으로 현명한 선택이었다는 이유가 이것 때문입니다. 그래서 이 모형도 알려주는 것이고요."

억만장자는 바닷바람을 깊이 들이마셨다.

"훌륭한 거장들이 괴짜, 부적응자, 기인이라고 불렸던 이유는 세상을 보는 방식과 일을 대하는 방식, 삶의 방식이 대중과는 매우 달랐기 때문이라고 할 수 있습니다. 하지만 그들은 괴짜도, 부적응자도, 기인도 아닙니다!" 억만장자가 열을 내며 외쳤다.

"그들은 그저 훨씬 높은 수준을 추구한 보기 드문 사람들이었을 뿐입니다. 그들은 자신이 하는 일에 엄격했습니다. 그들은 완벽한 마무리를 위해 몇 주, 몇 달, 심지어 몇 년을 바쳤습니다. 외로움, 두려움, 지루함을 느낄 때도 억지로 일에 매달렸습니다. 오해를 받고, 조롱을 당하고, 심지어 공격을 받을 때도 담대한 비전을 계속 일상의 현실로 만들어나갔습니다. 나는 세상의 위대한 천재들을 존경합니다. 정말 존경합니다."

"사회가 진실에서 멀어질수록 진실을 말하는 사람들을 미워할 것이다." 화가가 간결하게 정리했다.

사업가가 그를 바라보자 "조지 오웰<sup>George Orwell</sup>의 말이에요"라고 화가가 밝혔다. "그리고 앨리스 워커<sup>Alice Walker</sup>(미국의 소설가이자 페미니스트, 인권운동가—옮긴이)는 '당신이 주위에 아름다움을 창조할 때마다 자신의 영혼을 회복하게 된다' 라고 말했고요."

"대가들은 평범한 사람들이 '강박' 이라고까지 여기는 태도로 일에 임합니다." 억만장자가 자세히 설명했다. "하지만 주목할 만한 사실은 95%가 '까다롭다' 라고 부르는 행동을 상위 5%는 세계적 수준으로 인정받기 위한 대가로 여긴다는 것입니다. 자, 이 모형을 다시 한번 살펴보고 더욱 정확히 이해하도록 하세요." 억만장자가 도표를 손가락으로 툭 치면서 말했다.

"현재 지구상의 사람들 대부분이 피상적 수준에 고착돼 있습니다." 그가 단언했다. "자신의 발전 능력에 대해서도 그렇고 자신의 잠재력과 가능성에 대해서도 피상적으로 이해할 뿐이에요. 숙달에 관한 신경생물학, 세계를 건설한 사람들의 일과, 자신의 여생에서 최우선으로 달성하고 싶은 야망에 대해서도 피상적으로만 알고 있어요. 그렇게 대다수는 모호하고 부정확한 사고에 빠져 있습니다. 모호하고 부정확한 사고는 모호하고 부정확한 결과를 낳죠. 간단한 예로, 보통 사람에게 길을 물어보면 대부분이 명확하게 알려주지 못합니다. 생각하는 방식이 명확하지 않기 때문입니다."

억만장자는 막대기를 하나 줍더니 성공 공식 모형에서 '정밀성' 부분을 가리키며 말했다.

"전설적인 성공을 거둔 사람들은 크게 다릅니다. 그들은 아마추어 수준의 인식으로는 최고 수준의 전문적 결과를 낼 수 없다는 것을 압니다. 이 중요한 통찰을 두 분에게 확실히 알려줄 예를 하나 들어보죠. 나는 포뮬러 원[F1] 경주의 열렬한 팬입니다. 최근에 내가 가장 좋아하는 팀의 초대로 피트(서킷 안에 마련된 정비소-옮긴이)를 구경한 적이 있습니다. 아주 사소한 부분까지 주의를 기울이고, 탁월한 기량을 발휘하려고 전력을 다하고, 좋은 기록을 내는 데 필요한 일이라면 무엇이든 기꺼이 하고자 하는 사람들이 거기 있었어요. 아주 깊은 인상을 받았습니다. 다시 말하지만 아주 사소한 부분까지 강박적일 만큼 주의를 기울여야 하며, 프로로서의 생활 및 개인 생활에서 지나치리만치 엄격한 자세를 가져야 한다는 주장이 보통 사람들에게는 이상할 것입니다. 하지만 F1 크루들은 레이싱카를 완벽히 계측하고, 피트 스톱에서 초인적인 속도로 움직이고, 차가 굉음을 울리며 나간 후에는 진공청소기로 피트를 청소하여 먼지 한 톨 없이 만들었어요. 정말 환상적이었습니다! 내 말의 요지는 상위 5%는 일상적인 태도, 행동, 활동에서 피상적 사고방식이 아니라 정밀성을 추구하는 사고방식을 보인다는 것입니다."

"정말로 레이싱카가 나간 후에 피트의 먼지를 제거하는 사소한 부분까지 신경 쓰나요?" 화가가 신기해하며 질문했다.

"네"라고 억만장자가 대답했다. "그들은 계속 피트 전체를 비질하고 진공청소기로 빨아들였어요. 왜 그러느냐고 물어봤더니 레이싱카의 엔진에 이물질이 들어가면 우승을 놓칠 수 있다고 하더군요. 더 심하게는 선수가 죽는 경우도 있다고 해요. 사실 크루 한 명이라도 정확히 움직이지 않으면 참사가 발생할 수 있습니다. 집중하지 못한 크루 한 명이 남겨둔 느슨한 나사 하나가 재난으로 이어질 수 있습니다. 주의가 산만해진 동료가 놓친 점검표 항목 하나가 재앙을 초래할 수 있습니다. 피트에 차가 없는 순간에도 휴대전화를 들여다보거나 해선 안 됩니다. 집중력이 떨어진 크루 하나가 간과한 측정치 때문에 우승을 놓칠 수도 있으니까요."

"정밀한 접근 방식이 중요하다는 거군요"라고 사업가가 억만장자의 말을 반복했다. "자기 일에 대한 인식을 높이고 그 일을 완벽히 해내기 위해 고심하고, 세부적인 부분까지 개선하며, 사소한 부분에서도 수고를 아끼지 않고, 전문가답지 못하고 부주의한 자세를 피하고 정확히 산출물을 내놓으며, 약속은 덜 하고 실행은 더 하고, 자기 일에 대단한 자부심을 느끼며, 깊이를 추구하는 것. 이것이 당신 용어로 하자면 '피상성 대신 정밀성을 추구하는 것' 이죠?"

"사실 그 용어는 제가 만든 게 아닙니다"라고 억만장자가 겸손히 말했다. "선생님이 가르쳐준 것들이에요. 어쨌든 맞아요. 숙련을 위해서는 사소한 것들이 중요합니다. 많은 사람의 마음을 아프게 했던 우주왕복선 챌린저호의 참사 원인이 O링 하나의 결함 때문이었다는 글을 읽은 적이 있어요. 겨우 70센트밖에 하지 않는 O링 하나때문에요. 사소하게 보이는 세부 사항의 결함으로 여러 명이 목숨을 잃는 끔찍한 사고가 발생한 거죠."

"이 모든 이야기를 들으니 네덜란드의 천재 화가 요하네스 페르메이르Johannes Vermeer가 생각나네요." 화가가 이야기를 보탰다. "최고 수준의 작품만 추구한 화가죠. 그는 자연광을 받으면 입체적으로 보일 수 있게 하는 다양한 기술을 실험했습니다. 그의 작품에는 깊이가 있었습니다. 붓 자국 하나하나가 얼마나 매혹적이고, 인물의 동작 하나하나가 얼마나 정교한지. 그래서 저도 당신의 이야기에 동의합니다. 평범한 예술가는 아주 가볍고, 단순하고, 참을성 없는 자세로 작품 활동을 합니다. 그들은 작품성보다 돈에 집중합니다. 섬세함보다 명성에 관심을 두죠. 그래서 그들이 인식과 통찰력을 높이지 못하고 더 나은 선택, 따라서 더 나은 결과를 얻지 못하고 자기 분야의 전설도 될 수 없었던 거겠죠. 저도 이 단순한 모형이 얼마나 효과적인지 이해가 되기 시작합니다."

"나는 페르메이르의 작품 〈편지를 읽는 푸른 옷의 여인〉을 좋아합니다. 물론 〈진주 귀걸이를 한 소녀〉도 좋아하고요." 억만장자는 자신이 훌륭한 예술 작품을 높이 평가한다는 걸 다시 한번 강조했다.

"당신의 식견을 공유해주니까 좋네요." 사업가가 이렇게 말하면서 화가의 손을 잡았다. 억만장자가 윙크를 했다.

"내가 이렇게 될 줄 알았지." 그가 둘 사이에 연애 감정이 자라나는 모습을 보고 흐뭇해하며 중얼거렸다. 그러고는 또 눈을 감았다. 이 괴짜 거물의 귀에는 여전히 나비가 앉아 있었다. 그는 위대한 시인 루미의 시를 읊었다.

━ 그대 진정 사람이라면, 모든 것을 사랑에 걸어라. 아니거든 이 무리를 떠나라. 반쪽 마음 가지고는 성전에 들지 못한다.

"뭐 하나 물어봐도 될까요?" 사업가가 억만장자를 보며 말했다.

"물론이죠"라고 억만장자가 대답했다.

"엄격성과 정밀성을 추구하라는 이 철학이 인간관계에는 어떤 작용을 하나요?"

"별로예요." 억만장자가 솔직하게 대답했다. "선생님은 내게 '천재성의 어두운 면'에 대해서도 가르쳐줬어요. 기본적으로 모든 인간의 재능은 부정적인 면도 동반합니다. 한 영역에서 당신을 특별하게 만드는 자질이 다른 영역에서는 당신을 부적격자로 만들기도 하죠. 사실 세계의 위대한 거장들 가운데는 사생활이 지저분했던 사람도 많습니다. 남들 대부분이 보지 못하는 비전을 보고, 자신에게 가장 높은 기준을 부여하고, 추구하는 일은 아주 사소한 부분까지 매달리면서 장시간 홀로 일하며, 끈질기게 걸작을 완성해내고, 보기 드문 자제력을 갖고 행동하며, 비평가들을 무시하고 자신의 마음에 귀를 기울일 줄 아는 바로 그 재능이 대인관계에서 어려움을 겪게 한 겁니다. 그들은 '까다롭다', '별스럽다', '완고하다', '균형감이 없다' 같은 오해를 받습니다."

그는 자신의 별장 지붕 위를 미끄러지듯 날아가는 흰 비둘기를 쳐다보면서 이야기를 이어갔다.

"창의성과 생산성, 세계 수준의 성과로 전설이 된 사람들 가운데 다수가 불균형적이기는 했습니다. 그들은 완벽주의자, 독단주의자, 광신자였습니다. 이는 천재성의 어두운 면이죠. 자기 일을 뛰어나게 해낼 수 있게 해주는 바로 그 특성들이 가정생활을 파괴할 수도 있습니다. 사실대로 말하자면 그렇습니다."

억만장자는 작은 글씨가 새겨진 물병을 들고 물을 홀짝이며 말했다. 그 병에는 깨알같은 글씨로 이런 글귀가 쓰여 있었다.

━ 마케도니아의 필립 왕이 스파르타에 보낸 전갈: "더는 지체하지 말고 즉각 항복하는 것이 좋을 것이다. 만약에 내가 군대를 이끌고 너희 나라로 들어간다면 너희의 농장을 파괴하고, 너희 백성을 도륙하고, 너희 도시를 쑥대밭으로 만들어버릴 거니까."
스파르타의 답변: "들어오고 나서 말해."

"하지만 재능에 그런 어두운 면이 있다고 해서 재능을 발휘하지 말아야 한다는 뜻은 아닙니다!" 억만장자가 힘주어 말했다. "재능이 개인적 삶에 어떤 문제를 일으킬 수 있는지 인식하고, 그 함정들을 관리하면 됩니다."

"이제 학습 모형으로 다시 돌아가죠. 아까도 말했지만, 그 모형은 5AM 클럽의 변혁적 가치에 대해 두 분이 배울 모든 내용의 기초가 되어줄 것입니다. 그 방법론들을 지속적인 습관으로 굳힐 방안들을 이야기해볼까요?" 억만장자는 몸을 구부려 바닷물에 삭은 막대기를 집어 들고 실크 조각을 가리켰다.

"개인의 탁월함을 위한 이 모형의 핵심, 즉 일상적 인식의 향상이 더 나은 일상적 선택을 할 수 있게 하며, 더 나은 일상적 선택은 더 나은 일상적 결과를 가져온다는 사실을 기억하세요. 선생님은 이것을 '3단계 성공 공식'이라고 불렀습니다. 예컨대 위대한 성과를 낼 수 있는 천부적 재능을 더 잘 인식하게 되면, 또는 5AM 클럽의 방법을 아침 일과로 정착시킬 때 생산성이 어떻게 증가하는지 더 잘 인식하게 되면 현재 지구를 지배하고 있는 피상성의 수준에서 정밀성의 수준으로 올라설 것입니다. 이렇게 향상된 통찰력과 의식은 일상의 결정을 최적화해줍니다. 그리고 일상의 결정을 올바로 내린다면 리더십과 성취, 영향력이 극적으로 향상됩니다. 이는 논리적으로도 타당합니다. 판단이 결과를 좌우하니까요."

억만장자의 이야기가 이어졌다. "한번은 스위스 루체른에서 선생님을 만나 코치를 받은 적이 있습니다. 루체른은 마치 동화 속의 장소 같았어요. 어느 날 아침 선생님이 뜨거운 물 한 주전자와 레몬 조각을 주문했어요. 매일 아침 즐겨 마시는 신선한 레몬차를 만들려고요. 그런데 말이죠…."

"흥미로운 이야기겠군요." 화가가 팔을 긁으면서 불쑥 내뱉었다. 그 팔에도 문신이 있었는데, '나는 결코 사람들이 죽는다고 생각하지 않는다. 그저 백화점에 갔다고 생각한다' 라는 앤디 워홀<sup>Andy</sup> <sup>Warhol</sup>의 말이 새겨져 있었다.

"쟁반이 도착했어요." 억만장자가 다시 이야기를 이어갔다. "완벽한 은제 식기에 고급 도자기, 모든 것을 최고로 준비해 왔더군요. 게다가 레몬을 자른 사람이 누구였는지 수고스럽게도 씨를 다 발라냈더라고요. 대단하죠? 지속적인 숙련을 위해서는 이렇게 자기 일에 엄격해야 해요."

억만장자는 강연장에서 보여줬던 그 기이한 춤을 추기 시작했다. 그리고 잠시 후 멈췄다. 사업가와 화가가 고개를 가로저었다.

"피상적이고 무심한 사람들이 대부분인 세상에서 그렇게 세세한 부분까지 관심과 주의를 기울이다니 보기 드문 경우네요"라고 사업가가 평했다.

"선생님이 '집단적 탈전문화' 라고 부르는 현상이 요즘 산업계에

널리 퍼져 있죠"라고 억만장자가 지적했다. "업무를 처리하고, 고객을 만족시키고, 뛰어난 기술을 보여주고, 이례적 가치를 창출해 자신과 회사 양측이 성공을 경험하게 해주어야 할 사람들이 스마트폰으로 무의미한 영상을 보거나, 온라인으로 쇼핑을 하거나, 소셜 미디어 피드를 보느라 시간을 허비합니다. 그렇게 일에 집중하지 않고, 딴짓을 하는 사람들이 요즘처럼 많았던 적은 없어요."

억만장자는 막대기로 3단계 성공 공식을 다시 한번 가리켰다.

"레몬 조각에서 씨를 발라낸 행동을 비유 삼아 피상성에서 정밀성으로 꾸준히 전환해나가라고 두 분에게 요구하고자 합니다. 직장에서의 일뿐 아니라 개인 생활에서도 엄격한 자세, 깊이 있는 사고, 행동, 실행 방식, 건강한 완벽주의, 그리고 최고가 되기 위한 끈질긴 탐색. 이 멋진 해변에 있는 선량한 두 분에게 내가 제안하는 것들입니다.

그렇게 한다면 선생님이 말한 엄청난 경쟁 우위GCA: Gargantuan Competitive Advantage가 생길 것입니다. 업계를 지배하기가 요즘만큼 쉬웠던 적이 없습니다. 우위를 점하는 데 필요한 노력을 하는 사람이 거의 없기 때문입니다. 숙련된 사람을 찾아보기 힘들고, 멋지게 일을 완수하는 사람은 희소해졌습니다. 그러므로 당신들의 분야는 당신들의 것입니다! 내가 제안한 방식대로 한다면 말입니다. 평범한 수준에서는 경쟁이 치열하지만 비범한 수준에서는 거의 경쟁자가 없다는 점을 명심하세요.

독보적인 존재가 될 멋진 기회가 이토록 컸던 적이 없습니다. 주의는 산만해지고, 가치관과 믿음은 쇠퇴한 이 시대에는 자신의 고유한 능력으로 세계적 수준에 도달하기 위해 전념하는 사람이 거의 없습니다. 상점이나 식당에 갔을 때 일에 집중하고, 놀라우리만치 예의 바르고, 유별나게 박식하고, 열정으로 가득하고, 대단히 근면하고, 상상력이 매우 풍부하고, 눈에 띄게 독창적이며, 자기 일에 굉장히 뛰어난 직원을 얼마나 자주 보나요? 거의 없죠?"

"네, 그런 보석 같은 사람 하나를 찾아내려면 수천 명을 면접 봐야 할 거예요"라고 사업가도 인정했다.

"그러니 당신들은 엄청난 경쟁 우위를 가질 수 있습니다. 운이 좋은 거예요"라고 억만장자가 큰 소리로 말했다. "현재 그런 사람이 극소수이기 때문에 두 분은 자신의 분야를 거의 지배할 수 있습니다. 노력을 더 하세요. 기준을 높이세요. 그리고 이런 방식이 몸에 배어 자동으로 나오게 하세요. 정말로 중요한 점은 매일매일을 최적화하는 것입니다. 일관성이야말로 숙련의 DNA이기 때문입니다. 미미해 보이는 일상의 작은 개선일지라도, 오랫동안 지속해서 실행하면 엄청난 결과를 가져옵니다. 위대한 기업이나 훌륭한 인물이 갑작스러운 혁명으로 탄생한 것이 아니라는 사실을 부디 기억하세요. 작은 일상적 승리와 반복이 장기간 쌓여서 탁월함이라는 결과가 나옵니다. 요즘에는 기나긴 경기를 치러내는 인내심을 가진 사람이 거의 없기에 전설이 되는 사람이 많지 않은 겁니다."

"모두 환상적인 정보예요. 그리고 내 예술 활동을 위해 소중한 정보고요." 화가가 셔츠를 도로 입으면서 감사한 마음을 전했다.

"그 말을 들으니 정말 좋네요"라고 억만장자가 화답했다. "두 사람 다 아주 짧은 시간에 엄청난 양을 학습했다는 것을 압니다. 일찍 일어나는 것도 몸에 익지 않았을 테고 위대함을 추구하고, 군중을 벗어나고, 평균적이기를 그만두고, 평범함을 거부하라는 수업 내용

전부가 압도적일 것입니다. 그러니까 한숨 돌리고 긴장을 풀어요. 예외주의를 추구하는 건 긴 여행입니다. 로마도 하루아침에 건설되지 않았잖아요?"

"맞습니다." 화가가 동의했다.

"물론이죠." 사업가도 맞장구쳤다.

"자신의 가장 큰 장점과 가장 지배적인 재능에 가까이 가는 과정이 불편하고 두려울 거라는 사실은 잘 알고 있습니다. 나도 전부 겪었던 과정이니까요. 하지만 5AM 클럽의 방법을 배우는 데 전념하는 동안 돈, 명성, 세속적인 권력보다 가치 있는 보상을 받게 될 것입니다. 오늘 내가 알려준 내용은 동이 트기 전에 기상해서 최고의 성취자이자 빛나는 인간이 될 준비를 하게 해주는 시스템의 일부였습니다. 앞으로의 코칭 수업에서 시스템 전체를 더 깊이 배워나갈 것입니다. 생산자 그리고 인간으로서의 성장이 어려운 일일 수 있지만, 정말로 인간이 할 수 있는 가장 훌륭한 일이라는 이야기만 하고 오늘 수업을 마치겠습니다.

지금부터는 두 분이 오붓하게 즐기세요. 심장이 빨리 뛸 때가 가장 분명하게 살아 있는 순간이라는 사실을 기억해두세요. 두려움이 요란한 비명을 지를 때가 가장 깨어 있는 순간이라는 사실 역시 기억하고요."

"그러니까 계속 앞으로 나아가야 한다는 거죠?" 부드러운 바닷바람에 갈색 머리카락을 날리며 사업가가 확인했다.

"그렇습니다"라고 억만장자가 말했다. "불안의 그림자는 끈기의 따뜻한 빛 속에서 모두 해소됩니다."

억만장자는 잠시 말을 멈추고 팔이 발가락에 닿게 네 번 몸을 굽

히면서 다음의 주문을 중얼거렸다.

━ 나는 영광스러운 오늘 하루를 무한한 열정과 성실함, 사랑으로 가득
한 마음으로 내 비전에 충실하면서 훌륭히 살아갈 것이다.

그가 다시 이야기를 이어갔다. "언젠가 읽은 기사가 기억나는데
요. 이탈리아 패션 회사인 몽클레르<sup>Moncler</sup>의 최고경영자가 가장 좋
아하는 음식이 뭐냐는 질문을 받았다고 합니다. 그는 포모도로 스
파게티라고 대답했습니다. 그리고 이 요리가 파스타와 신선한 토마
토, 올리브유, 바질만 준비하면 되니까 아주 간단해 보이지만 정확
히 맛을 조절하려면 비범한 전문 지식과 남다른 기량이 필요하다고
덧붙였습니다. 여기서 정확한 조절이야말로 우리 세 사람 모두가
최상의 기량을 발휘하고, 성과를 높이고, 세상에 대한 우리의 기여
도를 가속화하는 과정에서 가장 염두에 두어야 할 중요한 단어입니
다. 가장 바람직한 태도로 세세한 부분까지 개선하는 것이야말로
정밀성을 추구하고 천부적 천재성과 마법 같은 삶의 궤도로 진입하
는 데 핵심이기 때문입니다."

이 별난 재계 거물은 병에서 꺼낸 실크 조각을 반바지 주머니에
넣으면서 말했다. "이제 두 분이 수영도 하고, 스노클링도 하고, 일
광욕도 즐기기 바랍니다. 우리 직원들이 두 분을 위해 준비해둔 근
사한 점심 식사도 봐야 하는데, 나는 회의에 참석하러 이 나라의 수
도 포트루이스로 가야 해서요. 그럼…."

그는 가볍게 고개를 숙이고는 자리를 떴다.

10장

# 한계를 뛰어넘는 이들의
# 4가지 공통분모

우리에게 주어진 삶은 짧지만, 보람된 삶은 영원히 기억에 남는다.
키케로

다음 날 이른 아침 눈부신 일출 아래에서 사업가와 화가는 손을 맞잡고 해변을 걸어 수업 장소로 갔다. 억만장자는 이미 그곳 모래사장에 앉아 눈을 감고 깊은 명상에 잠겨 있었다.

그가 손가락을 V자 모양으로 해서 높이 쳐들자 비서 한 명이 잽싸게 뛰어왔다. 비서는 한마디 말도 없이 서류가방에서 빳빳한 석 장의 종이를 꺼내 이 거물에게 건넸다. 억만장자는 고개를 살짝 끄덕여 감사의 뜻을 표했다. 그리고 두 학생에게 한 장씩 나눠줬다.

정확히 오전 5시가 됐다.

억만장자는 조개껍데기 하나를 집어 들고 물수제비를 떴다. 이날 아침 그는 뭔가 심오한 생각에 잠겨 있는 듯했다. 평소와 같은 명랑함, 흥겨움, 어색한 장난은 없었다.

"괜찮아요?" 사업가가 '강력히 추진하라. 일어나는 즉시 일하라. 잠은 죽어서 자자'라는 문구가 새겨진 팔찌를 만지면서 물었다.

억만장자가 팔찌의 문구를 읽었다. 그리고 손가락을 입술에 갖다 대며 물었다.

"당신이 죽으면 누가 울어줄까요?"

"뭐라고요?" 화가가 화들짝 놀라 소리쳤다.

"당신이 세상을 떠나면 지인들은 당신이 어떤 인생을 살았다고 소곤거릴까요?" 억만장자는 노련한 배우처럼 질문을 풀어갔다. "사람들은 얼마나 쉽게 죽을 수 있는지, 이미 얼마나 많은 시간을 흘려보냈는지 생각해본 적 없이 마치 영원히 살 운명인 것처럼 살아갑니다. 시간을 무한정 가져다 쓸 수 있는 듯이 낭비하죠. 어떤 사람 또는 어떤 일에 바친 시간이 어쩌면 자신의 마지막 시간이 될 수 있는데도 말입니다."

"그건 당신 생각인가요? 멋진데요"라고 화가가 말했다.

억만장자는 웃으면서 답했다. "그러면 좋겠지만, 아니에요. 금욕주의 철학자 세네카Lucius Seneca가 했던 말입니다. 그가 쓴 《인생이 왜 짧은가》에 나오는 말이죠."

"그런데 이 아름다운 아침에 죽음을 이야기하는 이유는 뭔가요?" 사업가가 약간 불편한 기색으로 물었다.

"오늘날 대부분의 사람이 시간이 더 있었으면 좋겠다고 생각하면서도 가진 시간을 낭비하기 때문입니다. 죽음을 생각한다면 가장 중요한 일에 집중하게 되죠. 그러면 디지털 기기의 방해와 사이버 오락, 온라인 폐해로 인생이라는 대체 불가능한 축복의 시간을 빼앗기지 않을 것입니다. 지나간 시간은 절대 되돌릴 수 없잖아요?" 억만장자가 다정하면서도 확고한 어조로 말했다. "어제 나는 시내에서 회의를 마치고 《인생이 내게 준 선물》을 다시 읽었습니다. 매우 유능한 최고경영자였던 유진 오켈리Eugene O'Kelly의 실화를 담은 책인데, 그는 의사로부터 뇌의 세 군데에서 종양이 발견됐고 앞으로 몇 개월밖에 살지 못한다는 통보를 받았죠."

"그래서 어떻게 했나요?" 화가가 조용히 물었다.

"그는 일하느라 바빠서 놓쳤던 콘서트, 가족끼리의 외출, 우정을 다지는 데 시간을 쓰려고 노력했습니다. 책의 한 대목에서는 친구에게 밖에 나가 산책을 하자고 부탁했던 이야기를 하면서 '우리가 여유롭게 함께하는 마지막 산책이 될 수도 있었다'라고 털어놓습니다."

"슬프네요." 사업가가 초조하게 팔찌를 만지작거리며 말했다. 그녀의 이마에 다시 주름이 뚜렷이 잡혔다.

억만장자가 이야기를 계속했다. "그리고 어젯밤에는 내가 가장 좋아하는 영화 중 하나인 〈잠수종과 나비〉를 봤어요. 그 영화는 프랑스 잡지 〈엘르〉의 편집장으로 세계 최고의 자리에 올랐던 남자의 실화를 바탕으로 하고 있죠. 한때 모든 것을 가졌던 장 도미니크 보비Jean-Dominique Bauby는 뇌졸중으로 쓰러진 뒤 몸의 모든 근육을 쓸 수 없게 됐습니다. 왼쪽 눈꺼풀만 빼고요. '잠금 증후군locked-in syndrome'이라고 불리는 상태였죠. 정신은 맑았지만 몸은 다이빙 벨에 갇힌 듯 완전히 마비됐죠."

"슬픈 일이군요." 화가가 공감했다.

"그런데 말이죠." 억만장자가 덧붙였다. "재활치료사들이 그에게 눈의 깜박임으로 알파벳을 하나하나 조합해 의사를 전달하는 방법을 가르쳐주었습니다. 그리고 그는 치료사들의 도움을 받아 자신의 경험과 삶의 본질적 의미를 다룬 책을 썼어요. 20만 번이나 눈을 깜박거려야 했지만, 그는 책을 완성해냅니다."

"저는… 불평을 하면 안 되겠네요." 사업가가 조용히 말했다.

"그는 책이 출판된 직후에 세상을 떠났습니다"라고 억만장자가 이야기를 이어갔다. "내가 말하려는 요지는 삶이 아주 쉽사리 끝날 수 있다는 것입니다. 아침에 일어나 샤워를 하고, 옷을 입고, 커피를 마시고, 아침을 먹고, 멀쩡히 출근길에 나섰다가 교통사고로 사망하는 사람들도 있잖아요. 인생이란 그런 것입니다. 그래서 나는 두 분에게 타고난 천재성을 표현하기 위해 잠시도 미루지 말고 노력하라는 충고를 해주고 싶습니다. 자신에게 진실이라고 느껴지는 방식으로 살아가면서 매일 일어나는 작은 기적에 주목하세요."

"알겠습니다." 화가가 레게머리 가닥을 잡아당기며 말했다.

"저도요." 사업가도 침울하게 말했다.

"매 순간 감사하세요. 자신의 야망에 관해서는 소심하게 굴지 마세요. 말도 안 되는 사소한 일에 시간을 낭비하는 일도 멈추세요. 그리고 자신 안에 잠자는 창의성, 열정, 잠재력을 되찾는 데 우선순위를 두세요. 그건 매우 중요한 일입니다. 플라톤이 왜 우리에게 '너 자신을 알라'라고 촉구했다고 생각합니까? 그는 우리가 엄청난 능력을 보유하고 있으며, 활기차고 즐겁고 평화롭고 의미 있는 삶을 영위하려면 그 능력을 반드시 찾아내고 활용해야만 한다는 사실을 잘 알고 있었던 겁니다. 우리 안에 숨겨진 그 능력을 무시한다면 잠재력을 발휘하지 못하는 데서 오는 고통, 대담하게 행동하지 못해서 느끼는 좌절, 숙련을 도모하지 않은 데서 오는 무기력을 겪게 됩니다.”

맑은 물속을 얼게돔 떼가 헤엄쳐 지나갔다.

“그럼 오늘 수업의 주제로 넘어가 볼까요. 두 분에게 준 종이를 주의 깊게 봐주세요.” 억만장자가 지시했다.

두 학생이 본 것은 다음과 같은 학습 모형이었다.

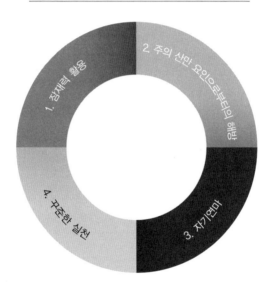

한계를 뛰어넘는 이들의 4가지 공통점

1. 잠재력 활용
2. 주의 산만 요인으로부터의 해방
3. 자기연마
4. 꾸준한 실천

### 잠재력 활용

억만장자는 저명한 심리학자 제임스 플린<sup>James Flynn</sup>이 제안한 '활용<sup>capitalization</sup>'이라는 개념을 설명했다. 플린은 전설적 인물이 탁월한 성과를 내게 해주는 요인은 타고난 재능의 크기가 아니라 잠재력을 실현하는 정도, 즉 활용 정도라는 중요한 사실을 간파했다.

"세계에서 가장 뛰어난 운동선수들 가운데는 경쟁자들보다 선천적 기술이 부족한 이들이 많습니다. 하지만 그들은 남다른 헌신과 노력, 추진력으로 자신이 가진 강점을 극대화했기에 우상이 될 수 있었습니다." 억만장자가 조각 같은 복근을 문지르며 단언했다. "'개가 싸울 때 중요한 것은 몸집이 아니라 싸우겠다는 투지다' 라는 옛말과 같은 거죠. 일찍이 선생님은 내게 5AM 클럽에 가입하면 나의 최고 자산을 키워나가고, 나 자신을 위한 시간을 갖고, 하루하루를 작은 보석으로 만들기 위해 준비할 기회를 얻게 된다고 가르쳐주었습니다. 그분은 성공한 사람들은 아침 시간을 잘 활용하며, 동트기 전의 기상은 승리하는 하루를 준비하게 하는 첫 번째 승리라고 했어요."

"저는 '나만의 시간' 을 전혀 갖지 못했어요." 사업가가 불쑥 말했다. "제 일정은 언제나 꽉 차 있었거든요. 아침에 재충전을 하면서 저를 더 행복하고 나은 사람으로 만들어줄 일도 할 수 있다면 정말 좋겠네요."

"바로 그거예요"라고 억만장자가 말했다. "너무나 많은 사람이 시간에 쫓기며 살고 있습니다. 일어나자마자 적어도 1시간 동안은 재충전하고, 성장하고, 더 건강해지고, 더 평화로운 사람이 되기 위한 시간을 반드시 가져야 합니다. 오전 5시에 일어난 다음 곧 배우게 될 20/20/20 공식을 따른다면 하루를 대단히 유리하게 시작할 수 있습니다. 그런 날은 시간에 휘둘리는 대신 매우 가치 있는 활동에 집중할 수 있을 것입니다. 자신이 가진 줄도 몰랐던 에너지를 경험하고, 터질 듯한 기쁨을 되찾을 것입니다."

그런 다음 그는 돌아서서 근육질의 등에 그린 일회용 문신을 보여줬다. '자유가 없는 세상에 대처하는 유일한 길은 절대적인 자유를 누림으로써 당신의 존재 자체가 반란 행위가 되도록 하는 것이다' 라는 프랑스 철학자 알베르 카뮈Albert Camus의 말이 새겨져 있었다.

카뮈의 말 아래로는 불길 속에서 솟아오르는 불사조가 있었다. 바로 이런 그림이었다.

"제게 정말 필요한 거군요"라고 사업가가 말했다. "정신없이 바빠지기 전에 매일 아침 나만의 시간을 갖는다면 생산성도 향상되고, 감사하는 마음도 들고 차분해질 것 같아요."

"저도요." 화가도 동조했다. "매일 아침 혼자 반성과 준비의 시간을 갖는다면 내 작품 활동이 완전히 달라질 거예요. 내 인생도요."

"선생님은 이런 가르침도 주셨어요. 최고의 자아와 최상의 기술을 개발하는 60분간의 '빅토리 아워Victory Hour'에 투자한다면 남은 생이 정신적, 감정적, 육체적으로 다른 방식으로 전개될 거라고요. 그것이 어제 우리가 논의했던 엄청난 경쟁 우위를 제공해줄 거라고 장담했죠. 창의성, 돈, 기쁨, 인류를 유익하게 해주는 힘 역시 분명히 갖게 될 거라고 했습니다. 나는 그분 말씀이 전적으로 옳다고 말해주고 싶습니다."

"어쨌든," 억만장자가 톤을 높여 말했다. "잠재력 활용이라는 개념으로 돌아가서, 자신에게 주어진 재능을 영리하게 활용하는 것이 중요하다는 이야기를 다시 해보죠. 특별한 기술을 가진 사람들은 태생부터 다르며 신의 축복을 받아 예외적인 재능을 가지고 있다는 집단 최면에 걸린 사람들이 너무나 많습니다. 하지만 안 그래요." 그는 약간 시골 소년 같은 어투로 말했다.

"헌신과 규율은 언제나 명석함과 재능을 이깁니다. 최정상에 있는 사람들은 운이 좋은 것이 아닙니다. 그들은 행운을 만들어냅니다. 유혹을 물리치고 최적화를 추구할 때마다 영웅의 자질이 활성화됩니다. 쉽게 느껴지는 일이 아니라 옳다고 생각하는 일을 할 때, 그 순간 대성공을 거둔 사람들만 이름을 올릴 수 있는 명예의 전당에 입성할 확률이 높아집니다. 성공한 사람들을 조사해봤더니 자신의 잠재력을 어떻게 이야기하는가가 실제로 그 잠재력을 얼마나 활용하는가를 알려주는 핵심 지표였다는 연구 결과들이 최근에 많이 등장하고 있습니다."

"그게 무슨 뜻이에요?" 사업가가 휴대전화에 메모를 하다가 멈추고 억만장자의 눈을 바라보며 물었다. 억만장자는 티셔츠를 주섬주섬 입고 있었는데, 거기에는 '패배자는 큰 TV를, 리더는 큰 서재를 갖고 있다' 라는 문구가 쓰여 있었다.

"음, 만약 자신이 회사에서 최고의 리더 또는 해당 분야에서 찬사를 받는 전문가가 될 자질이 없다는 이야기를 머릿속에 담고 있다면, 그런 지위에 도달하기 위한 모험을 시작조차 하지 않을 것입니다. 그렇죠? 그리고 세계 최상급이 된다는 것은 지속적인 과정이지 일회적 사건이 아닙니다. '평범한 사람은 위대해질 수 없다' 또는 '천재는 타고나는 것이지 개발되는 것이 아니다' 라는 제한된 심리 상태라면 공부를 하고, 연습할 시간을 내고, 진정한 열망을 느끼는 일을 중심으로 하루를 보내는 것이 순전히 시간 낭비로 생각될 것입니다. 거장 수준의 결과를 얻는 것이 자신 같은 사람에게는 불가능하다는 신념 체계를 갖고 있는데 그 모든 노력, 투자, 희생이 무슨 소용이 있겠어요? 그리고 일상 행동은 언제나 내면에 깊숙이 자리한 신념에서 나오기 때문에 자신은 승리를 거둘 능력이 없다는 바로 그 인식이 곧 현실이 됩니다"라고 억만장자가 지적했다.

"인간은 언제나 자아 정체성에 맞춰 행동하게 되어 있습니다. 그러므로 자신의 개인적 이야기 이상으로 발전할 수 없는 것입니다. 우리가 인식해야 할 중요한 점이죠." 그러고는 바다로 눈을 돌려 그물을 내리고 있는 작은 어선을 바라봤다. 빨간 셔츠를 입은 어부가 담배를 물고 위험한 산호초 지역을 피해 배를 몰고 있었다. 억만장자는 혼자 또 다른 주문을 중얼거렸다.

━ 감사합니다. 용서하겠습니다. 베풀겠습니다. 내 인생은 아름답고, 창의적이고, 생산적이고, 풍성하며, 신비롭습니다.

그런 다음 그는 잠재력 활용에 대한 이야기를 이어갔다.

"긍정심리학자들은 자신이 어떤 사람이며 무엇을 성취할 수 있는지 규정해놓은 이야기를 수용하고, 그 환상이 실현될 수 있는 방식으로 행동하는 것을 '자기충족적 예언self-fulfilling prophecy' 이라고 부릅니다. 우리는 어린 시절 가장 많은 영향을 받은 사람들, 즉 부모님, 선생님, 친구들로부터 배운 사고 양식을 무의식적으로 채택합니다. 그런 다음 그 사고 양식에 따라 행동합니다. 대체로 잘못된 이 개인적 이야기는 결국 우리에 의해 현실이 됩니다. 행동이 결과를 만들어내기 때문이죠. 놀라운 일 아닌가요? 하지만 우리 대부분이 인생의 최고 시절을 그런 식으로 보냅니다. 세상은 우리를 반영하는 거울입니다. 그래서 우리는 원하는 삶이 아니라 지금 자신이 사는 삶을 얻게 됩니다."

갑자기 화가가 끼어들었다. "그러면 우리가 하고 싶은 일에서 탁월한 결과를 산출할 수 없다는 핵심 신념을 수용할수록 그것이 확신으로 강화될 뿐 아니라 그와 관련된 행동이 일상적 습관으로 굳어지겠군요." 이렇게 이야기하는 화가는 보헤미안이 아니라 교수 같았다.

"훌륭히 정리해줬어요!" 억만장자가 흥분하며 답했다. "오늘 선생님을 뵙게 되면 이 이야기를 꼭 해드려야겠어요. 낚시하러 나가셨을 텐데 대개는 오전 중에 돌아오시거든요."

억만장자가 계속 말했다. "의식이 기억하든 못 하든, 모든 인간에게는 위대함에 대한 본능, 영웅에 대한 갈망, 자신의 최고 능력을 발휘하고자 하는 심리적 욕구가 있습니다. 대부분 사람은 부정적이고 해로운 영향을 끼치는 이들에게 과소평가되고 억눌린 탓에 진정 자신이 누구인지 잊고 말았습니다. 여러 방면으로 서서히 그리고 꾸준히 평범함을 수용하는 양보의 달인이 되어 평범함이 표준 운영 체제로 자리 잡는 지경에 이르게 됐죠. 진정한 리더들은 결코 자신의 기준을 놓고 타협하지 않습니다. 그들은 언제든 개선의 여지가 있다는 사실을 압니다. 그들은 최선을 다할 때 인간의 자주적 본성에 가까워진다는 것을 이해합니다. 알렉산더 대왕은 이런 말을 남겼습니다. '양이 이끄는 사자의 무리는 두렵지 않다. 내가 두려운 것은 사자가 이끄는 양의 무리다' 라고요."

억만장자가 소리 나게 숨을 들이쉬었다. 나비 한 마리가 펄럭이며 날아갔고, 게 한 마리가 그를 지나쳐 갔다.

그의 이야기가 이어졌다. "우리는 저마다 리더십을 발휘할 수 있는 엄청난 능력을 내면에 갖고 있어요. 직함이나 높은 지위, 공식적인 권위에 대한 욕구 차원의 리더십을 말하는 것이 아닙니다. 그보다 훨씬 중대하고 강력한 리더십을 의미합니다. 큰 사무실과 비싼 자동차, 많은 예금액이 가져다주는 일시적 힘이 아니라 인간의 심장 안에 있는 진정한 힘을 말합니다. 눈을 뗄 수 없을 정도로 훌륭한 일을 해내는 저력을 말합니다. 자신이 속한 시장에 막대한 가치를 창출하는 능력을 말합니다. 업계 전체에 영향을 미치기도 하고, 혼란을 초래하기도 하는 역량을 말합니다. 그리고 명예롭고, 고결하고, 대담하고, 성실하게 살아가는 힘을 말합니다. 최고경영자든 청소부든, 억만장자든 막노동꾼이든 상관없습니다. 현대를 사는 사람이라면 누구나 리더십을 발휘하고 세상에 업적을 남길 능력을 갖추고 있습니다. 당신의 인식은 현실이 아닙니다. 그것은 현실에 대한 지금의 인식일 뿐임을 기억하세요. 당신의 인식은 세계 최정상으로 올라서려는 이 순간 현실을 들여다보는 렌즈일 뿐입니다."

잠깐 숨을 고른 그가 다시 말을 이었다. "독일 철학자 아서 쇼펜하우어Arthur Schopenhauer의 말이 생각나는군요. 그는 '대부분이 자기 시야의 한계를 세상의 한계로 여긴다. 그러지 않는 사람은 소수다. 그 소수에 합류하라' 라고 했죠."

"그러니까 현실과 현실의 인식 사이에는 큰 차이가 있다는 거죠?"라고 사업가가 질문했다. "당신의 말을 들어보니 우리는 개인적으로 프로그래밍된 필터를 통해 세상을 보는 듯합니다. 그 프로그램을 너무 많이 실행하다 보니 세상을 보는 방식이 현실이라고 믿도록 세뇌되었고요. 맞죠? 사물을 바라보던 제 방식을 다시 생각하게 되네요." 사업가가 이마를 살짝 찡그리며 말했다.

"아주 여러 가지를 질문해보게 돼요. 제가 애초에 왜 사업을 시작했는지, 사회적 지위가 제게 왜 그렇게 중요한지. 근사한 식당에서 식사하고, 제일 좋은 동네에서 살고, 가장 멋진 자동차를 운전하고 싶다는 욕구를 왜 느끼는지. 회사를 탈취해가려는 시도에 제가 몹시 충격을 받은 데는 인간으로서 제 정체성을 창업자로 규정했다는 이유도 있는 것 같아요. 솔직히 말해서 저는 경력을 쌓는 데 급급해서 상황을 충분히 생각하거나 제 의도대로 인생을 살고 있는지 생각해볼 새가 없었어요. 어제 알려주신 3단계 성공 공식과도 같네요. 저 자신에 관한 인식 그리고 제가 지금의 일을 왜 하는지에 관한 인식을 매일 발전시키면 더 나은 일상적 선택을 할 것이고, 그러면 더 나은 일상적 결과를 얻게 되겠죠."

사업가는 멈출 줄 모르고 계속 이야기했다. "저의 진정한 가치관은 무엇인지, 제가 리더로서 어떻게 보이기를 원하는지, 제가 이루려는 것들을 왜 이루려 하는지, 무엇이 저를 정말로 행복하게 해주는지, 제가 더는 세상에 없을 때 어떻게 기억되고 싶은지 전혀 모르겠어요. 뇌종양에 걸린 최고경영자와 뇌졸중으로 쓰러진 편집장의 이야기는 정말 마음에 와닿았어요. 인생은 정말 깨지기 쉽죠. 솔직히 저는 잘못된 것들을 좇으며 살아온 것 같아요. 일과 개인 생활에서 인생에 변화를 가져올 수 있는 최고의 가치를 추구하라는 신호를 듣지 않고 복잡한 소음에 갇혀 있었어요. 저는 과거에 대해서도 많이 생각해요. 어린 시절에 일어났던 일들 말이에요. 저는 우정을 나눌 시간도 전혀 없었어요. 진정한 열정도 없었고, 지금까지 해가 뜨는 것을 본 적도 없어요. 진정한 사랑도 찾지 못했죠." 사업가가 불안하게 팔찌를 문지르며 말했다. 그러고는 화가를 돌아보며 덧붙였다. "며칠 전까지는요."

화가의 눈에 눈물이 고였다. "이 우주에 있는 무수히 많은 행성 가운데 정확히 이 행성에서, 수십억 명의 사람 중에서 당신을 만났으니 나는 정말 운 좋은 남자예요"라고 그가 마음을 밝혔다.

사업가가 미소를 지으며 부드러운 어조로 대답했다. "당신을 잃는 일은 절대 없었으면 좋겠어요."

"자신을 너무 몰아붙이지 말아요." 억만장자가 끼어들었다. "우리는 모두 자신의 길을 가고 있습니다. 그렇지 않은가요? 그리고 성장하기 위해 우리가 배워야만 하는 교훈을 얻으려면 거쳐 가야 할 바로 그 자리에 있습니다. 거기서 배움을 얻을 때까지는 문제가 지속될 것입니다. 당신 말처럼 인간은 잊는 게 현명한 일은 기억하고, 기억하는 게 현명한 멋진 일들은 잊는 비극적 습관을 갖고 있죠. 아무튼, 당신을 이해합니다. 당신의 가장 고귀하고 현명한 부분이 자신을 이끌고 있다고 믿으세요. 전설적인 인물이 되고 중요한 인생을 살기 위해 나아가는 이 길에 우연은 없습니다.

그리고 혹시 내게 의견을 묻는다면 멋진 집, 비싼 자동차, 많은 돈이 문제 될 것은 없다고 말해주겠어요. 그 문제에 관한 한 부디 내 말을 귀담아들어주세요. 누군가가 그랬듯이 우리는 인간적 경험을 하는 영적 존재입니다. 돈이 많은 것은 인생이 원하는 것입니다. 풍요는 자연의 섭리예요. 꽃, 레몬 나무, 하늘의 별도 부족함이 없잖아요. 돈은 당신 자신과 당신이 아끼는 사람들을 위해 최고의 일을 할 수 있게 해줍니다. 어려운 사람들을 도울 기회 또한 제공합니다."

관광객 하나가 쾌속정 뒤에서 수상스키를 타고 쌩 지나갔다. 그가 신나게 웃어젖히는 소리가 들려왔다.

"내가 작은 비밀을 하나 알려줄게요." 억만장자가 말을 이었다. "나는 막대한 유동자산 대부분을 기부했어요. 네, 아직 제트기와 취리히의 아파트와 이 해변 별장을 갖고 있죠. 그리고 억만장자의 지위를 유지할 만큼의 사업 이익도 나고 있고요. 하지만 나는 이것들에 애착을 느끼지 않습니다."

"당신이 좋아할 만한 이야기를 읽은 적이 있어요"라며 화가가 이야기를 들려줬다. "작가인 커트 보니것Kurt Vonnegut과 조지프 헬러Joseph Heller가 롱아일랜드의 유명한 금융인이 주최한 파티에 참석했답니다. 보니것은 헬러에게 '파티 주최자가 전날 하루에 번 돈만 해도 당신의 베스트셀러 인세를 모두 합친 것보다 많다는데 어떻게 생각하느냐'고 물었어요. 헬러는 '나는 그가 결코 가질 수 없는 것을 갖고 있어'라고 대답했습니다. 보니것은 '대체 그런 게 뭘까?'라고 물었죠. 이에 대한 헬러의 대답이 아주 멋있어요. 그는 '내가 가진 풍부한 지식'이라고 대답했거든요."

"멋지다!"라고 억만장자가 외쳤다. "마음에 드는 이야기였어요!"

그는 화가와 하이파이브를 하며 큰 소리로 외쳤다. 그러고는 그가 기쁠 때 추는 춤을 춘 후에 팔 벌려 뛰기를 했다. 정말 괴짜였다.

화가가 이야기를 이어갔다. "아무튼, 잠재력 활용과 자기충족적 예언에 관한 당신의 가르침은 이해했어요. 우리부터 자신의 위대함을 믿고 그것을 실현하기 위한 노력을 성실히, 철저히 하기 전까지는 아무도 우리가 위대한 일을 해낼 능력이 있다고 믿지 않을 거예요. 파블로 피카소가 뭐라고 했는지 알아요?"

"말해줘요." 사업가가 얼른 청했다.

"이렇게 말했어요. '우리 어머니가 내게 그러셨죠. 네가 군인이라면 장군이 될 것이다. 네가 수도사라면 교황이 될 것이다. 그렇지만 나는 화가였어요. 그래서 피카소가 되었죠' 라고요."

"대단하네요. 그런 게 자신의 잠재력에 대한 믿음과 자신감이죠" 라고 억만장자가 평했다.

억만장자는 주먹으로 햇볕에 그을린 턱을 문지르며 하얀 모래사장을 잠시 내려다봤다. "그런데 대부분이 제한적 심리를 갖게 된 책임이 부모들에게만 있는 것은 아닙니다. 교사들도 대개 마찬가지예요. 좋은 의도에서이긴 하지만 의식의 부족 탓에 예술, 과학, 스포츠, 인문 분야의 천재들은 '특별한' 사람들인 반면 우리는 넋을 잃고 바라볼 만한 작품을 남기거나 독보적인 인생을 살 수 있는 능력이 없는 '평범한' 사람이라는 생각을 강화하죠. 우리가 어울리는 친구들이나 미디어의 메시지도 마찬가지입니다. 이 모든 것에 의해 거듭 최면이 걸리면서 한때 불타올랐던 우리의 천재성은 점점 희미해집니다. 과거에는 열정적으로 가능성을 부르짖던 목소리도 점점 잠잠해집니다. 우리는 능력을 최소화하고, 강점을 가둬버리고 제대로 발휘하지 않는 일생을 살기 시작합니다. 우리는 리더, 독창적인 창작자, 늘 가능성을 믿는 사람으로 행동하기를 멈춥니다. 그리고 피해자처럼 행동하기 시작합니다."

"많은 훌륭한 사람이 종국에 어떻게 됐는지 생각하면 몹시 실망스러워요. 게다가 우리 대부분은 최상의 자아에서 벗어나게 하는 이런 세뇌 작용을 알아채지 못합니다." 사업가가 의견을 밝혔다.

"맞아요. 더 심각한 건 발휘되지 못한 잠재력이 고통으로 변한다는 것입니다. 이 점을 강조할 필요가 있겠네요." 억만장자의 대답이었다.

"그건 무슨 뜻인가요?" 화가가 시선을 돌리고 약간 초조한 듯이 물었다. '어쩌면 나는 너무 오랫동안 잠재력의 활용을 회피하며 마음속 깊이 상처를 준 까닭에 대가들처럼 독창적이고 특출한 작품을 완성하는 것을 스스로 방해하고 있는 건지도 모르겠군.' 화가는 혼자 생각했다.

억만장자가 대답했다. "음, 우리의 가장 고귀한 자아는 우리 각자가 인간적 재능을 발휘해 놀라운 일을 해내고 생산적 재능으로 놀라운 위업을 달성하게 되어 있다는 진실을 알고 있습니다. '놀라운 astonishing'이라는 단어의 어원은 '벼락을 맞은 듯한'이라는 뜻의 라틴어 'exponare' 입니다. 현재를 사는 모든 사람은 그럴 수 있는 능력을 가슴과 영혼 깊숙이 갖고 있습니다. 건강하지 못한 이야기를 줄일수록, 신경생물학적으로 말해서 변연계limbic system의 활성화를 줄일수록, 위대한 천재성을 숨김없이 발휘하라는 숭고한 요구를 더 잘 듣게 될 것입니다. 대기업의 관리자든, 좁은 칸막이 안에서 일하는 프로그래머든, 학교 교사든, 식당의 요리사든 상관없습니다. 누구나 자기 일을 예술의 수준으로 끌어올리고 인류의 발전에 영향을 미칠 수 있는 능력을 절대적으로 갖추고 있습니다. 그러나 자신이 진정 어떤 사람인지, 실제로 무엇을 이룰 수 있는지 잘못 인식함으로써 우리는 끔찍하게도 반쯤 죽어 있는 삶에 갇힌 채 무심히 살아갑니다. 정말 중요한 사실이죠. 자신의 진정한 능력으로부터 등을 돌릴 때 우리의 일부가 죽어가기 시작합니다."

"대단한 통찰력이네요"라고 화가가 말했다. "제게는 엄청난 변화가 필요해요. 저는 맥없는 느낌에 지쳤고, 창조적 능력을 소홀히 하는 데에도 지쳤어요. 그렇지만 이제는 제가 특별하다는 깨달음을 얻어가고 있어요."

"당신은 특별해요"라고 사업가가 단언했다. "당신은 특별한 사람이에요." 그녀가 부드러운 목소리로 반복했다.

"저는 다른 사람의 생각에 너무 신경을 쓰는 것 같아요. 제 친구들 가운데 몇몇은 제 그림을 두고 놀려요. 제가 괴짜라는 뒷말도 하고요. 그들이 저와 예술에 대한 제 비전을 이해하지 못한 탓이라는 걸 이제 알겠어요."

"세계의 위대한 천재들 가운데는 사후 수십 년이 지나서야 인정받은 경우가 많았죠"라고 억만장자가 소곤거렸다. "그리고 친구들 이야기를 듣다 보니 당신이 올바른 친구와 어울리고 있나 하는 생각이 드는군요. 이제는 다른 사람의 의견에 현혹되어 당신의 재능과 활력을 제한하기보다 당신답게 행동할 때인 것 같습니다. '단지 우정을 얻기 위해서 사람들과 잘 지내는 척하는 데 지쳤다'라는 커트 코베인Kurt Cobain의 말을 생각해봐요."

화가가 '흠' 하는 소리를 냈다.

"내가 정확하게 알려줄게요. 사람은 함께 어울리는 사람과 같아 집니다. 부정적인 사람들과 어울린다면 결코 자기 분야에 긍정적인 영향을 미칠 수도, 아름다운 삶을 살 수도 없을 것입니다." 억만장자의 이야기가 이어졌다. "오, 그리고 잠재력을 발휘하지 못해서 생긴 고통을 들여다보고 해소하지 않는다면 두려움과 자기혐오가 속에 쌓이기 시작합니다. 우리 대부분은 이렇게 쌓인 억압된 고통을 의식하지도 못하고, 그것을 처리할 도구도 가지고 있지 않습니다. 거의 모두가 자신과의 약속을 존중하지 않음으로써 조용히 쌓인 이 고통을 의식하지 못합니다. 그래서 누군가 그렇다고 암시해줘도 부정합니다. 고통을 드러낼 기회가 주어져도 달아납니다. 그리고 재능을 믿지 않은 데서 오는 고통을 피하고자 영혼을 죽이는 여러 탈출 경로를 무의식적으로 개발합니다."

"어떤 식으로요?"라고 사업가가 질문했다.

"중독이죠. 쉴 새 없이 문자메시지를 확인하거나, '좋아요'가 몇 개인지 세어보거나, 매일 TV를 너무 많이 시청하죠. 요즘 TV 프로그램은 너무 재미있어서 계속 보게 되기가 쉬워요. 게다가 어떤 플랫폼에서는 한 회 방송이 끝나면 다음 회 방송분이 자동으로 시작됩니다. 대부분 사람은 '바쁜 것과 생산적인 것 간의 엄청난 차이'를 이해하지 못하고 끊임없이 수다를 떨거나 험담을 하느라 위대함을 향해 비상하지 못합니다. 큰 영향력을 가진 사람들과 진정한 세계의 건설자들은 자신의 관심과 시간을 요구하는 사람을 아무나 쉽게 만나주지 않습니다. 그들은 쓸데없이 사람을 만나지도 않고, 잠시도 시간을 낭비하지 않으며, 가짜 일이 아니라 진짜 일을 하는 데 집중함으로써 세상을 발전시킬 놀라운 결과를 내놓습니다. 잠재력을 발휘하지 못하는 고통을 회피하는 또 다른 전술로는 별생각 없이 몇 시간씩 하는 웹 서핑, 온라인 쇼핑, 일 중독, 과음, 과식, 지나친 불평, 과도한 수면이 있습니다."

억만장자는 다시 한번 물병을 들고 물을 마셨다. 어선 한 척이 지나가면서 선장이 그에게 손을 흔들자 그도 힘차게 손을 흔들었다.

"선생님은 이 모든 현상을 '학습된 피해 의식learned victimhood'이라고 부릅니다." 억만장자가 활기차게 말을 이어갔다. "젊은 시절이 지나면 사람에게는 안주하려는 성향이 생깁니다. 관성에 따라 움직이고, 익숙한 것에 만족하고, 한계를 넓히려는 왕성한 욕구는 없어집니다. 그러고는 피해자의 패러다임을 채택합니다. 핑계를 찾고 그것을 자주 내세운 끝에 무의식이 그것을 진실로 믿게 합니다. 자신의 어려움을 다른 사람과 외부 환경의 탓으로 돌리고, 개인 간의 다툼에서는 과거 사건을 탓합니다. 사람들은 성장하면서 냉소적으로 변하고 어릴 적에 알았던 호기심과 경이로움, 연민, 순수함을 잃습니다. 냉담하고, 비판적이고, 무감각한 사람으로 바뀝니다. 대다수가 스스로 이런 개인 생태계를 만들고는 평범함을 허용합니다. 그리고 이런 사고방식이 매일 자기 안에서 작동하기 때문에 그 관점이 바로 현실처럼 여겨집니다. 자신이 반복하는 이야기가 진실을 보여준다고 믿습니다. 매우 친숙하기 때문입니다. 그래서 자기 분야에서 리더십을 보여주고, 자기 일에 숙달되어 눈부신 성과를 내놓고, 매우 즐거운 삶을 꾸려가는 대신에 평범한 수준에서 주저앉습니다. 이제 어떻게 된 일인지 알겠죠?"

"네, 좀 더 분명히 이해가 되는 것 같아요. 그렇다면 개인적 이야기를 다시 쓰는 것이 관건이겠네요?"라고 사업가가 질문했다.

억만장자가 대답했다. "물론입니다. 자신이 피해의식에 빠져들고 있다고 인식하고 좀 더 용감한 선택을 할 때마다 자신에 관한 이야기를 다시 쓰게 됩니다. 자아 정체감을 높이고, 자존심을 높이고, 자신감을 키우게 됩니다. 우월한 자아에 표를 던질 때마다 약한 자아를 아사시키고 내재된 힘을 북돋워 주게 됩니다. 자기연마에 요구되는 꾸준함을 가지고 그렇게 한다면 타고난 재능을 실현하는 능력이 성장할 것입니다."

세 사람은 억만장자의 집 테라스로 장소를 옮겨 역사 창조자들이 초점을 두는 4가지에 대한 아침 수업을 이어갔다.

## 한계를 뛰어넘는 이들의 공통점 #2
### 주의 산만 요인으로부터의 해방

억만장자는 새끼손가락으로 학습 모형을 가리켰다.

"성공한 사람들이 머릿속에 새겨넣은 중요한 규칙이 생각나나요? '산만함에 중독되면 창조적인 생산은 끝이다' 라고 했죠. 그것이 이 수업의 지침이 될 것입니다. 우리 문화에서 매우 심각한 문제이기도 하므로, 주의 산만과 사이버 폐해와의 전쟁에서 승리하는 것이 왜 중요한지를 깊이 다뤄보려고 합니다. 어떻게 보면 새로운 기술과 소셜미디어는 인간이 가진 생산성의 잠재력을 침식할 뿐만 아니라 인간미조차 사라지게 합니다. 실질적인 대화가 줄어들어 의미 있는 소통이 이뤄지지 않고, 그 때문에 진정한 인간관계가 드물어지니까요."

"음. 맞아요, 이 해변에서 아침 수업을 하면서부터 그 점을 깨닫고 있습니다"라며 사업가가 고개를 끄덕였다.

"대다수는 소중한 시간을 의미 없는 행동들로 채우는 마약을 선택합니다." 억만장자가 말을 이어갔다. "지적으로는 무가치한 일에 시간을 낭비해서는 안 된다는 것을 알지만 정서적으로는 유혹을 뿌리치지 못합니다. 마약과 싸우지를 못하는 겁니다. 이런 행동은 생산성 하락과 품질 저하를 불러와 기업에 수십억 달러의 손해를 입힙니다. 전에도 말했듯이, 사람들이 자기 일에 집중하지 못하는 까닭에 그 어느 때보다 업무 실수를 자주 저지르고 있습니다. 집중력이 줄고 초점을 잃게 돼 최상의 작업을 해내고 멋진 삶을 만들어낼 기회를 놓칩니다. 기술을 어리석은 쪽으로 사용하기 때문이죠."

억만장자가 잠시 말을 멈췄다. 그리고 집 주위에 질서정연하게 심어진 꽃들, 수평선에 정지해 있는 듯한 화물선, 사방의 바다를 둘러봤다. 이른 아침 시간만이 제공하는 정적과 고요함이 여전했다.

마침내 그가 말했다. "나는 현대 세계를 좋아합니다. 정말이에요. 지금까지 개발된 기술들이 없었다면 생활하기가 훨씬 힘들 거예요. 내 사업이 지금과 같은 성공을 거두지도, 내가 지금처럼 효율적이지도, 두 분과 여기 있지도 못했을 것입니다."

돌고래 한 마리가 우아하게 헤엄치는 모습이 보였다. 일행에게 보란 듯이 공중으로 솟아올라 네 바퀴나 회전한 다음에 요란하게 물보라를 일으키며 바닷속으로 도로 들어갔다.

억만장자는 즐거워 보였고, 들릴 듯 말 듯 혼잣말을 했다. "기적을 몰고 다니는 방법을 알게 되어 정말 기쁘군. 선량한 이 두 사람에게도 얼른 그 방법을 가르쳐주고 싶어."

"내가 아팠을 때 혁신적 의료 기술 덕에 생명을 구할 수 있었습니다." 이윽고 그가 다시 입을 열었다. "잘 활용된 기술은 경이로운 것입니다. 내가 정말 걱정하는 것은 어리석은 기술 활용 방식입니다. 뛰어난 잠재력을 가진 많은 사람이 일과 개인 생활을 너무 많은 기기와 방해 요인, 사이버 소음으로 채우는 탓에 '집중력 손상 증후군broken focus syndrome'에 시달립니다. 승부를 겨루겠다면, 과거의 위대한 대가 모두를 모델로 삼아서 생활 속에서 복잡한 것들을 전부 제거하세요. 단순화하세요. 모든 것을 합리화하세요. '순수주의자'가 되세요. 정말이지 적으면 적을수록 더 좋습니다. 너무 많은 일에 주의를 분산시키지 말고 오직 몇 가지 일에만 집중하여 놀라운 결과를 내놓으세요. 사회적으로도 소수의 친구를 깊이 사귀어서 인간관계의 깊이를 더하세요. 초대에 응하는 횟수와 여가 활동의 종류를 줄이고, 많은 책을 대충 읽는 대신에 소수의 책만 공부하고 숙달하세요. 가장 중요한 일에만 깊이 몰두하는 것이 프로들이 승리를 거두는 요령입니다. 단순화하고, 또 단순화하세요."

억만장자는 "시간 관리는 그만두고 집중력 관리를 시작하세요"라는 말을 덧붙였다. "그것이 우리가 사는 과도한 자극의 시대에 위대함에 도달할 수 있는 원칙입니다."

화가가 말했다. "지금까지의 가르침 덕분에 바쁘다고 해서 생산성이 높아지는 것은 아니라는 사실을 이제 이해했습니다. 또한 제가 새로운 그림을 그릴 때 위대한 작품에 근접해갈수록 저의 어두운 면이 마음을 어지럽혀 감동적인 작품이 나오지 못하게 한다는 점도 알게 됐습니다. 생각해보니 그런 적이 꽤 많았어요. 환상적인 작품이 나오려 할 때면 저는 작업 일과를 깨뜨리기 시작합니다. 인터넷에 접속해 웹 서핑을 하죠. 늦잠을 자고 좋아하는 TV 프로그램 전

회차를 몰아보거나 온라인상의 친구들과 밤새 비디오 게임을 합니다. 싸구려 와인을 과음할 때도 있고요."

"당신의 천재성에 다가갈수록 당신의 두려움이 방해하고 나서는 겁니다." 억만장자가 강한 동의의 뜻을 표했다. "탁월함에 뒤따르는 부차적 결과, 즉 대다수와 다르다는 사실, 경쟁자들의 질시, 다음 작품을 더 잘해야 한다는 압박감 같은 것에 대처하기가 두려워질 것입니다. 기교가 향상되는 동안 실패할까 봐 불안하고, 만족스럽지 못할까 봐 걱정에 시달리고, 새로운 길을 개척하는 일이 막막하게 느껴질 것입니다. 그래서 두려움을 감지하는 편도체<sup>amygdala</sup>가 대단히 활성화되고, 이제껏 쌓아온 생산성을 무너뜨리기 시작합니다. 자아의 가장 약한 부분에 도사리고 있는 방해꾼은 우리 모두에게 있습니다. 다행히도 일단 이런 상태를 인식하게 되면…"

"매일 더 나은 선택을 하여 더 나은 결과를 얻을 수 있겠죠." 화가가 기운차게 결론을 말했다.

"맞습니다"라고 억만장자가 웃으며 말했다. "당신이 최고의 재능과 빛나는 재주에 다가서는 동안 마음 한편의 두려움이 온갖 방해 요인과 탈출 경로를 동원해 당신이 만들고 있는 걸작을 망치려 한다는 사실을 인식하면, 자기 파괴적인 행동을 관리할 수 있습니다. 거기서 벗어날 수 있습니다. 숙련을 방해하려는 시도를 지켜보는 것만으로도 그것을 무력화할 수 있습니다."

"정말 깊이 있는 통찰이네요." 사업가도 한마디 했다. "회사에서의 제 생산성과 성과, 영향력이 왜 그토록 제한적이었는지가 상당 부분 설명이 되네요. 저는 중요한 목표를 설정하고, 책임 부서를 정하고, 주요 결과가 나와야 할 날짜들을 정해놓습니다. 그러다가

딴 데로 주의를 돌리죠. 다른 일에 뛰어드느라 기껏 진행하던 일을 더 복잡하게 만듭니다. 자기 말만 하는 사람들과의 쓸모없는 회의로 하루를 채웁니다. 공지사항을 강박적으로 확인하고 긴급 속보가 뜨면 어김없이 봅니다. 제가 어떤 식으로 효율성을 완전히 떨어뜨리고 있는지 지금 이 순간 아주 분명해졌습니다. 당신이 말한 것처럼 무의미한 디지털 기기 사용에 중독돼 있다는 사실도 분명해졌고요. 솔직히 말해서 예전 애인 몇 명에 대한 마음의 정리도 완전히 못 했어요. 소셜미디어로 그들의 생활을 지켜보기가 너무 쉬우니까요.

이제야 저는 대단히 창의적인 일에 쓸 수 있었던 많은 시간을 온라인 오락과 맞바꿨다는 것을 이해하게 되었어요. 라일리 씨 말대로 그것은 일종의 탈출구였습니다. 저는 모바일 쇼핑도 습관적으로 계속해왔습니다. 너무 쉽거든요. 그리고 몇 분이라도 행복감을 느끼거든요. 왜 스티브 잡스가 자신이 세상에 팔았던 IT 기기를 자녀들에게는 주지 않았는지 이유를 알 것 같아요. 잘못 사용하면 얼마나 중독되기 쉬운 물건인지 그도 알았기 때문이죠. 우리의 인간성과 생동감을 얼마나 감소시킬 수 있는지도요.”

억만장자가 손을 들었다. 또 다른 비서가 해변의 오두막에서 달려왔다.

“여기 있습니다.” 청년이 프랑스어 억양으로 말하며 기이한 그림이 있는 쟁반을 억만장자에게 건넸다. 한가운데에 사람의 뇌 모양이 그려져 있었다.

정확히 이렇게 생긴 그림이었다.

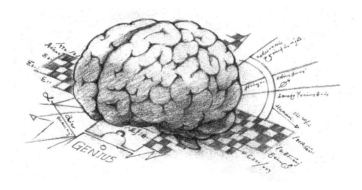

"고마워요, 피에르. 이제 자기 방해self-sabotage를 신경과학적으로 살펴봅시다. 사람에게는 '원시적 뇌ancient brain'라고 부르는 뇌 영역이 있습니다. 변연계, 즉 대뇌 바로 아래 시상thalamus 양쪽에 있죠. 조금 전에 말한 편도체도 변연계의 일부입니다. 변연계는 중요한 기능을 합니다. 하위 기능을 수행하는 이 기본 뇌 영역은 기아와 극한의 기온, 종족 전쟁, 검치호랑이 등 위협이 끊이지 않았던 원시 시대에 인류를 안전하게 지켜주었습니다. 우리에게 위험을 경고해주는 한편으로 안정된 상태를 유지하게 해줌으로써 생존을 가능하게 해주고 종을 전파하게 해주었죠."

억만장자가 즐겁게 설명을 이어갔다. "원시적 뇌의 흥미로운 특징 중 하나는 부정성 편향입니다. 우리를 안전하게 지키기 위해서 환경의 긍정적인 측면에는 관심이 적고 나쁜 측면을 알리는 데 더 힘쓰는 영역이죠. 원시적 뇌의 기본값은 위험 요소를 찾는 것입니다. 삶이 훨씬 잔인했던 과거에 인류는 원시적 뇌 덕에 신속하게 반응하고 살아남을 수 있었습니다. 하지만 현대 세계에서는 우리 대부분이 매일 죽음과 직면하지는 않습니다. 평범한 사람도 불과 몇 백 년 전의 왕족보다 수준 높은 삶을 살고 있죠. 이것이 얼마나 큰 축복인지 생각해보세요. 그런데도 우리는 안전을 저해하는 요소는 없는지 끊임없이 살핍니다. 원시적 뇌에 내재된 부정성 편향 때문이에요. 만사가 순조로울 때조차 불안과 긴장이 지배하는 과도한 경계 태세를 취합니다. 흥미롭죠?"

"현재 우리 사고방식의 많은 부분을 설명해주네요. 제가 하나의 예인 것 같아요. 저는 제가 아는 누구보다 많은 것을 성취했음에도 왜 항상 미진하게 생각됐는지 이제 알겠어요." 사업가가 말했다. "사업도 성공했고 재산도 꽤 모았고, 투자자들이 탐욕스러워지기 전까지 저는 꽤 멋진 삶을 살고 있었습니다. 하지만 그 모두를 갖고도 제 뇌는 항상 무엇을 놓쳤는지, 어디가 충분하지 않은지, 승리에 대한 기대에 얼마나 못 미쳤는지에 초점을 맞추곤 했어요. 마음이 평온할 때가 없었어요."

억만장자가 말했다. "루스벨트가 이런 말을 했어요. '비교는 기쁨을 앗아가는 도둑이다.' 당신보다 많은 재산과 명성을 가진 사람은 항상 있을 것입니다. 점점 많은 것을 갈망하는 것은 뿌리 깊은 결핍감에서 옵니다. 그리고 그 상당 부분은 원시적 뇌의 작용 때문입니다. 원시적 뇌가 환경을 살피면서 부정성 편향을 활성화하여 당신이 가진 좋은 것들을 즐기지 못하게 하는 거죠."

"이제 좀 더 세분화해서 살펴보도록 합시다." 억만장자가 두 사람을 번갈아 보며 말했다. "시간이 흐르면서 인류의 뇌는 진화했습니다. 전전두피질prefrontal cortex이 발달했죠. 이는 고등 사고를 담당하는 영역입니다. 신경과학자들은 이를 고도의 추론을 할 수 있게 하는 보석으로 간주하죠. 선생님은 이를 '우월한 뇌mastery brain'라고 부릅니다. 그런데 인간이 더 큰 꿈을 꾸고, 더 빨리 학습하고, 창의력과 생산성과 성취도 수준이 높아지면서 원시적 뇌와 우월한 뇌 간의 갈등이 시작됐습니다. 우리의 성장이 감지되고 기존에 알고 있던 안전한 항구를 떠나고 있다는 판단이 내려지면, 원시적 뇌가 대단히 활성화됩니다. 기존의 존재 방식을 버리는 것이기 때문에 이를 위협으로 감지하는 겁니다. 그것이 개인적인 발전과 전문성 향상에 필수라고 해도 말이죠. 우리가 본래의 천재성에 가까워지고 예정된 존재가 되기 위해서는 반드시 가능성이 존재하는 미개척지를 탐험해야만 합니다. 자신이 더 많은 재능과 용기를 갖고 있다는 사실을 알 때 인간의 마음은 엄청난 흥분으로 가득해집니다.그런데 우리가 익숙한 것에서 벗어나 새로운 무언가를 시도할 때 편도체가 최대로 활성화됩니다. 미주신경<sup>vagus nerve</sup>도 자극되고, 공포 호르몬인 코르티솔<sup>cortisol</sup>도 분비됩니다. 그리고 이것들이 우리의 의도와 실행 계획을 파기하기 시작합니다."

"대단히 창의적이고 매우 생산적인 사람이 왜 그렇게 드문지 설명이 되네요"라고 화가가 말했다. "우리가 안전지대를 떠나려 할 때 원시적 뇌가 활성화되는군요."

"바로 그 얘기예요." 억만장자가 박수를 보내며 대답했다. "원시적 뇌가 활성화되면 코르티솔이 분비되고, 우리의 지각 범위가 좁아지고, 호흡이 얕아지고, 투쟁-도피 태세로 들어가게 됩니다. 두려움에 대응하는 선택지에는 도피, 투쟁, 정지라는 3가지가 있죠."

화가가 말했다. "고등 사고는 우리가 성장하고, 진화하고, 더 훌륭히 일하고, 더 나은 삶을 영위하고, 세상에 영감을 주기를 원하는군요. 하지만 우리 뇌에서는 싸움이 벌어지고 있고요. 원시적 뇌가 우리의 진화를 바라지 않기 때문에요."

"맞습니다." 억만장자가 말하며 화가와 주먹을 맞댔다.

"그러니까 우리가 직면한 이런 두려움 때문에 잠깐만이라도 기분이 좋아지도록 오락에 빠진다는 거군요?" 사업가가 질문했다.

"맞습니다." 억만장자가 확인해줬다. "그리고 불편한 마음에서 벗어나기 위해서예요. 타고난 천재성에 가까이 갈 때 겪게 마련인 불안감 등에서요."

"이건 제게 아주 중요한 정보예요." 화가가 강한 흥미를 보이며 말했다. "저는 창의적이고 생산적인 사람들이 우리 사회의 진정한 전사라고 생각합니다. 우리는 습관적인 반대론자들의 모욕과 우리의 예술을 이해하지 못하는 비평가들의 화살에 맞서야 해요. 그런데 탁월한 수준에 도달하지 말라고 간청하는 원시적 뇌의 경고음을 무시할 배짱까지 갖춰야 하는 거네요!"

"시적으로 잘 말해줬어요, 친구." 억만장자가 기뻐하며 외쳤다. "자신이 죽어가는 듯한 느낌이 들 때조차 진정한 개인적, 직업적 성장의 두려움을 안고 앞으로 나아가는 데에는 대단한 용기가 필요합니다. 하지만 두려워도 전진하는 것이 전설이 되는 길입니다. 그런 사람들은 꾸준히 두려움을 이겨내며 수준 높은 기량과 영향력, 자유를 찾아냅니다. 그리고 '변화된 자신'이라는 진정한 보상을 받습니다. 자신이 어떤 사람인지 알게 되고 자기 능력을 더 분명히 파악하게 되며, 자신감이 넘치고 군중의 칭찬을 훨씬 덜 필요로 하며, 세상이 지어낸 거짓된 삶이 아닌 진정한 삶을 살게 됩니다."

억만장자는 또다시 물병의 물을 홀짝였다.

"그리고 5AM 클럽에 가입하면 마법을 선물 받을 수 있습니다. 세계의 위인들은 이른 아침 시간을 평온하고 고요하게 보냄으로써 복잡성을 피했습니다. 이 아름다운 규율은 과도한 자극에서 벗어나 삶 자체를 음미하고, 창의력의 저장고를 다시 채우고, 최상의 자아를 개발하고, 주어진 축복을 헤아려보고, 인간적 덕목을 쌓는 데 절대적으로 필요한 시간을 줍니다. 인류 문명의 발전을 촉진한 사람들은 대부분 동트기 전에 일어나는 습관을 가지고 있었습니다."

"어떤 사람들인지 구체적으로 이야기해주실 수 있나요?" 사업가가 질문했다.

"우선 유명한 소설가 존 그리샴John Grisham이 있죠." 억만장자가 대답했다. "음악가 볼프강 아마데우스 모차르트, 화가 조지아 오키프Georgia O'keeffe, 건축가 프랭크 로이드 라이트Frank Lloyd Wright도 있고요. 또 어니스트 헤밍웨이는 '이른 아침에는 아무도 방해하는 사람이 없고, 공기는 청량해 좋다. 그러다 보면 점점 대기가 따뜻해진다' 라고 했습니다."

"베토벤도 새벽에 일어났어요"라고 화가가 말했다.

"그렇죠. 위대한 인물들은 모두 혼자만의 시간을 많이 가졌습니다. 해가 뜨기 전에 느낄 수 있는 한적함은 힘과 전문성, 인간성을 배가시켜줍니다"라고 억만장자가 말했다. "발전은 고립을 요구합니다. 종일 전화로 수많은 무의미한 일에 관해 수다를 떨면서 살아갈 수도 있습니다. 아니면 재능을 계발하고, 기술을 다듬고, 세상을 변화시킬 수도 있습니다. 하지만 둘 다 할 수는 없습니다. 프린스턴대학교의 심리학자인 엘다 샤퍼Eldar Shafir는 사람이 매일 아침 일어날 때는 집중할 수 있는 정신 능력을 갖추고 있다면서 '인지 대역폭cognitive bandwidth' 이라는 용어를 씁니다. 그리고 뉴스, 문자, 온라인 플랫폼에서부터 가족과 일, 운동, 종교 생활에 이르기까지 수많은 요소에 주의를 기울이는 동안 집중력이 조금씩 줄어든다고 설명합니다. 대단히 중요한 통찰이죠. 대부분 사람이 정오쯤 되면 중요한 일에 집중하기 어려워집니다. 인지 대역폭을 상당 부분 써버렸기 때문입니다.

미네소타대학교의 경영학과 교수인 소피 리로이<sup>Sophie Leroy</sup>는 오락 등의 자극에 관심을 쏟은 후 업무로 바로 집중하지 못하는 현상을 '주의 잔류<sup>attention residue</sup>' 이라고 부릅니다. 그녀는 사람들이 온종일 이 일에서 저 일로 옮겨다닐 때 생산성이 훨씬 떨어진다는 것을 발견했습니다. 소중한 주의력을 너무 많은 일에 빼앗기기 때문입니다. 해결책은 끊임없이 여러 작업을 동시에 하는 대신 가치가 높은 한 가지 활동만 조용한 환경에서 하는 것입니다. 아인슈타인도 이렇게 말했어요. '모든 힘과 영혼을 다해 대의에 헌신하는 사람만이 진정한 대가가 될 수 있다.' 이것은 거장들과 역사의 창조자들이 극비에 부쳐온 사항 중 하나입니다. 그들은 자신의 인지 대역폭을 분산시키지 않습니다. 도중에 나타난 반짝이는 샛길과 매력적인 기회를 좇느라 창조적 재능을 희석하지 않습니다. 대신 그들은 오로지 몇 가지 일을 세계적인 수준으로 하기 위해 치열하게 훈련합니다. '95%가 낭비하는 시간을 상위 5%는 귀하게 여긴다' 라는 사실 역시 부디 기억하세요. 오전 5시는 방해 요인이 가장 적고, 가장 축복받은 평화로운 시간입니다. 그러니 이 빅토리 아워를 잘 활용하세요."

잠깐 숨을 돌린 억만장자가 두 사람을 보며 말했다. "공유하고 싶은 개념이 하나 더 있습니다. 바로 '일시적 뇌 기능 저하<sup>transient hypofrontality</sup>'

라는 개념입니다."

"일시적… 뭐라고요?" 화가가 멋쩍게 웃으면서 물었다.

억만장자는 밑동이 굵고 높이 솟은 야자수로 다가갔다. 그 아래 햇볕에 바랜 둥근 나무 탁자가 놓여 있었다. 탁자 상판에는 모형이 꼼꼼히 새겨져 있었다.

억만장자가 레몬 차를 벌컥벌컥 마시더니 다시 이야기를 이어 갔다.

"일찍 일어나 혼자만의 시간을 가지며 과도한 자극과 소음에서 벗어나 있을 때는 최대의 생산성을 제한할 수 있는 기술이나 회의, 그 밖의 요인으로 주의력이 분산되지 않습니다. 그래서 이성적 사고와 지속적인 걱정을 담당하는 뇌 영역인 전전두피질이 잠시 활동을 멈춥니다. 그래서 '일시적 뇌 기능 저하'라고 부릅니다. 좋은 정보죠? 하지만 어디까지나 일시적이에요. 이때는 끊임없는 분석과 반추, 과도한 생각이 멈춥니다. 모든 것을 알아내려고 애쓰는 것도 멈추고, 절대 일어나지도 않을 일을 걱정하는 것도 멈춥니다. 실제로 뇌파도 평상시의 베타파에서 알파파로, 때로는 세타파로 바뀝니다. 새벽 시간의 고독과 고요와 정적은 사람들에게 영감을 주는 연료인 도파민$^{dopamine}$과 같은 신경전달물질 그리고 '행복 호르몬'으로 불리는 세로토닌$^{serotonin}$의 생성을 촉진합니다. 그래서 자동으로 '몰입 상태'에 들어가게 되죠."

억만장자는 왼손으로 탁자 위를 가리켰다. 거기에는 다음과 같은 도표가 그려져 있었다.

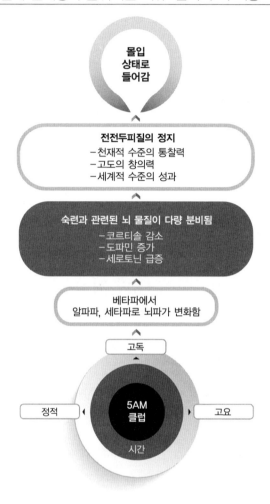

"몰입 상태는 최고의 바이올리니스트, 슈퍼스타, 최상급 요리사, 우수한 과학자, 거대 기업의 설립자, 전설적인 지도자가 최고의 성과를 낼 때의 마인드셋입니다. 분주함에서 벗어난 평화로운 아침을 자신에게 선물할 때 뇌의 타고난 능력이 활성화됩니다. 진정한 천재성에 접근할 수 있죠. 두 분에게 아주 반가운 소식은 굉장한 성과를 낼 수 있는 몰입 상태가 되도록 습관을 길러주면 언제 몰입 상태가 될 수 있는지 확실히 예측할 수 있다는 것입니다."

"일시적인 뇌 기능 저하라, 아주 유용한 모델이네요." 사업가가 휴대전화를 조심스럽게 반바지에 집어넣으며 말했다.

"사람들이 이 정보를 안다면 전 세계가 변할 겁니다." 화가가 단언했다. 사업가도 제안했다. "이 모든 정보를 학생들에게 가르쳐야 합니다."

"맞는 말이에요." 억만장자가 동의했다. "지구상의 모든 사람이 이 내용을 배우고 실천하려 노력한다면 전 세계가 발전할 것입니다. 저마다 잠재된 힘을 인지하고 살아가면서 대단한 결실을 얻을 테니까요. 이를 실행에 옮기는 혁신적 방법론 역시 모든 공을 선생님께 돌려야 합니다."

**한계를 뛰어넘는 이들의 공통점 #3**
### 자기연마

억만장자는 두 학생을 데리고 테라스를 다시 지나 집 앞으로 갔다. 아침 햇살을 받아 반짝이는 검은색 SUV가 진입로에 서 있었다.

"어디로 가는 건가요?" 사업가가 물었다.

"음, 모리셔스로 오면 돌고래와 수영하게 해주겠다고 약속했잖아요. 그 약속을 지키려고요. 이 섬의 서쪽에 있는 플릭엔플락이라는 작은 해안 마을로 갈 거예요. 쾌활한 두 청년이 거기서 우리를 기다리고 있죠. 돌고래가 어디 있는지 능숙하게 알아내는 친구들이죠. 이제 곧 놀라운 일을 경험하게 될 테니 마음의 준비를 하세요. 친구들, 평생 잊지 못할 경험이 될 거예요."

곧 SUV는 억만장자의 저택을 에워싼 작은 마을을 지나 고속도로로 들어섰다. 억만장자는 운전사 옆좌석에 앉아 그의 자녀들, 최근 흥미를 느낀 일들, 미래의 포부 등에 관해 도란도란 이야기를 나누었다. 그가 대단히 속이 깊고 마음이 따뜻한 사람임을 알 수 있었다.

모래사장과 하얀 오두막 몇 채, 진귀한 생선요리 식당 한 곳, 낡은 보트 여러 척이 보이는 아름다운 항구로 차가 천천히 들어섰다. 아침을 알리는 수탉의 울음소리가 들려왔다. 그리고 놀랍게도, 푸른 하늘을 가로질러 쌍무지개가 뜨는 기적 같은 광경이 펼쳐졌다.

두 젊은 어부가 억만장자를 포옹으로 맞이했다. 이들이 합류하여 다섯 명이 된 일행은 함께 헤엄치며 놀 돌고래 떼를 찾으러 광대한 인도양으로 출발했다.

그들은 몇 번의 시도 끝에 높은 절벽으로 둘러싸인 작은 만에서 즐거이 헤엄치는 돌고래들을 발견했다. 바다를 미끄러지듯 신나게 헤엄치는 모습이 마치 그 작은 만에 돌고래가 천 마리는 있는 듯한 느낌을 줬다. 하지만 겨우 열한 마리였다.

억만장자는 다이빙 마스크를 쓰고 잽싸게 바다로 들어갔다. "자, 어서 갑시다!" 그가 흥분한 목소리로 외쳤다. 사업가가 뒤따라 들어갔다. 그녀의 눈에는 생기가 돌았고 심장은 어린 시절 이후로 느끼지 못했던 기쁨으로 두근거렸다. 스노클을 통해 그녀의 얇고 빠른 숨소리가 '휘, 휘' 들려왔다. 그 뒤를 따라 화가도 배치기를 하며 뛰어들었다.

청년들의 인도를 받아 세 모험가는 수면 바로 아래에서 부드럽게 헤엄치는 돌고래와 장난을 쳤다. 돌고래들이 물속으로 들어가면 행복에 취한 세 친구도 따라 내려갔다. 돌고래들이 빙빙 돌면 그들도 빙빙 돌았다. 돌고래들이 서로 시시덕거리면 사업가와 화가도 그렇게 했다.

겨우 15분가량 지속된 경험이었다. 하지만 신기한 경험이었다.

"믿기지가 않아요." 화가가 보트로 올라오려고 애쓰면서 숨찬 목소리로 외쳤다. "내 평생 가장 놀라운 경험 중 하나였어요." 사업가가 화가에게 키스를 퍼부으며 외쳤다.

억만장자도 곧 물 위로 올라왔다. 그가 크게 웃으며 소리쳤다. "와, 끝내주네!"

항구로 돌아오자마자 주민들이 생선을 구워 먹을 때 사용하는 돌무더기 옆 해변에서 멘토링 수업이 재개됐다. 드넓은 하늘에는 여전히 쌍무지개가 걸려 있었다.

억만장자가 하늘을 향해 손을 들었다. 어디선가 갑자기 흰 비둘기 네 마리가 나타났다. 잠시 후에는 분홍색과 노란색 나비 무리가 지나갔다. "좋아." 억만장자가 그것들을 바라보며 말했다.

억만장자는 기침을 몇 번 한 후에 '역사 창조자들의 4가지 주안점' 모델에서 세 번째 영역을 가리켰다. 거기에는 '자기연마'라고 인쇄되어 있었다.

"그건 무엇을 말하는 거죠?" 화가가 사업가를 따뜻하게 해주려고 한 팔로 감싸 안고 레게머리 가닥을 달랑거리며 질문했다. 그녀는 떨고 있었다.

"당신의 가장 좋은 면을 훈련하는 것이죠"라는 간단한 답이 돌아왔다. "선생님이 강연에서 이야기해줬던 스파르타 전사들의 신조, 기억나세요? '훈련에서 땀을 더 흘린 자가 전쟁에서 피를 덜 흘린다'라고 했죠. 하루의 기량은 아침 훈련의 수준으로 결정됩니다. 아무도 보는 사람이 없는 이른 시간의 강도 높은 훈련이 전투에서의 승리를 가져옵니다. 승부는 전사들이 전쟁터에 들어서기 전에 판가름 납니다. 승리는 준비를 많이 한 편의 것입니다. 사업이나 예술, 체스, 디자이너, 기계공, 관리자의 세계에서 최고가 되고 싶다면 엄청난 시간을 들여 연습해야 합니다.

플로리다 주립대학교의 저명한 심리학자 앤더스 에릭슨[Anders Ericsson]이 획기적인 연구를 통해 알려줬듯이, 1만 시간을 연습해야 하죠. 10년간 매일 적어도 2시간 44분을 투자해야 한다는 뜻이에요. 이것은 어떤 영역에서 천재성의 징후가 나타나는 데 필요한 최소한의 연습량입니다. 하지만 더 나은 사람이 되기 위해 1만 시간을 투자하는 것이 중요하다는 생각은 극소수만 합니다. 내면의 핵심을 빈틈없이 강화하고 육성하세요. 그러면 정말로 삶이 100배는 향상될 것입니다. 외부 세계에서 하는 모든 일은 절대적으로 내면에서 일어나는 작용의 결과입니다. 아침을 제대로 맞이해야 하는 이유가 바로 이 때문입니다. 그러면 매일 누구에게도 뒤지지 않는 수준으로 생각하고, 느끼고, 생산하게 될 것입니다."

"저는 연사님의 강연에 가기 전에는 자기 계발에 대한 믿음이 거의 없었습니다." 사업가가 힘없이 말했다. "실질적인 내용은 거의 없다고 생각했거든요."

"시도해본 적은 있어요? 그러니까 상당 기간 진지하게 말이에요?" 억만장자가 물었다. 또 다른 비둘기 한 마리가 머리 위로 날아갔다. 그리고 그가 하늘을 올려다보자, 흡사 구름이 갈라지는 것처럼 해가 나타났다.

"없었던 것 같아요, 지금까지는. 그러니까 5AM 클럽에 가입하기 전까지는요." 사업가가 말했다.

"그렇군요. 좋아요, 그럼 계속해봅시다. 지금부터가 핵심이에요. 매일 오전 5시부터 6시까지의 빅토리 아워에 '내면의 4대 제국The 4 Interior Empires' 을 개선하는 데 집중하세요. 이것은 두 분이 살면서 해온 어떤 일보다 현명하고 때로는 가장 어려운 일이 될 것입니다. 속속들이 자신을 개선해나가세요. 내면의 중심이 되는 네 영역을 연마하는 것이 변화를 위한 황금 열쇠입니다."

"왜요?"라고 사업가가 물었다. 이제 떨림도 멈췄지만 화가는 여전히 그녀를 감싸 안고 있었다.

"내면의 제국을 세계 수준으로 발전시켜야만 외부의 제국을 건설할 수 있기 때문입니다. 그리고 행운은 언제나 용기를 뒤따라오기 때문입니다. 세상에서 차지하는 영향력은 자신 안에서 찾은 영광과 고귀함, 활력, 빛을 그대로 반영합니다. 피상적이며 기계처럼 행동하는 사람들로 넘치는 이 시대에 삶의 본질적 진실을 기억하는 사람은 극히 소수입니다. 외면이 항상 내면에 반향을 일으키지는 않지만, 내면은 항상 외면으로 드러납니다. 창의력, 생산성, 풍요, 발전, 세상에 미치는 영향력은 항상 내면에서 일어나는 상황을 고스란히 보여주죠.

가령 야망을 이룰 수 있는 자기 능력을 확실히 믿지 못한다면 결코 그 야망을 이룰 수 없을 것입니다. 풍요를 누릴 자격이 없다고 느낀다면 풍요를 가져올 행동을 절대 하지 못할 것입니다. 그리고 천재성을 활용하려는 투지가 약하다면 훈련에 대한 열의와 최적화하려는 끈기가 부족하여 완전한 숙달의 경지까지 비상하지 못할 게 분명합니다. 그 분야를 지배하지도 못할 것입니다." 억만장자가 다시 한번 강조했다. "외면은 항상 내면을 드러냅니다. 외부 세계에서 제국을 건설하려면 먼저 내면의 제국부터 발전시켜야 합니다."

그는 모터보트에서 내릴 때 청년 중 한 명에게 받은 병에 담긴 초록색 액체를 마셨다. 유리병에는 '이 세상의 유일한 악마는 우리 마음속에서 날뛰는 것들이기에 전투를 벌여야 할 곳은 바로 마음속이다' 라는 마하트마 간디의 말이 쓰여 있었다.

보트에서 내린 후 억만장자가 계속 이야기했다. "내면에 내재한 힘을 꾸준히 기를 때, 멋진 기회와 풍부한 가능성으로 가득한 현실을 실제로 보기 시작할 것입니다. 두 분은 대다수는 인식하지도 못하는 이 놀라운 세상에서 활약하게 될 것입니다. 위대함은 내면의 게임입니다." 억만장자가 이렇게 말하면서 또 다른 학습 모형을 모래에 그렸다. 다음과 같이 생긴 모형이었다.

내면을 지탱하는 4대 제국

E1 마인드셋(심리)

E2 하트셋(정서)

E4 헬스셋(신체 능력)

E3 소울셋(영성)

"이 모형을 자세히 살펴보고 빅토리 아워에 내면의 어떤 측면을 개선해야 할지 아주 분명히 인식하세요. 곧 실행에 들어갈 아침 일과는 20/20/20 공식을 설명할 때 자세히 알려줄게요. 일단은 해가 뜨기 전에 마인드셋, 하트셋, 헬스셋, 소울셋 이렇게 내면의 네 영역을 훈련하고, 양성해야 한다는 이야기까지만 해둡시다. 이 네 영역은 오늘을 살아가는 모든 인간의 내부에 있는 근원적 힘의 토대입니다. 우리 대부분은 외부에 있는 것들을 추구하는 데 시간을 바치느라 이 가공할 힘을 잃었습니다. 하지만 우리 모두는 이 심오하고 빛나는 능력을 내면에 가지고 있습니다. 그리고 내면의 네 영역을 최적화할 수 있는 시간은 오전 5시부터 6시까지입니다. 그때가 하루 중 가장 특별한 시간이죠. 아침을 지배하세요, 그래서 인생을 발전시키세요." 억만장자가 말을 마쳤다.

"질문이 있어요. 만약 일주일에 5일만 그렇게 하고 주말은 쉬고 싶다면요? 5AM 클럽의 방법은 얼마나 엄격히 지켜야 하나요?"라고 사업가가 물었다.

"당신 인생이에요. 자신에게 가장 잘 맞고 적합하게 느껴지는 대로 하면 됩니다. 내가 알려주는 것들은 선생님이 내게 알려준 정보들입니다. 그것들 덕분에 나는 성공했어요. 매일의 기쁨과 지속적인 평화를 완벽히 느낄 수 있었죠. 정말로 이 모든 정보가 내게 자유를 주었어요. 두 분도 각자의 가치, 포부, 생활 방식에 맞춰 적용하면 됩니다. 하지만 어중간한 노력은 어중간한 결과밖에 가져오지 않는다는 사실도 알아두세요." 억만장자가 손으로 파리를 쫓으면서 말했다.

사업가가 또 질문했다. "내면을 지탱하는 4대 제국에 대해 좀 더 설명해줄 수 있나요? 지금 알려주시는 내용은 제가 투자자들과의 싸움에서 훨씬 강해지게 해주고 희망과 행복, 자신감도 되찾게 해줄 것 같아요. 아직 말씀드린 적이 없는데, 라일리 씨를 만난 이후 지금까지 당신이 아낌없이 알려준 내용 여러 가지를 적용해봤습니다. 뻔히 보였겠지만, 저는 처음에는 연사님의 철학에 거부감을 가졌어요. 사실 그분 강연에 가고 싶은 마음도 없었어요. 하지만 최소한 그분과 당신의 가르침에 열린 마음은 갖고 있었죠. 아니, 필사적으로 마음을 열려고 했어요. 저는 삶을 사랑해요. 이제는 오래 살 계획이고요."

화가가 하트 모양의 조개껍데기를 주워 사업가의 손바닥에 살며시 올려놓으며 "다행이야"라고 말했다. 그리고 그녀의 손가락을 오므려 조개껍데기를 쥐여주고는 그녀의 손을 자기 가슴에 갖다 댔다.

"이미 크게 개선된 점도 몇 가지 있어요." 사업가가 계속 이야기했다. "오전 5시에 일어나면서 집중력이 좋아지고, 스트레스가 줄어들고, 더 안정감이 들고, 훨씬 활기가 넘쳐요. 제 인생의 모든 측면을 더 큰 시각에서 보게 됐고요. 제 세계의 긍정적인 측면에 더욱 감사하게 됐고, 회사가 받는 공격에 대한 걱정은 크게 줄어들고 제 미래에 대한 기대는 더 커졌어요. 아직은 그들을 처리할 준비가 안되어 있지만, 저는 감당해낼 거예요. 중요한 것은 이 모든 상황에 대해 가졌던 두려움과 그로 인한 절망감이 옅어지고 있다는 거예요."

"짱!" 억만장자가 과거에 유행했던 속어로 대꾸했다. 그때 SUV가 돌아와 식당 바로 앞에 차를 세웠다.

"당신은 현명한 사람이에요"라고 억만장자가 덧붙였다. "이 모두가 아주 소중한 정보죠. 하지만 당신이 알아가고 있는 것처럼, 영웅이자 영감을 주는 경영 지도자, 전 세계의 다수에게 희망을 주는 사람이 되려면 날마다 이 정보를 적용하고 끊임없이 연습해야 합니다. 과거에서 벗어난 것도 축하해요. 당신이 회사에서 직면하고 있는 문제를 처리하지 말고 무책임하게 있으라고 할 사람은 아무도 없어요. 하지만 과거에 머물러 있어서는 안 돼요."

세 친구가 차에 올라타자 차가 부드럽게 앞으로 나아갔다.

"그럼 이 학습 모형에 대해서 좀 더 이야기해보죠. 두 분의 성공과 행복에 매우 중요한 모형이니까요." SUV가 달리는 동안 억만장자가 말했다. "많은 구루가 마인드셋을 이야기합니다. 하버드대학교의 심리학자 엘런 랭어Ellen Langer의 용어를 빌리자면 '가능성의 심리'를 갖는 것이 중요하다고 하죠. 그들은 매일 긍정적인 생각을 하라고 지도합니다. 생각이 현실을 만드는 법이므로 마음 자세를 개선하여 삶을 개선하라고 이야기합니다. 물론 마인드셋의 교정은 자기연마를 향해 나아가는 데 필수적인 조치이며, 자기연마는 외형적 측면에서 전설적 존재로 성장하게 해줄 것입니다. 하지만 내 선생님은 마인드셋의 개선은 자기연마 과정에서 25%의 역할밖에 못 한다고 하셨습니다."

"정말요?" 화가가 물었다. "저는 생각이 모든 것을 결정한다고 믿어왔어요. 그보다 큰 영향력을 지닌 것은 없다고 생각했죠. '생각이 바뀌면 인생이 바뀐다'라고 하잖아요."

억만장자가 대답했다. "뿌리 깊은 믿음이 일상의 행동을 이끄는 것은 분명한 사실입니다. 나도 그렇다고 믿습니다. 하지만 깨끗이 정화된 하트셋이 없는 마인트셋만의 발전은 공허한 승리입니다. 마인드셋만 발전시켜서는 결코 주권적 자아를 완전히 끌어내지도, 내재된 천재성을 완전히 발휘하지도 못합니다." 억만장자가 아주 분명하게 말했다.

"이해가 될 것 같아요." 화가가 활짝 미소를 지으며 말했다. "찰스 부코스키도 '머리를 맑게 하겠다는 고집을 버려라. 그보다는 마음을 맑게 하라'라고 했어요."

"그의 말이 옳아요." 억만장자가 좌석에 깊숙이 기대앉으면서 동의했다.

"하트셋이란 게 정확히 무엇인가요?" 사업가가 물었다.

"하트셋은 삶의 감정 측면을 말합니다. 검증된 신념과 세계 수준의 마인드셋으로 우수한 사고를 한다 해도 가슴에 분노와 슬픔, 실망, 억울함, 두려움이 가득하다면 성공할 수 없을 것입니다. 생각해 보세요. 해로운 감정들이 당신을 짓누른다면 어떻게 경이로운 성과를 내고 놀라운 결과를 얻을 수 있겠습니까? 요즘은 모두가 건강하고 난공불락인 마인드셋을 구축하라고 주장하는 듯합니다. 어디에서나 마인드셋 이야기를 들을 수 있죠. 하지만 하트셋이나 헬스셋, 소울셋은 아무도 이야기하지 않습니다. 내면에 숨어 있는 경이로운 힘을 알려면 내면의 네 영역 전부를 연마해야만 합니다. 당신의 중심부에 있는 이 선천적 힘을 깊이 알고 성장시킬 때만 당신도 거장들을 뒤따를 수 있습니다. 그리고 신의 경지에 도달할 수 있습니다. 그러면 당신은 존재 자체만으로도 타인의 힘을 키워줄 것입니다. 불가능할 것만 같은 기적들이 꾸준히 일어날 것입니다. 그리고 당신의 훌륭한 행동에 대한 보상으로 눈부신 업적을 달성하고 전 세계를 위해 봉사하며 기쁨에 넘치게 될 것입니다." 억만장자는 차창 밖을 내다보면서 계속 이야기했다.

"우리 중 많은 사람이 무엇을 해야 하는지 머리로는 알고 있지만,

감정 상태가 계속 엉망이어서 특별한 성과를 내지 못합니다. 그런 사람은 과거에 갇혀 있습니다. 온갖 상처로 인해서 생긴 건강하지 못한 감정들을 억누르고 있습니다. 지그문트 프로이트<sup>Sigmund Freud</sup>는 '표출하지 못한 감정들은 절대 사라지지 않는다. 고스란히 묻혀 있다가 나중에 더 추하게 나타난다'라고 했습니다. 그런데도 우리는 왜 긍정적으로 생각하려는 노력이 효과가 없는지 궁금해합니다! 왜 그토록 많은 자기계발서가 지속적인 발전을 가져다주지 못할까요. 마찬가지 이유입니다.

사람들의 머리가 의도하는 바는 훌륭합니다. 진정으로 더 빛나는 생산자이자 더 나은 인간이 되고 싶어 합니다. 하지만 사고 수준에서 정보를 수용할 뿐이죠. 그러고는 가슴속 상처의 찌꺼기로 고귀한 열망을 방해합니다. 그래서 바뀌는 게 없고 나아지는 것도 전혀 없는 겁니다. 기하급수적인 성장과 유례없는 성과를 경험하려면 탁월한 마인드셋을 불러내야 할 뿐만 아니라 승리의 하트셋으로 치료하고, 재건하고, 강화해야만 합니다. 과거의 고통에서 비롯된 어둡고 해로운 감정을 청소해야 합니다. 그것들을 놓아주고, 씻어내고, 정화해야 합니다. 인생의 시련으로 굳어진 심장을 다시 고귀하고 영예롭게 만들어야 합니다."

"놀라운 통찰이네요." 사업가가 눈을 동그랗게 뜨며 말했다. "하지만 오전 5시부터 6시까지 빅토리 아워에 정확히 어떻게 해야 할까요?"

"5AM 클럽의 방법들을 실천하는 법은 가까운 시간 안에 배우게 될 거예요." 억만장자가 대답했다. "두 분은 20/20/20 공식을 수용할 수 있을 만큼 마음도 열렸고 강해지기도 했어요. 내가 첫 수업에서부터 주장했던 것처럼 그 공식을 배우고 실천하면 두 분의 삶은 예전과는 완전히 달라질 것입니다. 20/20/20 공식은 결정적 변수가 될 것입니다. 일단 마인드셋은 훌륭해도 하트셋이 형편없다면, 위대함을 지향하는 노력이 흐지부지되는 중대한 이유가 된다는 사실만 이해해두세요." 그러고는 얼른 덧붙였다. "인생의 좌절과 실망, 부담으로 쌓인 부정적 감정의 제거만으로는 하트셋이 개선되지 않는다는 점도 언급해야겠네요. 건강한 감정도 많이 느끼도록 해야 합니다. 따라서 아침 일과의 일부로 감사하는 연습을 해줘야 합니다. 경외심과 충만함을 느낄 수 있는 경험도 해줘야 하고요."

"당신이 해주는 이야기들은 심오해요. 혁명적이기도 하고요." 화가가 말했다.

"그럼요. 선생님은 매일 아침 빅토리 아워에 하트셋의 개선에 공을 들이라고 가르쳤어요. 그런데 말이죠, 해가 모습을 드러내기 전에 마인드셋과 더불어 하트셋까지 향상시킨다고 해도 자기연마에 필요한 내면 영역 중 50%만 성장할 뿐입니다. 따라서 마인드셋과 하트셋 다음으로 헬스셋도 매일 아침 강화해줘야 합니다."

"헬스셋이라, 마음에 들어요"라고 사업가가 말했다.

"단어 그대로 이것은 신체적 측면을 말합니다." SUV가 끝이 보이지 않는 차밭을 지나가는 동안 억만장자가 말했다. "전설로 성장하는 데 필요한 주요 요소 중 하나는 장수하는 것입니다. 두 분이 자신의 분야를 이끌고 가면서 더욱 명성을 얻고 싶다면, 간단한 요령을 하나 알려줄게요. 죽지 마세요. 죽어서는 결코 자기 분야의 거장이 될 수도, 역사를 새로 쓴 우상이 될 수도 없으니까요." 억만장자가 자기가 말해놓고 손뼉을 치자 사업가와 화가도 씩 웃었다.

"진지하게 하는 말이에요. 최상의 체력을 유지하고 노화를 막기 위해 진지하게 노력하면 멋진 일이 일어납니다. 몇십 년을 더 산다고 상상해보세요. 그것도 아주 건강하게요. 기술을 연마하고, 더 영향력 있는 리더로 성장하고, 예술성이 뛰어난 작품을 만들고, 더욱 번창하고, 전 인류를 풍요롭게 해줄 빛나는 유산을 축적할 세월이 몇십 년 늘어나는 거잖아요. 역사적인 창작자와 위대한 리더들은 활력을 강화하고 유지하지 않고서는 자기연마에 이를 수 없다는 사실을 알고 있습니다. 매일 운동을 하면 하루하루가 극적으로 좋아집니다. 최상의 체력을 얻는 것만큼 기분 좋은 일도 별로 없습니다. 신체적인 면을 강화하여 뇌가 최상의 인지 수준에서 작동하게 하고, 에너지를 샘솟게 하고, 스트레스를 해소하고, 기쁨이 커지게 하라는 의미에서 헬스셋을 이야기했습니다. 나는 최상의 건강 상태와 체력 유지로 놀라운 성공을 거둘 수 있었습니다."

억만장자가 잠시 말을 멈췄다. 그리고 인도 사람처럼 합장을 했다. 인도에서는 합장을 하며 '나마스테<sup>namaste</sup>'라고 인사하는데, 이는 '당신 안의 신에게 인사합니다'라는 뜻의 산스크리트어다.

"여기서 소울셋 이야기로 넘어가야겠군요. 나는 우리 모두의 중심에는 얼룩 한 점, 티끌 한 점 없는 영혼이 자리하고 있다고 배웠습니다. 하지만 세상 사람 대부분은 영혼의 속삭임과 요구에 무관심합니다. 우리 백인은 우리의 가장 현명하고, 훌륭하며, 영원할 수 있는 부분을 소홀히 해왔습니다. 대다수는 사회에 의해 길든 대로 인기를 높여줄 상품을 마련하고, 셀피를 통해 사람들의 인정을 얻고, 정당성을 부여해줄 통속적 결과를 달성하는 것만 중시합니다. 하지만 진정한 리더들은 매일 영혼을 충족시키는 활동을 합니다."

"라일리 씨, 소울셋이라는 용어는 정확히 무엇을 말하는 건가요?" 사업가가 물었다.

"저도 궁금해요. 명확히 모르겠어요." 화가가 진지하게 말했다.

그들이 탄 차가 구불구불한 억만장자의 저택 진입로로 들어섰을 때 많은 나비가 날아다녔다. 하늘에는 여전히 쌍무지개가 걸려 있었다.

잠시 무지개를 응시하던 억만장자가 말했다.

"네 번째 내면의 영역에 대한 이해를 돕기 위해 정리해보자면 마인드셋은 심리, 하트셋은 감정, 헬스셋은 신체, 소울셋은 영혼에 관한 거예요. 신비로울 것도 전혀 없고 종교적인 것도 아니에요."

"좀 더 자세히 이야기해주세요. 제 인식을 재정립할 이야기들이니까요." 사업가가 졸랐다.

"우선 이 모두가 선생님의 이론이지 내 이론이 아니라는 점을 말씀드려야겠군요. 일단 독실한 영성주의자가 되라고 권하고 싶어요. 괜히 용어 때문에 겁먹고 배움을 중단할 것은 없습니다. 이른 아침의 고요 속에서 자신 안에 있는 용기와 확신, 연민으로 돌아가라는 뜻으로 이해하면 됩니다. 그러니까 내 말은 해가 뜨기 전에 잠깐 자신의 가장 현명하고 진실한 면을 기리기 위해 자신의 가장 고귀한 본성의 천사들과 날아오르고, 자신의 가장 소중한 재능의 신들과 춤을 추라는 것입니다. 그래야 비로소 자신의 주권적 자아에 존재하는 위대함의 샹그릴라(이상향)와 빛의 니르바나(열반)를 알고 이해하기 시작할 것입니다. 소울셋은 자신이 진정 누구인지 기억하는 것입니다. 역사상 현자, 성자, 선지자들은 모두 새벽에 일어나 우리 모두의 중심에 있는 영웅과 긴밀한 유대를 맺었습니다.

불안정, 결핍, 이기심, 불행은 모두 두려움의 자녀입니다. 이런 특성은 학습된 것일 뿐 타고난 것이 아닙니다. 우리는 출생 이후로 영적인 힘을 떠나서 망가진 이 세상이 원하는 상태로 점점 내려갑니다. 창조하고, 도움을 주고, 모험을 하는 대신에 소유하고, 쌓아두고, 비교하는 데 점점 더 치중합니다. 깨어 있는 사람은 새벽이 오기 전 평온한 시간, 고독과 침묵과 고요의 성소에서 소울셋의 향상을 위해 노력합니다. 인격적 결함이 없는 최상의 자아를 희망하며 숙고합니다. 그날 하루 동안 어떤 모습을 드러내 보이고 싶은지 깊은 명상에 잠깁니다. 빠르게 흘러가는 삶과 갑작스러운 죽음에 대해 신중히 고려해봅니다. 그리고 출생으로 이 세상과 마주했을 때보다 더 나은 세상을 남기고 갈 수 있도록 어떤 재능을 발휘할지 깊이 성찰합니다. 이런 것들이 소울셋을 향상시킬 수 있는 방법들입니다."

억만장자가 사업가와 화가를 한번 둘러보고 계속 이야기했다. "네, 두 사람의 밑바탕에는 용감하고, 다정하고, 대단히 강인한 영웅이 있습니다. 이런 생각이 대다수에게는 정신 나간 소리처럼 들린다는 것을 압니다. 하지만 내 말은 진실입니다. 빅토리 아워 일부를 소울셋을 위해 쓴다면 가장 멋진 자신의 일면을 인식하고 더 깊이 알게 될 것입니다. 그럼으로써 편협한 자아로 자존심을 세우려는 갈망을 충족시키는 대신 꾸준히 사회에 봉사할 것입니다."

"그리고 마인드셋, 하트셋, 헬스셋, 소울셋에 대한 인식이 날마다 증대되면서 나날이 더 나은 선택을 하고 더 나은 결과를 얻게 되는 거죠?" 사업가가 이전의 멘토링 수업에서 알게 된 3단계 성공 공식을 떠올리며 말했다.

"그렇습니다"라며 억만장자가 손뼉을 쳤다. "아주 정확해요. 홀

룡히 살아가는 삶에서 무엇이 가장 중요한지 늘 진심으로 생각하세요. 인간의 영혼을 질식시키고 우리 안에 있는 최상의 모습과 단절시키는 피상성에 유혹당하지도 마세요." 억만장자가 당부했다.

그는 앞주머니에서 얇은 지갑을 꺼내더니 너덜너덜한 종이를 꺼내 거기 쓰인 톨스토이의 글을 읽었다.

━ 도울 일이 많은 한적한 시골, 친절을 기대하지 않는 주민들에게 베풀며 사는 삶. 무언가 쓸모 있는 일을 하고 난 후의 휴식. 그리고 책, 음악, 이웃에 대한 사랑. 그런 것이 내가 생각하는 행복입니다.

이제 자동차는 억만장자의 저택 앞에 도착했다. 부엉이 한 마리가 레몬 나무에 앉아 있었다. 부엉이는 억만장자를 보자 요란하게 울어댔다. 억만장자가 손을 흔들며 인사를 건넸다. "반가워, 친구. 그런데 왜 이렇게 오랜만에 왔어?"

**한계를 뛰어넘는 이들의 공통점 #4**
### 꾸준한 실천

"당신의 소중한 하루하루는 귀중한 인생의 축소판임을 기억하세요." 억만장자가 말했다. "하루하루를 살아가면서 인생을 만들어가는 것입니다. 우리는 모두 미래를 추구하는 데에만 골몰하여 하루가 얼마나 중요한지 그 가치를 무시합니다. 하지만 오늘 우리가 하는 일이 미래를 창조하는 것입니다. 저기 있는 범선과 비슷합니다." 억만장자가 저 멀리 보이는 배를 가리키며 자말했다.

"운항을 할 때 아주 사소해 보이는 몇 가지 변경 사항이 계속됨으로써 종착지가 브라질에서 일본으로 바뀔 수도 있습니다. 전혀 다른 장소잖아요? 그러니 대단히 성공적이고 의미 있는 삶을 보장받으려면 하루를 자기 것으로 만들기만 하면 됩니다. 자신에게 주어진 24시간 동안 경로를 1%만이라도 수정하고 개선하세요. 그런 날들이 몇 주가 되고, 몇 달이 되고, 몇 년이 되게 하세요. 선생님은 그런 하루 동안의 일과 개인 생활의 최적화를 '소소한 성공micro-win' 이라고 불렀습니다. 아침 일과에서부터 사고 양식, 실무 능력, 개인적 관계에 이르기까지 어떤 것이라도 하루 동안 단 1%만 향상시킨다면 그로부터 한 달만 지나도 최소 30%가 향상될 것입니다. 그리고 1년 동안 노력을 지속한다면 적어도 365%가 향상될 것입니다. 내 말의 요지는 오로지 하루를 훌륭히 보내는 데 매달리라는 것입니다. 그러면 그런 나날이 쌓여 멋진 일생이 될 것입니다."

"하찮아 보이는 작은 개선도 매일매일 꾸준히 해나가면 엄청난 결과를 가져오죠." 사업가가 맞장구를 쳤다.

"맞습니다." 억만장자가 쾌활하게 외쳤다. 그는 팔을 쭉 뻗은 다음 발끝에 닿게 스트레칭을 하며 또 혼잣말을 했다. "삶이란 좋은 거야. 이 다정한 두 영혼이 위대해질 수 있게 내가 도와줘야 해. 너무 늦기 전에."

억만장자의 이야기가 계속됐다. "진짜 명심해야 할 것은 이것입니다. 최고의 생산자와 일상 속 영웅들은 매일 하는 일이 가끔씩 하는 일보다 훨씬 중요하다는 것을 알고 있습니다. 꾸준함은 숙련을 위한 핵심 요소입니다."

그 순간 사업가의 휴대전화 화면이 켜지면서 그녀의 주의가 흐트러졌다. 놀랍게도 피가 뚝뚝 떨어지는 것처럼 보이는 글씨체로 다음과 같은 메시지가 화면에 떴다.

'살인 청부업자가 갈 것이다.'

이를 본 사업가가 덜덜 떨었다.

"자기, 무슨 일이에요?" 화가가 한층 더 친밀해진 그들의 관계를 호칭으로 드러내면서 물었다.

"무슨 일 있어요?" 억만장자가 유령처럼 하얘진 사업가의 얼굴을 보며 물었다.

"아, 그게⋯. 그러니까⋯." 그녀가 말을 더듬으며 털썩 주저앉았다. 하지만 곧바로 일어섰다.

"살해 협박 문자가 또 왔어요. 나를 죽이려고 사람을 보냈대요. 이번에도 투자자들이에요. 회사를 떠나라고 몰아붙이는 거죠. 하지만 그거 알아요?" 사업가가 큰 자신감과 강한 저항의 자세로 바뀌어 말했다. "나는 떠나지 않을 거예요. 내가 만든 회사예요. 나는 내 일이 좋아요. 직원들을 위해서라면 뭐든지 할 거예요. 우리 회사 제품은 굉장히 좋아요. 회사를 키우는 것은 큰 성취감도 주죠. 나는 그들과 싸울 준비가 됐어요. 해보죠, 뭐! 덤벼보라죠!"

"그 문제는 잘 처리될 거예요." 억만장자가 말했다. "지금 배우고 있는 가르침들과 5AM 클럽의 신입 회원이 된 이 특별한 기회에만 집중하세요. 모리셔스에서 나와 함께 계속 멋진 시간을 보내요. 문신을 한 저 친구랑 사랑 이야기도 펼쳐가고요." 억만장자가 미소를 지으며 말했다. "그리고 리더로서, 생산자로서, 인간으로서 당신의 천부적인 힘에 대한 인식도 계속 강화하세요. 발전하는 당신 모습을 보게 되어 정말 기쁩니다. 당신은 이미 충분히 용감해지고, 밝아지고, 평온해진 것처럼 보여요. 잘하고 있어요."

"오전 5시 기상이 날마다 조금씩 수월해지고 있어요." 사업가가 한층 침착해진 목소리로 말했다. "라일리 씨가 알려주는 통찰은 가치가 있어요. 저는 크게 성장하고 있습니다. 이 습관을 어떻게 고수할 수 있는지 좀 더 자세히 듣고 싶고, 20/20/20 공식도 배우고 싶어요. 빅토리 아워에 정확히 무엇을 해야 하는지 알 수 있게요. 해가 뜨기 전에 요가도 하고 어둑한 바닷가를 산책하기도 하지만, 아침 의식을 좀 더 구체적으로 알려주면 좋겠어요. 당신에겐 정해진 아침 의식이 있잖아요. 지금까지 알려준 이론도 대단히 도움이 됐지만 더 알고 싶어요."

"정확한 방법들도 곧 알려줄 겁니다. 지금은 방금 이야기한 개념이 '꾸준한 실천 기반'이라고 불린다는 것만 알아두세요. 분명 승리는 하루의 출발에서 시작됩니다. 아침을 장악하면 하루가 질적으로 달라지고, 나아가 인생을 살아갈 역량이 이례적으로 높아질 것입니다. 훨씬 더 활기차고, 생산적이고, 자신 있고, 우수하고, 행복하고, 평화로워질 것입니다. 심지어 아주 힘든 날도 그렇습니다. 자, 이제 두 분은 나가서 멋진 하루를 보내세요. 내가 좋아하는 존 키츠<sup>John Keats</sup>의 시가 있어요. '우리가 나비라면 얼마나 좋을까요. 그렇게 여름 사흘을 당신과 보낼 수 있다면 그저 그런 50년을 사는 것보다 행복할 것 같아요'라는 시죠. 정말 아름답죠?"

"정말 그러네요. 전적으로 동감입니다." 화가가 미소를 띠며 호응했다.

"그럼 우리는 내일 몇 시에 만나야 할까요?" 억만장자가 답이 뻔하다는 표정으로 물었다.

"5AM." 사업가와 화가가 동시에 열성적으로 대답했다.

11장

# 인생의 파도를 헤쳐나가며

세상에서 가장 좋고 가장 아름다운 것들은 보이지도, 들리지도 않는다.
가슴으로 느껴야만 한다.
**헬렌 켈러**

---

사업가는 어릴 적에 요트 타는 법을 배웠다. 어린 그녀는 얼굴에 바닷물이 튀는 느낌과 드넓은 바다에서 영혼이 자유로워지는 느낌을 좋아했다. 자기가 왜 요트 타기를 그만뒀을까 의아해졌다. 그 순간, 삶의 조화를 가져왔던 일들을 왜 그렇게 많이 포기했는가로 생각이 이어졌다. 그리고 끝이 보이지 않는 인도양을 미끄러지듯 나아가는 작은 배 안의 이 평범한 순간, 가슴이 탁 트인다는 사실을 마음에 간직했다. 오랜만에 살아 있다는 느낌이 온몸으로 생생히 퍼져 나갔다.

'우리 문화에서는 돈이 얼마나 많은지, 얼마나 큰 성취를 했는지,

얼마나 영향력을 행사하는지를 기준으로 성공을 가늠하지.' 사업가가 생각했다. '연사님과 라일리 씨 둘 다 그런 성과가 중요하다는 데 이의는 없지만 다른 지표들로도 인생을 얼마나 잘 살고 있는지 생각해보라고 했어. 나의 천부적 힘을 알고 있는지, 진실한 내 모습을 얼마나 잘 아는지, 신체적으로 활력이 있는지, 얼마나 기쁨을 느끼는지. 그게 성공을 바라보는 훨씬 나은 방식 같아. 세상에서의 성공과 내면의 평화를 함께 고려하는 것 말이야.'

연사의 강연을 들었던 때부터 시작하여 이 섬에 와서 아침 인사를 건네고, 낯선 사람에게 미소를 보내고, 진심 어린 인정을 보여주는 사람들과 지낸 며칠간의 시간은 생산적이고, 번창하며, 충만한 삶의 본질에 관한 그녀의 생각에 크고 작은 변화를 만들었다.

사업가는 자신이 덜 기계적이고 보다 인간적으로 변하고 있음을 알아차렸다. 이제 더는 강박적으로 휴대전화를 확인하지 않았다. 삶에 대해 이토록 경이를 느낀 적이 없었다. 지구에서의 나날이 가져다주는 축복을 이토록 자각해본 적이 없었다. 그리고 이렇게 감사함을 느꼈던 적도 없다. 경험하는 모든 것이 참으로 감사했다. 그녀는 인생의 어려운 시기들이 강인함과 통찰력을 키워주고, 자신을 더 흥미롭고 현명한 사람으로 만들어줬음을 깨달았다. 매력적이고 다채로운 인생에는 곳곳에 흉터도 있다는 사실을 이해하게 됐다.

그녀는 지금 직면하고 있는 투자자들과의 다툼을 계기로 용기를 기르겠다고 자신에게 약속했다. 회사를 탈취하려는 동업자들의 시도는 천부적인 영웅적 면모를 지키겠다는 그녀의 의지를 다지게 해줬다. 신의가 없는 동업자들의 행동은 그녀를 더 용감하고, 어질고, 품위 있는 사람으로 만드는 데 도움이 됐다. 진정한 자기 모습을 잊어버린 무감각한 사람이 대부분인 이 세상에서 그녀는 남은 생애를 우수성, 탄력성, 친절을 본받는 데 힘쓰겠다고 맹세했다.

억만장자가 소풍 장소로 추천해준 섬이 저 멀리 나타났다. 사업가는 옆에 앉은 덩치 큰 남자에 대한 애정이 점점 커지고 있음을 느꼈다. 완전히 다른 세상을 살아온 두 사람이지만 서로 강하게 이끌렸다. 행동 방식은 달랐지만, 너무나 자연스럽게 융화됐다. 그녀의 어머니는 일생에 두세 번 사랑에 빠질 수 있는 운이 따라준다면 그 모두를 소중히 여겨야 한다고 말했었다.

화가의 예술적 능력이 그녀에게는 흥미로웠다. 자신만의 작품 양식을 가진 위대한 예술가가 되고 싶다는 그의 욕망이 그녀를 매료시켰다. 가끔씩 보여주는 그의 날카로움은 그녀를 자극했고, 그의 유머 감각은 그녀를 즐겁게 해줬다. 그가 드러내는 연민은 그녀를 감동시켰다. 그리고 그의 검은 눈은 그녀를 녹였다.

"좋은 생각이었어요." 돛을 조절해 어부들이 설치한 부표를 능숙하게 피해 가는 사업가를 향해 화가가 말했다. "모든 것을 벗어나서 여기 나온 거 말이에요. 라일리 씨에게서 많은 것을 배우고 있어요. 그는 보배예요. 하지만 머리가 꽉 찼어요. 잠시 생각 같은 건 접어두고 싶어요. 그냥 좀 놀면서 인생을 즐기고 싶어요. 당신과 함께 바다로 나오니 느낌이 특별하네요."

사업가는 전방의 바다에 반짝거리는 눈을 고정한 채 "고마워요"라고 간단히 대답했다.

화가는 그녀를 보며 '강연에서 만난 이후로 가장 행복한 표정을 짓고 있네'라고 생각했다. 그는 사업가에게 팔을 둘렀다. 그녀는 몸을 빼지 않고 편안히 있었다.

잠시 후 그들의 목적지인 작은 섬이 더 또렷하게 보였다.

"라일리 씨의 직원들이 소풍 도시락을 푸짐하게 준비해줬네요. 저기 모래사장에서 점심을 먹는 게 어때요?" 사업가가 물었다.

섬은 통통한 갈매기들 외에는 황량해 보였다. 갈매기 몇 마리가 물고기를 물고 날아올랐고, 거대한 거북이가 해안선을 따라 어슬렁거리고 있었다.

"그래요"라고 화가가 대답하고는 셔츠를 벗고 물속으로 풍덩 뛰어들었다.

두 사람은 매콤한 새우구이와 신선한 망고 샐러드, 그날 아침 이탈리아에서 공수해온 거대한 페코리노 치즈 덩어리로 구성된 도시락을 맛있게 먹었다. 디저트는 파인애플과 키위, 수박이었다.

평화로운 외딴 섬에서 식사를 즐기고 느긋이 쉬는 동안 사업가는 자신의 회사를 세계 최고의 기업 중 하나로 만들고 싶다는 열망에 대해 들려줬다. 회사를 크게 성장시킨 후에는 은퇴해서 스페인 이비사섬에서 한적하게 살고 싶다는 바람도 이야기했다. 부모의 이혼부터 사랑하는 아버지의 갑작스러운 죽음까지 고통스러웠던 어린 시절에 대해서도 털어놓았다. 몇 번의 연애 실패로 일에만 몰두했으며, 사업을 어느 정도 성장시킨 후에는 외로웠다는 이야기도 했다.

"실패한 연애라고만 할 수는 없죠." 화가가 수박을 우적우적 베어 먹으면서 사려 깊게 말했다. "그 연애들이 지금의 당신을 만들어줬잖아요. 나는 지금의 당신이 정말 좋아요." 화가가 솔직하게 말했다. "사실 사랑해요."

그가 몸을 숙여 사업가에게 키스했다.

"그 말을 하기까지 왜 이리 오래 걸렸어요?" 그녀가 물었다.

"모르겠어요. 오랫동안 자신감 없이 지내서 그랬나 봐요." 화가가 고백했다. "그런데 당신과 너무 잘 통하는 것 같고, 놀라운 모험을 하면서…. 모르겠어요, 다시 나 자신을 믿게 된 것 같아요. 삶을 다시 신뢰하게 된 것 같아요. 다시 누군가에게 마음을 열게 되어 너무 좋아요. 조금 있다가 그림을 그려야겠어요. 뭔가 특별한 그림이 나올 것 같아요."

"네, 그렇게 해요." 사업가가 격려했다. "나도 느낌이 와요. 당신은 정말로 전설적인 화가가 될 거예요." 그녀가 덧붙였다. "그리고 나도 사랑해요."

5AM 클럽의 두 신입 회원 사이에 연애 감정이 무르익어가던 그 순간, 갑작스럽게 시끄러운 힙합 음악이 들려왔다. 한 인물이 바다에서 빠른 속도로 지그재그로 움직이며 섬을 향해 왔다. 이 시끄러운 불청객이 누구인지 곧 드러났다. 개조한 고성능 제트 스키를 타고 정장용 모자에 끈을 달아 턱 밑에 묶은 스톤 라일리였다. 모자에는 해적 깃발에서 흔히 보이는 해골과 십자가 문양이 있었다.

곧 그는 두 연인이 앉아 있는 청정한 백사장으로 올라왔다. 그도 도시락을 먹고 신선한 과일 디저트까지 먹었다. 그러고는 사업가와 화가의 손을 꼭 잡았다.

이 남자는 참으로 괴짜였다. 그리고 가장 인간적인 영웅이기도 했다.

"친구들." 제트 스키는 얕은 물에서 흔들거리게 둔 채 억만장자가 쿵쾅거리는 음악 소리보다 크게 외쳤다. "두 사람이 보고 싶어서 왔어요. 내가 둘의 소풍을 망쳤다고 생각하지 않았으면 좋겠네요." 그가 입에 음식을 문 채로 말했다. 대답을 기다리지도 않고 그는 음악

소리를 높이고 노래를 따라 불렀다.

"기가 막힌 곡이죠?" 그가 발전소와 같은 에너지를 뿜어내며 물었다.

"당근 좋죠." 화가가 무의식적으로 대답했다가 얼른 정정했다. "당연히 좋다고요."

세 동료는 수영하고, 노래하고, 춤추고, 이야기하면서 잊지 못할 오후를 보냈다.

그날 저녁 억만장자는 저택 앞 해변에서 멋진 만찬을 준비했다. 대나무로 만든 횃불과 크림색 등불, 수천 개는 됨직한 촛불이 해변을 밝혔다.

최고급 리넨을 깐 긴 나무 탁자에는 정성 들여 준비된 음식들이 차려졌다. 연사도 찾아와 억만장자와 이야기를 주고받았고, 나중에는 라일리의 다른 친구 몇 명도 합류해 봉고를 연주하고, 근사한 요리를 먹고 좋은 와인을 마셨다. 대단히 전문적이고 친절하게 시중을 들던 직원들까지 만찬에 동석했다. 모든 게 환상적이고 특별했다.

소중한 그날 저녁 시간을 음미하던 사업가는 어느 순간 아버지가 냉장고 문에 붙여뒀던 글귀를 떠올렸다. 자기계발서 작가인 데일 카네기Dale Carnegie의 글이었다. '내가 아는 가장 비극적인 인간 본성 중 하나는 우리 모두가 삶을 미루는 경향이 있다는 것이다. 우리는 오늘 창밖에 피어 있는 장미를 즐기지 못하고 지평선 너머에 있는 마법의 장미 정원을 꿈꾼다.'

사업가는 혼자 미소를 지었다. 이제 자신은 미루지 않고 현재를 충실히 살 것이다. 그녀는 좋은 남자와 사랑에 빠지기만 한 게 아니었다. 삶 자체에 대한 열망도 넘치게 됐다.

다음 날 오전 5시, 오직 그 시간에만 가능한 고요를 뚫고 헬리콥터 소리가 들려왔다.

사업가와 화가는 억만장자에게 약속한 대로 해변에서 기다리고 있었다. 그들은 손을 꼭 잡고 억만장자와의 수업을 기대하고 있었다. 그러나 억만장자의 모습은 보이지 않았다. 대신 직원 하나가 집 쪽에서 뛰어왔다.

"봉주르." 그녀가 매우 세련된 어조로 인사를 건넸다. "라일리 씨가 두 분을 헬기장으로 모셔오라고 부탁하셨습니다. 두 분을 위한 큰 선물이 있다고 하셨어요. 그런데 서둘러주세요. 일정이 빠듯해서요."

세 사람은 빠른 걸음으로 해변을 지나 울창한 숲 사이로 난 잘 손질된 오솔길을 따라 올라갔다. 유명한 지도자들의 명언이 쓰인 표지판과 '무단침입 엄금'이라는 경고 표지판이 있는 허브 정원을 지나 마침내 잘 다듬어진 넓은 초지에 도착했다. 초지 한가운데에 헬리콥터 한 대가 윙윙 돌아가는 회전 날개로 이른 아침 햇살을 반사하며 대기하고 있었다.

헬리콥터 안에는 조종사 한 명이 앉아 있었다. 승객들이 탈 동안 조종사는 아무 말 없이 조종간을 조작하고 긴 항목의 점검표처럼 보이는 종이에 뭔가를 기록했다. 점검표가 끼워진 낡은 클립보드의 위쪽에는 '평범함의 비참함에서 벗어날 수 있게 일어나 움직여라'라는 문장이 붉은 글씨로 쓰여 있었다.

"좋은 아침입니다." 사업가가 큰 소리로 조종사에게 인사했다. "라일리 씨는 어디 있나요?"

조종사는 대답하지 않았다. 그는 다이얼을 돌리고 손잡이를 잡아당기고는 흰 종이에 체크 표시를 할 뿐이었다.

"멋진 여행이 되시길 빕니다" 직원이 둘의 안전띠를 조여주고 마이크가 달린 헤드폰을 요령 있게 씌워주면서 말했다.

"대체 어디로 가는 겁니까?" 화가가 성난 사람으로 되돌아가 따졌다.

답변이 없었다. 문이 쾅 닫혔다. 그리고 딸깍 소리가 나며 잠겼다.

엔진 소음이 더욱 커지면서 날개의 회전 속도가 빨라졌다. 윙윙 소리가 났다. 결코 우호적이라고 할 수 없는 조종사가 일종의 무아지경 상태에서 조종간을 밀었다. 헬리콥터가 풀밭 위로 뜨기 시작했다. 돌연 헬리콥터가 왼쪽으로 확 기울었다. 그러고는 급강하하다가 다시 위로 핵 올라갔다.

"완전 엉망이군." 화가가 소리쳤다. "무능한 조종사예요. 나는 이 사람이 싫어요."

"숨을 크게 쉬어요. 모두 잘될 거예요"라고 사업가가 달랬다. 그녀는 느긋하고 안정되어 보였고, 자신을 잘 통제하는 듯이 보였다. 아침 훈련이 효과가 있었다. 그녀는 화가를 자기 쪽으로 끌어당겼다. "내가 있잖아요. 우리는 무사할 거예요."

곧 헬리콥터는 하늘 높이 올라가 일정한 속도로 우아하게 날아갔다. 말없이 다이얼과 조종간만 조작하는 조종사는 승객 둘을 태우고 있다는 사실도 잊은 듯했다.

"본 적이 있는 시계예요." 화가가 조종사의 가느다란 손목에 채워진 커다란 시계를 슬쩍 보며 말했다.

"라일리 씨가 강연장에서 차고 있던 시계와 똑같아요. 말도 안 돼." 그가 떨리는 목소리로 말했다. 화가는 아프리카에 온 북극곰처럼 땀을 흘렸다.

"아침을 지배하라. 인생을 발전시켜라." 헬리콥터 앞에서 노래하는 듯한 목소리가 들려왔다.

"본주르. 5AM 클럽 회원이어서 오늘 아침도 즐거운가요?" 목이 잠긴 목소리였다. "이런, 이런! 잠시 후의 깜짝 선물도 마음에 들 거예요. 전설적 지도자들, 창의적인 천재들, 역사적 위인들의 아침 일과에 관한 수업은 다른 나라에서 해보려고요."

조종사가 머리를 홱 돌리며 선글라스를 벗었다. 그러고는 어마어마하게 큰 소리로 트림을 했다. 억만장자였다.

"두 분을 놀라게 할 생각은 없었어요. 나는 헬리콥터 조종사 자격증도 갖고 있어요." 그가 진심으로, 거의 사과하듯 말했다.

"그런데 어디로 가는 거예요?" 사업가가 탄력 있는 가죽 의자에 편히 앉으면서 물었다.

"아그라." 억만장자가 단 한 마디로 대답했다.

"무슨 뜻이에요? 아그라라뇨? 인도로 간다는 건가요?" 화가가 물었다.

"두 분을 다시 공항으로 데려갈 거예요." 억만장자자 대답했다. "일생일대의 모험을 위해서 좀 더 가야 하거든요."

"모리셔스를 떠나는 건가요?" 사업가가 실망하면서 물었다.

"당신이 알려주겠다고 했던 것들은 전부 어떡하고요?" 화가가 물었다. "인생에 혁명을 가져올 거라고 당신이 말했던 20/20/20 공식도 우리는 아직 못 배웠어요. 그게 5AM 클럽의 기초 같은 거라고 했잖아요. 저는 그걸 배울 날만 기다렸단 말입니다." 화가가 주먹으로 반대쪽 손바닥을 치면서 말했다. "그리고 저는 모리셔스가 너무,

너무 좋아요. 떠날 준비가 안 됐다고요."

"저도요." 사업가도 동조했다. "오전 5시 기상 후에 무엇을 해야 할지 세부적인 전략을 다루겠다고 약속하셨잖아요. 게다가 이 남자와 소풍도 한 번밖에 못 갔어요. 그마저도 당신이 시끄러운 음악과 제트 스키 소음으로 망쳐놓았고요!"

잠시 아무도 말을 하지 않았다. 그러고는 세 명 모두 낄낄거리기 시작했다.

"진정해요!" 억만장자가 외쳤다. "내 집이 곧 당신들 집이에요. 원한다면 언제든지 모리셔스에 다시 와요. 똑같은 운전기사와 제트기를 보내주고, 나도 직원들도 똑같이 환대해줄 거예요."

그는 다른 다이얼을 조정한 다음 덧붙였다. "지금 활주로에 비행기를 대기시켜놓았어요. 잉꼬 같은 당신들은 아주 훌륭한 학생이었어요. 최고였어요. 선생님의 가르침을 열정적으로 받아들였죠. 해가 뜰 때 일어나서 정시에 수업에 왔죠. 두 분이 얼마나 발전했는지 내가 다 봤어요. 그래서 오늘 근사한 선물을 주고 싶었어요."

"선물이요?" 화가가 물었다. "저는 곧 집에 있는 화실로 돌아가야 합니다. 이번 여행이 끝나면 작품 활동을 대대적으로 재정비하고 생활도 바로잡을 생각이거든요."

"저도 회사에 가봐야 해요." 사업가가 말했다. 미간에 예전 같은 주름이 잡혔다.

"아직은 아니에요. 조금 더 있다 가요." 억만장자가 만류했다. "우리는 아그라로 갈 거예요."

"거기가 대체 어디인데요?"라고 사업가가 말했다.

"아그라는 인도에 있는 도시예요"라고 억만장자가 설명했다. "두 사람을 데리고 세계 7대 불가사의 중 한 군데를 보러 가려고 해요. 그리고 5AM 클럽 방법론의 다음 부분을 배울 준비도 하고요. 지금까지 두 분이 배운 내용은 전부 앞으로의 수업을 위한 준비 과정이었어요. 준비됐죠? 우리는 이제 급격한 생산성 향상, 최대의 성과, 전설적인 리더십, 세상의 발전, 비범한 삶을 가져올 고급 정보를 다룰 거예요. 세계를 건설하는 사람들과 역사 창조자들의 아침 일과에서 어떤 실용적인 정보를 얻을 수 있는지 살펴볼 거예요. 가장 유용한 정보들을 곧 얻게 될 겁니다."

억만장자는 터빈이 돌아가고 있는 전용 제트기 옆에 헬리콥터를 능숙하게 착륙시켰다. 처음에 탔던 제트기와 달리 전체가 검은색이었다. 이 비행기의 꼬리날개에도 주황색으로 '5AC'라고 쓰여 있었다.

"놀라운 나라, 인도로 갑시다!" 억만장자가 힘차게 외쳤다.

"그럼 가시죠!" 사업가와 화가가 화답했다.

별난 갑부인 스톤 라일리와의 일상 탈출 경험이 막 시작됐다.

THE 5AM CLUB

12장

# 재능을 뛰어넘는 습관 형성의 원리

나는 훈련의 매 순간이 싫었다. 하지만 그때마다
'포기하지 말자. 지금 힘들고 남은 일생을 챔피언으로 살자' 라고 되뇌었다.
무하마드 알리

인도에 도착한 다음 날 아침 수업에서는 이 세상에서 가장 생산적인 리더들과 명인들은 어떤 습관을 길렀기에 그런 삶을 살 수 있었는지 살펴보기로 했다. 사업가와 화가는 지금 받는 훈련이 얼마나 지대한 가치가 있는지 이해하고 있었다.

지평선 위로 인도의 태양이 슬그머니 떠오를 때 억만장자가 "안녕"이라고 외치며 두 동료에게 달려왔다.

정확히 오전 5시였다.

그는 터번을 쓰고 검정 네루 칼라 셔츠와 카고 반바지 차림에 검정 샌들을 신고 있었다. 활짝 웃는 그의 얼굴은 모리셔스의 햇볕에 그을려 홍조를 띠고 있었다.

"오늘 아침에는 일과 생활에서 위대함을 드러내게 해줄 최고 성과 체제에 관한 선생님의 통찰을 알려주려고 합니다. 최고의 인물을 최고로 만들어주는 것은 유전자가 아니라 습관입니다. 가진 재능의 크기가 아니라 '그릿$^{grit}$'의 강도입니다. 오늘 수업에서는 우리를 무력하게 하는 행동을 버리고 도움이 될 행동을 머리에 입력하려면 무엇을 해야 하는지 알려주려 합니다."

"그릿이 뭐예요?" 억만장자의 한 마디 한 마디에 귀를 기울이던 사업가가 물었다.

"그릿은 사업, 교육, 군사, 스포츠 분야의 인재들을 연구했던 사회심리학자 앤절라 더크워스$^{Angela\ Duckworth}$가 대중화한 용어예요. 그녀는 위인을 만드는 요인은 선천적 재능이 아니라 노력, 절제력, 회복력, 끈기라는 것을 발견했습니다. 그 특성들을 포괄하는 용어가 '그릿'이죠."

"그렇구나"라고 화가가 말했다. "제가 그림을 포기하지 않게 고무해준 게 그릿이었군요. 자기 회의라는 벽에 부딪혔을 때나 발전이 없어서 좌절했을 때, 또는 비슷비슷한 연작 대신 독창적인 작품을 그린다고 다른 화가들이 비웃을까 봐 두려웠을 때 말이에요."

"훌륭한데요." 억만장자가 박수를 보냈다. "아인슈타인은 이런 글을 남겼죠. '위대한 영혼들은 언제나 평범한 사람들의 격렬한 반발에 부딪혀왔다. 평범한 사람들은 관습적 편견에 맹목적으로 굴복하기를 거부하고 용감하고 정직하게 자신의 의견을 밝히는 사람을 이해하지 못한다'라고요."

화가가 "좋은 말이군요"라고 활기차게 대답했다. 그 표정만으로도 점점 자신의 그림에 대한 비전을 신뢰하고 긍지를 갖게 되었음을 알 수 있었다.

"다시 하던 이야기로 돌아가서, 몇 주 만에 흐지부지되지 않고 최상의 습관을 고수할 수 있게 해주는 강력한 방법들을 알아보기로 합시다. 물론 오늘 아침 수업은 두 분에게 지극히 중요합니다. 오전 5시에 기상하는 것이 평생의 일과로 자리 잡기를 바랄 테니까요. 최상의 습관을 형성하기 위해 프로들은 어떻게 자기통제력을 기르고 남다른 의지력을 발휘했는지도 반드시 배워야죠. 그럼 거기서부터 시작해야겠네요."

세 사람은 타지마할 앞에 서 있었다. 그 시각 그곳에 있는 사람은 그들뿐이었다. 그들은 말로 다 표현할 수 없는 숭고미가 있는 건축물을 감동에 겨워 바라봤다.

"나는 인도를 정말 사랑해요"라고 억만장자가 밝혔다. "인도는 지구상에서 가장 위대한 나라 중 하나죠. 그리고 이곳이 세계 7대 불가사의 중 하나인 데는 다 이유가 있습니다. 숨이 멎는 듯한 아름다움이 느껴지죠?"

"그러네요." 사업가가 아주 뜨거운 커피를 홀짝이며 대꾸했다.

억만장자는 왼손에 커다란 물병을 들고 있었다. 그가 들고 다니는 물병이 흔히 그렇듯이 그 물병에도 선언문 같은 것이 인쇄되어 있었다. 그는 두 학생에게 그것을 멋들어지게 읽어줬다.

━ 안락한 시절에는 위대한 영웅이 나오지 않는다. 저명하고 고귀한 세계적 인물은 역경과 장애와 의심의 폭풍을 굳건히 버티면서 강인해지고, 용감해지고, 도덕성이 높아졌다. 가장 뿌리 깊은 약점에 직

면하는 순간 가장 큰 강점을 만들어낼 기회를 얻는다. 그러므로 진정한 힘은 편안한 삶에서 나오는 것이 아니라 최상의 자아가 옳다고 생각하는 방향으로 노력을 집중하고, 뛰어난 절제력을 발휘하고, 힘들게 실행하는 삶에서 나온다. 집어치우고 싶을 때 계속하는 것, 그만두고 싶은 마음이 간절할 때 전진하는 것, 포기하고 싶은 순간에 끈질기게 계속하는 것은 불굴의 정신으로 인류의 발전을 이끌었던 위대한 전사들과 명예로운 인물들 사이에 낄 자격을 얻게 한다.

"와! 이 위대한 시인의 이름 좀 알려주세요"라고 화가가 감동하며 말했다.

"아, 내가 쓴 거예요." 억만장자가 웃으며 말하고는 손을 위로 뻗었다. 그러자 새벽 안개 속에서 보좌관이 나타났다. 그녀는 "인도에 다시 와주셔서 저희 모두 기뻐하고 있습니다. 뵙고 싶었습니다"라고 말하면서 뭔가를 건넸다. "부탁하신 것은 여기 있습니다."

억만장자는 그녀에게 다정한 미소를 지어 보이며 살짝 고개를 숙였다. 보좌관이 준 것은 화려하게 장식된 파시미나 숄이었다. 그는 숄을 햇살 아래에 펼쳤다. 알다시피 파시미나는 카슈미르 지방에서 나는 품질 좋은 양모다.

한 땀 한 땀 정교하게 바느질된 숄을 자세히 들여다보자 '의지력 전사의 5-3-1 강령'이라는 글씨가 보였다. 그 제목 아래에는 '5-3-1'이 무엇을 의미하는지 설명돼 있었다.

모두가 상당히 독특한 내용으로, 다음과 같았다.

## 우수한 습관 뒤에 숨겨진 5가지 과학적 진실

**진실 #1:** 세계적 수준의 의지력은 타고난 강점이 아니라 부단한 연습을 통해 계발된 기술이다. 새벽 기상은 완벽한 자기통제 훈련이다.

**진실 #2:** 개인적 규율은 근육과 같다. 근육을 늘일수록 탄탄해지듯이 규율을 엄수할수록 강해진다. 따라서 자기 조절의 무사는 자신의 선천적 힘을 길러줄 어려운 상황을 적극적으로 만들어낸다.

**진실 #3:** 근육과 마찬가지로 의지력도 피로하면 약해진다. 따라서 탁월함을 발휘하고 의사결정 피로decision fatigue를 관리하기 위해서는 회복이 절대적으로 필요하다.

**진실 #4:** 훌륭한 습관을 형성하려면 네 단계를 거쳐 자동화된 일과로 만들어야 한다. 지속적 결실을 위해서는 명시된 대로 단계를 거쳐야 한다.

**진실 #5:** 하나의 생활 영역에서 자제력이 향상되면 다른 영역에서도 자제력이 향상된다. 즉, 5AM 클럽에 가입하면 당신이 하는 모든 일을 향상시킬 수 있다.

## 습관 형성에 나선 용기 있는 사람들의 3가지 가치관

**가치관 #1:** 승리는 일관성과 끈기를 요구한다.

**가치관 #2:** 시작한 일을 완수하느냐 아니냐에 따라 개인적으로 얼마나 존중받을지가 결정된다.

**가치관 #3:** 개인적으로 연습한 방식이 남들 앞에서도 그대로 나온다.

## 스파르타식 자기 규율의 대명제

아무리 괴롭고 힘들어도 중요한 일을 규칙적으로 하는 것이 전사를 탄생시키는 방법이다.

억만장자는 눈을 감고 이렇게 읊조렸다.

— 나는 쉬운 삶을 원하지 않는다. 그런 삶 속에서는 능력이 향상되지
않기 때문이다. 내게서 최상의 모습을 끌어낼 수 있는 도전적인 삶
을 달라. 그런 삶이야말로 강철 같은 의지와 불굴의 기개를 만들어
준다.

그리고 화가와 사업가를 향해 말했다. "이 숄은 내가 두 분에게
주는 선물이에요. '의지력 전사의 5-3-1 강령'을 공부하면 인내하
는 습관을 기르는 데 큰 도움이 될 거예요."

잠시 후 멀리 떨어진 빈 주차장에서 삼륜차가 달려왔다. 진회색
재킷을 입은 청년이 삼륜차에서 내리며 미소를 지었다.

"나마스테, 아르준!" 억만장자가 두 손을 합장하며 인사를 했다.

"이야, 회장님." 청년이 친밀하게 화답했다. 격식을 차리지 않은
인사말이었지만 청년의 어조에는 고용주에 대한 무한한 존경이 담
겨 있었다.

"두 분은 타지마할에 얽힌 이야기를 알고 있어요?" 억만장자가
이렇게 물었을 때 청년은 그가 요청하면 언제든 도움을 주겠다는 자
세로 옆에 서 있었다.

"이야기해주세요." 사업가가 부탁했다. 그녀는 휴대전화 대신 종
이 한 장과 평범한 검정 볼펜을 들고 있었다. 지난 수업에서 기술의
오용이 얼마나 창의력을 파괴하고 극도의 생산성 감소를 초래하는
지 알게 됐기 때문이다.

"그러죠. 끝내주는 이야기예요." 억만장자가 또 서퍼 같은 말투로

답했다.

"당신들 두 연인처럼 이 경이로운 건축을 주도한 무갈 황제 샤 자한<sup>Shah Jahan</sup>도 사랑에 푹 빠져 있었어요. 1631년 아내인 뭄타즈<sup>Mumtaz</sup>가 세상을 떠나자 그녀에 대한 헌신과 흠모의 마음을 담아 세상 사람들이 이제껏 보지 못했던 기념물을 건설하는 데 몰두했습니다. 대단히 감각적이고, 놀랍도록 감동적이며, 구조적으로도 탁월해 누가 봐도 그의 애정이 얼마나 깊었는지 느낄 수 있는 화려한 건축물을 짓고자 했어요."

"나도 보면서 마음이 묘했어요." 화가가 눈앞에서 반짝이는 대리석 외관을 바라보며 중얼거렸다. 이른 아침 햇살에 눈이 부셔서 눈을 가늘게 뜨고 있었다.

"나도 그랬어요." 억만장자가 서글픈 기색이 담긴 목소리로 동조했다. "단지 수업을 위해 타지마할을 보러 온 것은 아닙니다. 영혼을 부활시키기 위해서이기도 하죠. 가장 무감각한 사람조차 인간이라는 생명체로서 우리가 창작할 수 있는 것이 어디까지인지 깨치게 되거든요. 황제가 대담한 계획을 세우자마자 일꾼들은 그의 고상한 비전을 정확히 현실로 옮기는 작업을 시작했습니다. 실행으로 옮기지 않는 야망은 터무니없는 망상일 뿐이죠. 이제 두 분은 전설적인 것에는 남다른 근면성, 예술적 기교, 끈기가 요구된다는 사실을 잘 이해하고 있을 것입니다. 금방 숙달의 경지에 오르지는 않습니다. 세계가 감동할 만한 높은 수준에 도달하려면 몇 년 동안 근면함과 연습, 희생, 고통을 끊임없이 감내하는 과정을 거쳐야 하죠."

억만장자의 이야기가 이어졌다. "거절, 피로, 시기하는 동료들의 돌팔매질, 사랑하는 사람들의 회의적 태도를 견뎌야 하고요. 다른 매력적인 기회를 좇아 우회하기도 하고, 자기 회의라는 추위에 고립되었다가 길을 찾기도 하죠. 꿈을 품은 채로 몇 주일 동안만이 아니라 몇 개월, 어쩌면 몇 년씩 창조적인 실행에 목이 타는 사막에서 고귀한 이상에 충실해야 해요. 그러다 보면 또 다른 엄청난 경쟁 우위를 확보하게 될 것입니다. 이것이 낙오자들과 아이콘들의 차이점입니다. 누구나 잠깐은 위대해질 수 있지만, 항상 그러기는 어렵죠. 스포츠계의 아이콘들은 평생 천재 수준의 기량을 유지합니다. 그러려면 이런 피상적 시대에는 보기 드문 강한 그릿이 있어야 합니다."

억만장자는 생기 있고, 활기차고, 들떠 있었다. 그는 손가락으로 만국 공통의 승리 표시인 V자를 그려 보였다. 자신의 영감을 지키고 심장에서 타오르는 열정을 지키려는 행동 같았다.

"수십 년 전에 보험회사의 임원인 앨버트 E. N. 그레이[Albert E. N. Gray]가 영업 사원들에게 강연한 적이 있습니다. '성공의 공통분모'라는 제목으로 자신이 30년간의 연구를 통해 밝혀낸 일과 가족, 건강, 경제와 영적 생활의 행운을 좌우하는 핵심 요인을 알려주는 강연이었죠."

"그게 뭐였나요?" 사업가가 큰 관심을 보이며 이제 미지근해진 커피를 마셨다.

"음, 강연 내용을 토대로 제작되어 최고의 영업 전문가들에게 널리 배포됐던 팸플릿에 이런 내용이 있어요. '나는 노력이 성공 비결이라는 통념을 믿으면서 자랐다. 하지만 노력해도 성공하지 못하는 사람을 너무 많이 봐오면서 노력이 진정한 성공 비결이 아니라고 확신하게 되었다'라면서 '성공의 공통분모, 즉 성공한 모든 남녀의 비결은 실패한 사람들은 하기 싫어하는 일을 하는 습관을 길렀다는 사실에 있다'라고 설명했어요."

"간단하면서도 의미심장하네요." 화가가 레게머리 한 가닥을 만지작거리며 말했다.

"최고의 생산자들은 보통 사람들이 하고 싶어 하지 않는 가치 있는 활동을 습관화합니다. 하고 싶지 않을 때조차 말입니다." 억만장자가 계속 말했다. "그리고 바람직한 행동을 반복 연습함으로써 자제력과 자기 규율을 높입니다. 새로운 일과를 자동화하고요."

화가가 염소수염을 쓰다듬으며 고개를 끄덕였다. 그는 자신의 작품 활동에 대해 생각했다.

'나는 불안감 때문에 나 자신을 제한해왔어. 남들이 내 작품에 대해 뭐라고 말할지 너무 걱정돼서 작품을 많이 만들지 못했어. 라일리 씨 말이 맞아. 나는 인내심과 자제력을 키우지 못하고 있어. 내키는 시간에 하고 싶은 대로 하지. 어떤 날은 드라이브만 하고, 어떤 날은 온종일 잠을 자기도 해. 어떤 날은 게으름을 피우고, 어떤 날은 열심히 하지. 수면에서 까딱거리는 코르크 마개처럼 일정한 방향도 없이 가고 있어. 체계도 없고 진정한 규율도 없어. 비디오 게임도 많이 하잖아. 어떤 때는 몇 시간씩 해. 그리고 돈이 필요할 때면 금방 팔릴 그림을 서둘러 그리는 게 습관이 되어 있어. 내 전문성이 어느 정도인지 보여줄 한 작품에 모든 실력을 쏟아부어 서서히 완성하는 대신에 말이야. 이래서는 예술계를 뒤집어놓을 만한 작품이 나올리 없지.'

억만장자가 타지마할의 건축에 얽힌 이야기로 돌아갔다. "그래서 22년 동안 2만 명이 넘는 일꾼들이 인도의 불볕더위 아래서 고생했습니다. 1,000마리가 넘는 코끼리를 동원해 어마어마하게 먼 곳에서 대리석 덩어리를 운반해 와서 수많은 석공이 건축물을 꾸준히 세워나갔습니다. 그들은 그 과정에서 건축상의 난제와 극한 환경, 예기치 못한 참사에 부딪혔습니다. 하지만 황제의 멋진 꿈을 이루는 데 필요한 모든 조치를 취하며 집중했고, 두려움 없이 끈질기게 노력을 기울였습니다."

"정말 굉장해요." 화가가 타지마할을 다시 한번 살펴보며 말했다.

나비 한 마리가 지나갔다. 억만장자의 얼굴로 빗방울 몇 개가 떨어졌다. 그리고 믿기 힘들겠지만, 많은 비둘기가 그의 머리 위로 높이 날아올랐다.

"정말 이상해요. 당신 주위에 유독 비둘기와 무지개, 나비들이 자주 나타나는 것 같거든요?" 사업가가 입고 있던 티셔츠의 매무새를 가다듬으며 물었다. 티셔츠에는 그녀의 새로운 인식에 어울리는 오스카 와일드Oscar Wilde의 말이 쓰여 있었다. '당신 자신이 되어라. 다른 사람의 자리는 이미 누군가 차지하고 있으니.'

"우리 모두는 마법을 가지고 있습니다. 그런데 대부분이 그것을 쓸 줄 모르죠." 억만장자의 짧고 수수께끼 같은 대답이었다.

"다시 타지마할 이야기를 하자면, 이 묘소는 20년이 걸려서 완성됐습니다. 그리고 인류는 어떤 것보다 시적이고 대담하고 위대한 건축물을 얻게 되었죠."

"감동 그 이상이에요"라고 사업가가 솔직하게 말했다. "저희를 아그라로 데려와 줘서 정말 고맙습니다."

"황제가 아내를 정말 좋아했나 보네요." 화가가 사업가를 빤히 바라보면서 말했다. 그녀에게서는 배우나 모델 같은 화려한 여성들의 아름다움을 능가하는 광채가 났다. 훨씬 더 차분하고, 매우 사랑스럽고, 해돋이를 특별하게 만들고 달빛을 매혹적으로 만드는 아름다움이 있었다. 그는 내심 사업가의 매력이 단지 어여쁜 얼굴이 아니라 더 깊은 곳에서 나온다는 생각을 했다. 그것은 고군분투 속에서 탄생한 매력, 진정한 힘과 지혜와 사랑을 가진 사람이 되겠다는 확고한 결의로 형성된 아름다움이었다.

"타지마할은 어떤 역경이 나타나든 새로운 습관을 고수해야 한다는 주제를 이야기할 때 아주 적합한 소재입니다. 편안한 시기뿐 아니라 모든 것이 굉장히 어려울 때도 자신의 이상에 충실해야 한다는 걸 알려주니까요. 그래서 오늘 아침의 코칭 수업은 매우 중요합니다. 오늘 배울 내용은 지금까지 알려준 많은 이론을 실행하는 데 도움이 될 것입니다. 선생님이 여러 해 동안 창업자, 성공한 거장들, 나와 같은 변화의 주체들과 일하면서 신중히 개발한 모형이에요. 오늘 수업에서는 아침 일과를 어떻게 실행에 옮길 수 있는지를 주로 다룰 것입니다. 평생의 습관이 될 수 있도록 말입니다." 억만장자는 마법의 램프를 문지르듯 귓불을 문지르며 설명했다.

"제게 꼭 필요한 거네요. 이 여행이 끝난 후에도 오전 5시 기상을 그만두지 않을 실용적 방법이라니." 화가가 말했다.

"좋아요. 그럼 가봅시다!" 억만장자가 말했다.

그러자 건장한 경비원 두 명이 이들을 타지마할 안으로 들여보냈다. 대개 국가원수나 왕족, 세계 지도자들만 사용하는 입구를 통해 그들은 안으로 들어갔다. 어둡고 고요한 건물 안으로 들어서자 억만장자가 설명을 시작했다.

"지금은 세계의 존속을 위해 환상적이고, 매혹적이고, 혼란스럽고, 흥미진진한 시기입니다. 매일 아침 피해자의 모습을 하는 사람들에게는 미래가 매우 힘들고, 위험하고, 무서울 것입니다. 무슨 일이 닥칠지 모르기 때문입니다. 그들은 다가올 환경, 경제, 사회적 격변에 대처할 수 있도록 전혀 보호받지도 못할 것입니다. 하지만 자신의 재능을 지키기 위해 검증된 아침 일과를 습관화하고, 단호히 자제력을 기르고, 철저한 자기 규율 근육을 단련해온 소수에게는 앞날이 극히 풍요롭고 조화로우며 매우 생산적일 것입니다. 이들은 모든 혼란을 엄청난 기회로 활용할 수 있는 위치에 놓일 것이며, 모든 혼란을 명료화하고 천재성을 발휘함으로써 승리를 거둘 것입니다."

억만장자는 터번을 문지르고 나서 무슨 이유에서인지 소곤대듯 이야기하기 시작했다.

"두 분이 제일 먼저 이해해야 할 점은 뇌는 확장되게 되어 있다는 사실입니다. 물론 할 수 없다는 사고방식에 젖은 사람들은 5AM 클럽 가입 같은 훌륭한 습관을 들이더라도 나아질 게 없다고 주장할 것입니다. 그들은 왜 창의성, 생산성, 성공, 영향력의 촉진이 불가능한 '현실'인지 사력을 다해 주장할 것입니다. 훌륭한 경력을 쌓고 아름다운 개인 생활을 보여줄 수 없는 이유를 나열하며, 이를 믿게 하려고 몹시 애쓸 것입니다. 그들은 변화 능력을 너무 오랫동안 포기해왔기에 무력함이 진실이라고 여기게 되었습니다. 하지만 실제 환경은 크게 다릅니다. 그런 사람들은 선량하고 좋은 의도와 많은 재능을 가지고 있음에도 너무 자주 주권적 자아의 힘이 손상되도록 내버려 둔 탓에 극도로 수동적인 상태가 된 것입니다. 맞습니다, 사람들 대부분이 적극적으로 야망을 품지 않고 수동적입니다. 그러고는 왜 일을 하면서 리더로 나설 수 없는지, 자기 삶의 유능한 창조자가 될 수 없는지에 대해 온갖 변명을 무의식적으로 만들어왔습니다."

억만장자는 말을 멈추고 숨을 크게 들이쉬었다. 한 줄기 황금빛 햇살이 타지마할 안으로 비쳤다. 그가 설명을 이어갔다. "우리 뇌가 평생 성장할 수 있다는 것은 현재 과학적으로 확인된 사실입니다. 이 아름다운 현상은 '신경가소성neuroplasticity' 이라고 불리죠. 이는 개인의 의지력과 마찬가지로 인간의 뇌 역시 근육과 비슷하다는 사실을 가리킵니다. 뇌는 어느 정도 유연합니다. 빛나는 재능을 최대로 발휘하는 데 활용할 수 있게 강력해집니다. 두 분은 새벽 기상 같은 새로운 습관을 기를 때 뇌를 적극적으로 활용하고 싶을 것입니다. 뇌의 활동과 함께 활성화되는 뉴런은 서로 연결된다는 사실은 알고 있죠? 자신이 생활 방식에 추가하고 싶은 일과를 반복하면 그 일과를 실행하기가 점점 더 쉬워지고 익숙해집니다."

"우리가 뇌를 성장시킬 능력을 갖추고 있다는 사실은 전혀 몰랐습니다." 사업가가 흥분하며 말했다. "새로운 습관을 연습할수록 그것이 나의 일부가 되도록 뇌가 작용하고 발전한다는 이야기인 것 같은데, 맞나요?"

"네"라고 억만장자가 대답했다. 그는 두 사람이 자신의 멘토링을 통해 어떻게 발전하는지 지켜보고 있으니 흐뭇했다. 진정한 리더들은 다른 사람의 재능을 조명해줄 때 언제나 큰 기쁨을 느끼는 법이다.

"중요한 아이디어죠." 그가 벽에 손가락을 대고 말했다. "사람들은 원하는 뇌가 아니라 자신이 만들어온 뇌를 갖고 있습니다. 디지털 기기에 한눈을 팔고, TV에 매이고, 무의미한 일을 주로 하느라 잘못 다룬 뇌는 약해지고 무력해질 것입니다. 사용하지 않은 근육처럼 위축될 것입니다. 그리고 이는 인지 기능의 약화, 학습 속도의 감소, 정보 처리 능력의 저하를 초래할 것입니다. 경쟁력을 잃고 목표를 이룰 수도 없을 것입니다. 반면에 뇌의 한계를 확장하고 지혜롭게 관리할 때는 뇌의 연결이 확대되고 증가하여 생산성과 성과, 영향력에 큰 발전이 있을 것입니다. 런던 택시 운전사들의 뇌를 연구해봤더니 공간적 추론을 담당하는 해마$^{hippocampus}$가 일반인의 뇌보다 상당히 큰 것으로 밝혀졌습니다. 왜 그렇겠어요?"

"런던의 복잡한 도로 체계 때문이죠." 화가가 자신 있게 대답했다.

"맞습니다." 억만장자가 손뼉을 쳤다. "체육관에 가서 근육을 발달시키듯이 런던의 택시 기사들은 매일 운전을 하는 동안 해마를 발달시킨 것입니다. 우리 인간의 능력이 얼마나 대단한지 알겠죠? 이는 우리 모두가 가지고 있는 신경가소성의 좋은 예입니다. 우리가 선택하기만 하면 뇌를 강화하고, 조각하고, 최적화할 수 있습니다. 집으로 돌아가거든 신경 생성$^{neuro-genesis}$, 그러니까 뇌가 실제로 새로운 신경을 생성하는 자연적 능력에 관해서도 공부해보세요. 모든 사람은 어디에 살든, 나이가 몇이든, 무엇을 하든, 과거에 얼마나 힘들었든 뇌를 숙달시킬 수 있습니다. 뇌과학이 입증한 사실이죠." 억만장자가 열변을 토했다.

"어쨌든 지금은 뇌가 유연하고 근육과 같은 성질을 갖고 있다는 점만 알아두세요. 위대한 사람들을 위대하게 만든 요인은 매일의 불편을 감수한 것입니다. 자신을 강하게 채찍질할 때 군대 수준의 규율을 지시하는 뇌가 형성됩니다. 최고의 생산자는 수월하게 살 것이란 생각은 근거 없는 통념입니다!"

억만장자는 주머니에서 봉인된 봉투를 꺼내더니 사업가에게 건냈다. 그러고는 정중히 부탁했다. "이것 좀 열어주세요. 그리고 당신이 가진 확신과 열정을 다해 우리에게 읽어주세요."

사업가가 봉투에서 반듯하게 접힌 고급 종이를 꺼냈다. 거기에는 프리드리히 니체의 말이 쓰여 있었다.

— 소질과 타고난 재능에 대해 말하지 말라. 타고난 재능이 없어도 위인이 된 이들을 여럿 들 수 있으니. 그들은 누구도 눈치채지 못할 특성을 통해 위대해지고 (우리가 이름 붙인 대로) 천재가 되었다. 그들은 모두 작은 부분을 제대로 만드는 법부터 진지하게 배운 다음, 전체를 구성하는 일에 도전하는 장인의 진지함을 갖고 있었다. 그들은 눈부신 전체에 감탄하기보다 작고 부수적인 것들을 잘 만드는 데서 즐거움을 느꼈기 때문에 거기에 충분한 시간을 할애했다.

"종이를 뒤집어봐요." 억만장자가 또 한 번 요청했다.

거기에는 영국의 시인 윌리엄 어니스트 헨리William Ernest Henley의 시 구절이 쓰여 있었다.

— 비록 그 문이 좁을지라도
  어떤 형벌이 기다릴지라도
  나는 내 운명의 주인
  나는 내 영혼의 선장.

"대가와 천재, 영웅들은 모두 힘든 삶을 살았습니다." 억만장자가 말했다. "그들은 힘들게 훈련을 했습니다. 자신의 잠재력을 맹렬히

밀어붙였습니다. 잠재력을 최대한 발휘하기 위해 야심 차게, 부단히, 맹렬히 노력했습니다. passion(열정)이라는 단어는 '고통받는다'라는 의미가 있는 라틴어를 어원으로 합니다. 위인들은 비전과 이상, 포부를 위해 고통을 감수했습니다. 그들은 기술의 향상을 위해 고생을 마다하지 않았고 기량의 발휘를 위해 희생했습니다. 유혹을 뿌리치고 기교를 발전시키는 동안 엄청난 괴로움을 견뎌냈습니다. 그리고 늘 세상의 상황을 고민했습니다. 장래성을 낮게 잡는 것은 세상을 퇴보시키는 일입니다. 당신들의 위대함 없이는 지구가 더 빈약한 곳이 되기 때문입니다."

갑자기 억만장자가 무릎을 꿇었다. 그는 가슴께에서 두 팔을 포갠 채 눈을 감고 바닥에 납작 엎드렸다. 그러더니 코 고는 소리를 냈다. 요란하게.

"대체 뭐 하는 거예요?" 화가가 혼란스럽기도 하고 즐거워 보이기도 하는 표정으로 물었다.

"자발적인 불편"이라는 짧은 답변이 돌아왔다. 그리고 코 고는 소리가 계속됐다.

사업가가 웃으며 "정말 이상한 사람이야"라고 말했다. 이 괴짜 갑부의 또 다른 기행이 즐거운 게 분명했다.

억만장자가 슬그머니 미소를 지었다. 자신의 코미디 기술과 특이한 교수법을 흐뭇해하는 듯했다.

바닥에 엎드린 상태로 그가 말했다. "의지력을 기르는 최상의 방법은 자발적으로 불편한 상황을 조성하는 것입니다. 선생님은 이것을 '보강 시나리오strengthening scenario'라고 부르죠. 내가 훨씬 젊었을 때는 작은 충동에도 쉽게 굴복하곤 했습니다. 하고 싶지 않지만 해야만 하는 일을 스스로 명령하는 능력이 훨씬 약했으니까요. 자제력을 행사하지 않았기 때문에 자제력 근육이 무기력해진 거죠. 선생님은 내가 한층 더 강해져야만 5AM 일과를 평생의 습관으로 삼을 수 있다고 판단했습니다. 그래서 스스로 어려운 상황에 부닥치라고 했어요. 그리고 그 방법은 마술처럼 효과가 있었습니다."

"어떤 상황들을 만들었는데요?" 화가가 물었다.

"일주일에 한 번 바닥에서 잤어요."

"정말요? 진짜 그렇게 했어요?"라고 사업가가 물었다.

"물론이죠." 억만장자가 확인해줬다. "그리고 매일 아침 찬물로 샤워를 했습니다. 자신의 근원적 힘을 활용하기 위해서 세계 각지의 성공한 사람들이 그러듯이 일주일에 두 번은 단식도 했습니다. 단식할 때는 얼마나 많은 시간이 절약되던지, 정말 놀라웠죠. 그리고 생각이 얼마나 명료해지고 활력이 넘치는지 모릅니다. 취리히의 아파트에 머물 때는 강인함과 투지를 기르기 위해 티셔츠와 반바지만 입고 눈길을 달리는 혹독한 훈련도 했습니다."

억만장자가 일어섰다.

"두 분에게도 세계적 수준의 자기통제력이 갖춰져 있습니다. 과학이 증명해준 사실이죠. 여기서 핵심은 뇌에 새로운 신경 경로가 형성되도록 만들고, 의지력 근육을 의도적으로 수축·이완시켜서 천부적 자원을 더욱 발전시키는 것입니다. 이것이 바로 누구든 장애물에 부딪히고 어려움을 겪더라도 목표를 달성하기 위해 계속 노력할 수 있게 되는 방법입니다. 용기와 능력을 발휘해 위대함을 최대한 구현하는 것은 신의 축복 덕택이 아닙니다. 자발적인 연습의 결과죠. 강인함과 강철 같은 의지는 헌신을 필요로 합니다. 그래서 나는 이제부터 두 분이 더 힘든 일을 함으로써 마음속 괴로움을 질식시키고, 실체 없는 적을 죽이고, 두려움과 정면으로 대결하기를 권합니다."

"네, 그렇게 하겠습니다." 화가와 사업가가 한목소리로 답했다.

"의지력을 극대화하도록 자신을 훈련하는 것이 비범한 사람들의 최고 업적 중 하나라는 사실 역시 과학적 연구 결과가 증명해줍니다." 억만장자의 이야기가 이어졌다. "웨일스의 탐험가 헨리 모턴 스탠리Henry Morton Stanley는 화약보다도 자기통제가 필수라고 했습니다. 유명한 운동선수와 전설적인 예술가, 존경받는 정치인이 우리보다 강한 의지력을 타고났다는 것은 터무니없는 거짓말이에요. 예외적 존재인 그들도 사실 출발은 평범했습니다. 하지만 끊임없는 연습과 지속적인 훈련을 통해 훌륭한 일상 습관을 고수하면서 욕망과 유혹에 맞섰죠. 그 결과, 문화가 그들을 초인으로 인식하게 된 것입니다."

"별것 아닌 듯한 사소한 개선도 매일 꾸준히 이루어지면 엄청난 결과를 가져오죠." 화가가 이 경이로운 여행에서 배운 내용을 기분 좋게 암송하면서 팔을 뻗어 사업가의 손을 잡았다.

"맞습니다. 미미한 수준의 최적화일지라도 매일 의지력을 갖고 실행할 때 미켈란젤로나 레오나르도 다빈치, 디즈니, 쇼팽, 코코 샤넬, 펠레, 코페르니쿠스 같은 인물이 될 수 있습니다. 진정한 천재들 모두가 출발점에서는 평범한 사람이었습니다. 하지만 그들은 자신의 강점을 강화하는 연습을 아주 많이 함으로써 자동으로 세계적 수준에 도달했습니다. 선생님이 머리에 새겨두라고 가르쳐주신 게 한 가지 더 있습니다. '전설적인 거장은 환상적이지 않게 수행하는 법을 더는 기억하지 못한다' 라는 것입니다. 환상적 수준에 이르도록 아주 오랫동안 연습해왔기 때문에요."

"그럼 현실에서는 무엇부터 시작해야 할까요?" 사업가가 질문했다. "저희 둘 다 자제력을 더 키우고 싶고 훌륭한 습관을 평생 지키고 싶어 하거든요. 오전 5시 기상 습관은 특히 그렇죠."

"나를 따라와요."

억만장자가 그들을 이끌고 묘소의 복도와 어둑한 방들을 지나 작은 방으로 들어갔다. 한쪽 구석에 칠판이 놓여 있었다. 억만장자는 분필을 집어 들고 다음과 같은 도표를 그렸다.

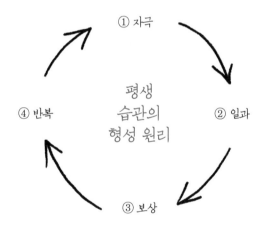

"이 단순한 모형은 습관이 형성되는 경로에 관한 최신 연구에 기반을 두고 있습니다." 그가 설명을 시작했다. "우선 습관을 촉발할 자극을 마련해야 합니다. 새벽 기상을 아침 일과로 하려면 단순히 알람시계를 오전 5시에 맞추면 됩니다. 다만, 로마에 도착하면 침실에 어떤 디지털 기기도 두면 안 됩니다."

"로마요?" 사업가와 화가가 동시에 외쳤다.

억만장자는 못 들은 척 말을 이어갔다. "알람시계를 자극으로 정했다면 다음 단계는 도표에서 볼 수 있듯이 일과를 실행하는 것입니다."

"바로 잠자리에서 일어나는 거겠네요?" 사업가가 물었다.

"맞습니다. 뻔한 이야기 같겠지만 추론을 담당하는 전전두피질이 왜 다시 잠을 자야 하는지 핑계를 만들어내기 전에 즉각 침대에서 빠져나오세요. 침대를 빠져나오는 순간 신경가소성에 의해 '새벽 기상' 신경 회로가 뇌에 생성됩니다. 신경 회로는 시간이 지남에 따라 고속도로처럼 서로 연결된다는 점을 기억하세요. 침대에 그냥 누워 있을지 또는 일어나서 기분 좋게 아침을 시작할지 선택에 직면한 바로 이 순간, 두 분에게는 의지력을 강화할 기회가 생깁니다. 처음에는 그다지 유쾌하지 않을 겁니다."

"모든 변화가 처음에는 힘들고, 중간에는 혼란스러우며, 마지막에는 아름답다." 화가가 연사의 또 다른 주요 강령을 읊었다.

"맞아요." 억만장자가 고개를 끄덕였다. "그리고 다음 단계는 보상을 미리 정해두는 것입니다. 보상은 새로운 습관을 고수하려는 동기를 가동하고 강화해줍니다. 승리를 앞당기려면 늘 보상의 효과를 활용하세요. 자, 쉬운 길을 따르는 대신 옳다고 믿는 행동을 하기로 하고 알람이 울리자마자 침대를 박차고 나온다고 가정해봅시다. 오전 5시부터 6시까지 빅토리 아워에 무엇을 해야 하는지는 20/20/20 공식을 설명하면서 정확히 알려줄게요."

"그걸 알려주기는 할 거예요?" 화가가 다시 끼어들었다. 무례하게 굴려는 것이 아니라 얼른 배우고 싶어서 그랬다는 게 분명히 느껴졌다.

"20/20/20 공식은 내일 아침 코칭 수업의 주제입니다"라고 억만장자가 선심을 썼다. "평생 습관 형성의 3단계에 집중합시다. 하던 얘기로 돌아가서, 보상은 미리 정해둘 필요가 있습니다. 의지력을 연구하는 저명한 연구자들은 그것이 행동을 지속시키는 데 필수라고 말합니다. 새벽 기상에 대한 보상으로 점심에 다크 초콜릿을 디저트로 먹을 수도 있습니다. 낮잠을 잘 수도 있고, 읽고 싶던 책을 살 수도 있습니다. 자신에게 적합한 보상을 생각해내면 됩니다."

"알겠습니다"라고 사업가가 말했다. 이제 그녀는 이 모든 정보가 자신의 사업 수완뿐 아니라 마인드셋, 하트셋, 헬스셋, 소울셋을 크게 향상시켜 정말 훌륭한 삶을 영위하게 해주리라고 확신했다.

"좋아요. 그럼 이제 마지막 단계를 이야기해보죠." 억만장자가 '반복'이라는 단어를 분필로 가리키면서 말했다.

"하등한 자아가 원하는 나약한 충동을 없애고 최상의 자아를 가두고 있는 욕망과 유혹에서 벗어날 방법은 습관으로 만들려는 새로운 행동을 끊임없이 반복하는 것입니다. 5AM 클럽의 평생 회원으로 남겠다는 약속을 확고히 지키세요. 인생을 바꿔놓을 자신과의 약속을 지키는 데 전념하고 어떤 핑계도 대지 마세요. 두 분이 그 약속을 지킬 때마다 주권적 자아와의 관계가 깊어질 것입니다. 새벽에 일어날 때마다 인격이 정화되고, 의지가 강화되고, 영혼의 불꽃이 커질 것입니다. 진정한 위엄은 관중이 보는 앞에서가 아니라 이른 아침 여명 속에서 외로이 연습할 때 평가된다는 점을 기억하세요."

사업가가 이렇게 응답했다. "저는 우승을 차지한 스포츠팀에 관한 글을 꽤 많이 읽었어요. 그게 회사에서 최고의 팀들을 만드는 데 많은 도움을 줬거든요. 제가 배운 것이 하나 있다면 팀을 승리로 이끈 요인은 최종 결승전의 마지막 순간에 펼친 경기 내용보다 연습 시간에 한 훈련의 양이라는 사실입니다."

억만장자도 동의했다. "바로 그거예요. 결승전 마지막 순간의 눈부신 활약은 지칠 줄 모르고 반복한 훈련의 결과입니다."

"학습 모형을 하나만 더 설명하고 두 분을 보내줄게요. 66일간의 과정만 잘 따르면 습관을 형성할 수 있다는 것을 아주 분명하게 보여줄 모형입니다. 하지만 그 전에 자제력에 관해 몇 가지 더 실용적인 지적을 해주고 싶군요. 피로해지면 의지력이 약해진다는 것만 기억해두세요. 과학자들은 그런 상태를 '자아 고갈ego-depletion'이라고 부르죠. 매일 아침 눈을 뜰 때는 자기통제력이 최고인 상태입니다. 그래서 내면의 네 영역을 향상시키는 데 가장 중요한 활동을 그때 하라는 것입니다. 회의에 참석하고, 메시지를 확인하고, 과업을 수행하며 하루를 보내는 동안 자기통제력이 감소하죠. 유혹에 대처하고 나약한 충동을 관리하는 능력 역시 떨어집니다. 바로 그 때문에 성공한 후 자신의 경력을 무너뜨리는 어리석은 짓을 하는 사람이 그렇게 많은 겁니다. 온종일 중요한 결정을 내리느라 피로한 상태에서 충동에 굴복하는 바람에 몰락하는 거죠."

"정말 흥미롭네요"라고 사업가가 평했다. "많은 것을 설명해주는데요."

"그래서 핵심은 자기통제 근육의 휴식과 회복입니다. 절대로 자기통제력이 너무 피로해지도록 놔두지 마세요. 가장 피곤할 때 의지력도 가장 약합니다. 여기서 반드시 알아둬야 할 핵심 사항입니다. 세계 정상에 있는 사람들이 의지력 같은 소중한 자산을 지키기 위해 어떻게 회복과 재충전의 시간을 가졌는지는 나중 수업에서 중요하게 다룰 계획입니다."

그때 입구에서 본 경비원 중 한 명이 들어오더니 배낭에서 차트를 꺼냈다. 그는 손전등으로 차트를 비춰 거기에 그려진 그림이 보이도록 했다. 다음과 같은 교육 체계가 보였다.

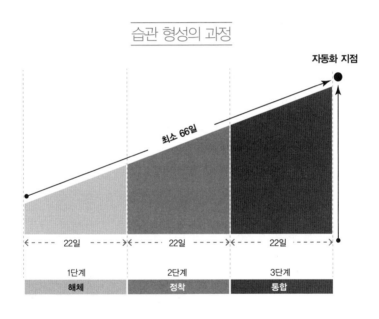

"새로운 습관을 규칙으로 만들려면 먼저 해체 단계를 거처야 합니다." 억만장자가 도표의 첫 단계를 가리키며 말했다. "해체 단계를 지속하다 보면 두 번째 단계로 넘어가 새로운 신경 경로가 형성되고 진정한 습관 형성이 시작됩니다. 이것이 '혼란스러운 중간 단계'입니다. 마지막으로 새로운 일과를 평상시 생활 방식으로 만드는 연습을 계속하면 최종 단계인 통합 과정에 도달하게 됩니다. 런던대학교의 연구에 따르면 이 전 과정에 약 66일이 걸린다고 합니다. 선생님은 '최소 66일'을 강조했죠. 66일만 투자하면 새로운 습관을 형성할 수 있습니다. 그러므로 며칠이나 몇 주 만에 그만두지 마세요. 5AM 클럽 회원이 되려면 최소 66일 동안 자신과의 약속을 지켜야 합니다. 무슨 일이 있어도 말이죠. 그렇게만 하면 남은 인생이 몰라보게 달라질 것입니다. 이건 정말 내가 약속할 수 있습니다." 억만장자의 설명이었다.

"모든 변화가 처음에는 어렵습니다. 선생님이 선택한 '해체'라는 단어만 봐도 알 수 있죠. 어렵지 않다면 그것은 진정한 변화가 아니겠지요. 예전의 행동 방식을 없애고 과거의 사고방식을 바꿔야 하므로 어려울 수밖에 없습니다. 과거에 길든 마음과 감정도 새롭게 써야 합니다. 우주왕복선이 지구 궤도를 선회하는 전 과정보다 이륙 직후 60초 동안에 더 많은 연료를 소모하는 이유가 무엇인지 알아요?"

"이륙 후 강력한 중력을 이겨내야 하기 때문이죠." 화가가 자신 있게 대답했다.

"정확합니다. 중력을 이기고 대기권 탈출 속도에 도달하려면 초반에 많은 연료가 필요합니다. 하지만 일단 그 속도에 도달하면 가속도가 붙어서 그냥 나아가죠. 첫 단계인 해체 과정이 정확히 이와 같습니다. 두 분은 깊이 배어 있는 습관, 지배적인 일과, 기존의 수행 상태를 극복해야 합니다. 처음에는 몹시 어렵습니다. 그래요, 거짓말하지 않겠습니다. 나와 함께 지내면서부터 지금까지 두 분은 오전 5시 기상을 아주 잘 지켜줬습니다. 하지만 1단계의 22일을 넘어가면서 벽에 부딪힐 것입니다. 문제가 있어서가 아닙니다. 최고의 생산성과 더욱 풍요로운 삶을 추구하는 모든 사람이 습관 형성 단계에서 겪어야만 하는 과정입니다.

동이 트기 전에 일어나려는 사람들 대부분이 이 첫 단계에서 매일 어려움을 겪습니다. 포기하고 싶어집니다. 그들은 일찍 일어나는 것이 자신에게는 맞지 않는다고 불평합니다. 자신은 그렇게 태어나지를 않았으니 고통을 감내하며 일찍 일어날 가치가 없다고 합니다. 나의 조언은 간단합니다. 어떤 대가를 치르더라도 계속하라는 겁니다. 또한 선택에 직면했을 때는 항상 자신을 극한으로 몰아붙이는 길을 선택해야 한다는 규칙도 기억하세요. 그리고 부정적인 생각, 짜증 나는 감정, 항복하고 싶은 강한 욕구는 새로운 습관이 몸에 배는 과정의 정상적인 부분임을 이해하세요. 처음 22일은 거의 고문처럼 느껴질 것입니다."

"1단계는 새로운 생활 방식이 구축될 수 있도록 예전 방식을 해체하는 과정이기 때문이죠?" 사업가가 물었다.

"그렇습니다"라고 억만장자가 답했다. "그리고 예전에 할 수 없었던 일이라 해서 지금도 할 수 없는 것은 아닙니다." 그가 격려의 의미로 고개를 끄덕이며 덧붙였다. "우리는 처음에 어려우면 나쁜 일이 일어난 것으로 생각하게끔 사회화되었습니다. 그러니 하던 일을 멈추고 예전의 정상 상태인 안전 가옥으로 돌아가야 한다고 말이죠. 하지만 그런 행동 방식으로는 전설적 존재로 성장할 수 없습니다."

"정말 그래요." 사업가가 동의했다. "제가 아는 사람들은 대부분이 매일 익숙한 것만 반복합니다. 같은 생각, 같은 행동, 같은 방법을 반복하죠."

"사실 바뀔 수 없어서가 아닙니다." 억만장자가 말했다. "신경생물학뿐만 아니라 심리, 생리, 감정, 영성이 자연적 경이를 발휘할 수 있을 만큼 습관을 개선하고 그것을 지속시키려는 노력을 기울이지 않았을 뿐이죠. 사실 지금은 쉽게 느껴지는 일들도 처음에는 모두 힘들었던 일이잖아요."

억만장자는 경비원에게 손전등을 달라고 해서 습관 형성 모형의 2단계 부분을 비췄다.

"여기를 보세요. 모든 변화가 중간에는 혼란스럽다고 했죠. 2단계는 일종의 내부 개조 과정으로 '정착installation' 단계라고 불립니다. 더 나은 토대를 세우기 위해서는 이전의 토대를 허물어야 합니다. 이 단계는 두 분을 혼란스럽게 하고, 스트레스를 주고, 좌절을 느끼게 할 것입니다. 포기하고 싶은 마음이 더 커질 거예요. 5AM 클럽에 가입하기로 한 것이 끔찍한 결정이었다는 생각도 들 거고요. 따뜻한 침대로 돌아가서 잠을 더 청하고 싶은 마음이 간절할 것입니다. 하지만 다 잘되고 있다고 생각하고 믿으세요. 사실 매우 잘하는 중입니다. 눈에 보이지 않겠지만 남은 평생 새벽 기상을 일과로 정착시키기 위한 습관화가 진행되고 있습니다. 그리고 완전히 새로운 수준의 행동에 근접해 있습니다. 유명한 심리학자 카를 융Carl Jung은 '모든 무질서 속에 질서가 숨겨져 있다'라고 말했죠."

화가와 사업가의 표정에서 걱정스러움과 각오가 교차했다.

"새벽 기상이라는 값진 아침 일과를 새로운 습관으로 만들려 할 때 새로운 신경 경로가 만들어지면서 뇌 구조 전체에 대변동이 일어납니다. 뇌의 전체 체계가 재구성되어 정말로 생소한 영역으로 들어가게 됩니다. 새싹을 틔워야 합니다. 자기 잠재력의 새로운 영역을 개척하고 인간 최적화의 더 높은 세계에 접근해야 합니다. 이때 공포 호르몬인 코르티솔 수준이 상승하기 때문에 자주 두려움을 느끼게 됩니다. 뇌 안에서 일어나는 이 모든 현상 때문에 많은 에너지가 소모됩니다. 그래서 2단계 정착 과정에서는 자주 지칠 것입니다. 고대의 현자와 선각자, 철학자들은 이런 극심한 개인적 변화를 '영혼의 어두운 밤The Dark Night of the Soul' 이라고 불렀습니다.

하지만 애벌레였던 영혼이 혼란을 거쳐 거의 마법처럼 나비가 됩니다. 신비주의자들은 진정한 변화를 죽음과 같은 과정을 거치는 여정으로 표현합니다. '더 나은 당신으로 거듭나려면 낡은 당신은 죽어야 한다' 라고 했죠. 선생님은 '위대해지려면 약점을 소멸시켜야만 한다' 라고 말했습니다. 표현이 좀 극적이긴 합니다만 선생님의 말씀은 진실입니다. 2단계에서는 모든 것이 무너지고 있다는 느낌이 들 때도 있을 것입니다. 하지만 실은 모든 것이 더 좋게 통합되고 있는 것입니다. 알다시피 인간의 인식은 종종 현실과 다릅니다. 렌즈를 통해 세상을 보는 것과 같죠. 안전에 대한 환상은 자기연마를 지향하는 과정보다 훨씬 더 치명적입니다. 2단계에서 22일만 버티세요. 그러고 나면 엄청난 보상이 기다리고 있다는 것만 생각하세요.”

“방금 해준 이야기들이 전부 마음에 듭니다.” 화가가 말했다. “이제 평생 새벽 기상 습관을 고수할 거예요. 그 과정이 죽을 것처럼 고통스럽다고 해도.”

“자, 여러분.” 억만장자가 선수들을 격려하는 축구 코치처럼 손뼉을 치며 말했다. “두 분이 멋지게 해내고 있다는 것을 압니다. 그러니 계속 잘해봅시다. 새로운 습관을 형성하기 위해 1단계로 이전 습관을 계속 부수어나가세요. 그리고 2단계로 신경가소성을 통해 새로운 신경 회로를 생성하고 정서의 핵심부에도 더 나은 경로가 만들어지게 하세요. 그럼 분명 3단계인 통합 단계에 도달하게 될 것입니다. 모든 변화가 처음에는 힘들고, 중간에는 혼란스러우며, 마지막에는 아름답다는 것을 기억하세요."

억만장자가 부드럽게 미소를 지으며 이야기를 이어갔다.

"마지막 단계는 모든 것이 합쳐지는 과정으로, 그동안 기울인 엄청난 노력의 결실을 보게 됩니다. 5AM 클럽의 평생 회원으로서 혜택을 누리게 되죠. 인간의 뇌가 일과를 입력하는 데 필요한 약 66일의 기간이 거의 끝나가고 있습니다. 이제 성공의 시간입니다. 처음의 해체 단계, 위험과 혼란이 도사린 중간 단계를 지나서 더 강해지고 능숙해지고 가장 상위에 있는 불굴의 천성에 가까워진 사람이 됩니다. 최상의 자아를 지니게 된 당신은 더 큰 목표를 잡고, 모범을 보임으로써 더 많은 사람에게 영향을 미치며, 세상에 유용한 존재가 될 수 있습니다. 당신이 형성하려는 새로운 습관이 심리적, 정서적, 신체적, 영적 차원에서 통합되면서 그동안 쏟아부은 모든 노력과 희생, 고통, 용기가 이 단계에서 합쳐집니다. 그리고 새로운 일상의 표준이 됩니다."

"일상이 편안해지는 건가요?" 화가가 궁금해했다.

억만장자가 갑자기 타지마할의 대리석 바닥에 엎드리더니 팔굽혀펴기를 하기 시작했다. 마치 중요한 시합을 앞둔 권투선수의 훈련 모습 같았다.

"대체 지금 뭐 하는 거예요?" 사업가가 재미있어하며 물었다. 그녀는 '상상 이상으로 특이한 분이야. 정말 마음에 들어'라고 생각했다.

"인생의 주목적은 성장, 즉 잠재력을 실현하기 위해 계속해서 자신을 독려하는 데 있습니다. 매일 팔굽혀펴기를 하는 이유는 계속 최적의 상태를 유지하며 세계적인 수준을 지향할 수 있기 때문입니다. 또한 나 자신이 젊고, 행복하고, 살아 있다는 기분을 계속 느끼게 해주죠. 지루함은 인간의 영혼을 죽이거든요."

억만장자가 일어섰다.

"세계 최정상에 있는 사람들에게 산 하나의 정상은 다음 산의 기슭입니다. 한 가지 훌륭한 습관을 형성한 후는 다음 습관을 새로 형성할 절호의 기회가 되죠. 나는 하루에 팔굽혀펴기를 1,000번씩 합니다. 아주 좋은 운동이죠. 아주 간단하면서도 날씬한 체격, 탄탄한 근육을 유지하게 해주죠." 억만장자가 웃음 띤 얼굴로 말했다.

"또한 이것은 계속 전진하고 계속 확장해나가라고 스스로를 일깨우는 일과이기도 합니다. 마인드셋, 하트셋, 헬스셋, 소울셋을 향상시켜 최상의 나로 끌어올리라고 말입니다. 솔직히, 나는 실패가 두렵지 않습니다. 더 나은 방법을 배우는 과정이니까요. 성장하지 못하는 것이 정말 두려울 뿐이죠."

"그렇군요." 사업가가 종이에 빠르게 메모하며 말했다.

억만장자는 학습 모형의 '자동화 지점'이라고 적힌 부분을 가리켰다. "흥미로운 사실은 일단 자동화 지점에 도달하면 더는 오전 5시 기상을 위해 의지력이 필요하지 않다는 것입니다. 인간의 운영 체계에 새로운 습관을 설치하는 작업이 끝난 거죠. 새벽 기상이 제

2의 천성처럼 되면서 쉬워집니다. 66일 동안 훈련에 전념하며 훌륭히 마친 데 대한 선물이죠. 그런데 진정한 선물은 따로 있습니다. 일찍 일어나는 습관을 들이는 데 사용해왔던 의지력을 이제는 세계적인 수준의 또 다른 행동을 위해 쓸 수 있게 된다는 거예요. 즉 더욱 생산적이고, 번창하고, 즐겁고, 성공할 기회를 얻을 수 있다는 뜻입니다. 프로 선수들의 비결도 바로 이것입니다. 그들이 보통 사람보다 자제력이 강한 것은 아닙니다. 66일 동안 충동을 잘 조절하면서 경기에서 승리하게 해줄 일과 하나를 자리 잡게 할 뿐입니다. 그 후에는 다른 전문 기술을 향상시키는 데 의지력을 발휘합니다. 자신의 분야를 이끌고 승리를 달성하는 데 도움이 되는 또 다른 기술을 훈련하는 거죠. 그런 식으로 프로 선수들은 하나의 습관을 기르고, 다음 습관을 기릅니다. 시간이 흐르면서 승리를 가져오는 행동이 자동화됩니다. 체계화되고 일상화되죠. 일단 습관이 체화되면 실행하는 데 어떠한 노력도 필요하지 않습니다. 승리의 습관을 수없이 연습하면, 그 습관대로 하지 않는 법을 잊게 되는 겁니다."

화가가 흥분해서 말했다. "개인적으로나 화가로서의 제 일에 매우 소중한 설명이었어요. 이제 습관 형성의 과정을 완전히 이해했습니다. 해체, 정착, 통합의 세 단계가 각각 22일 정도 걸린다는 거죠?"

"맞습니다. 66일쯤 지나면 자동적인 일과로 굳어집니다. 그것이 자동화 지점입니다. 새로운 습관이 자리 잡는 데 9주 정도 걸린다는 얘기예요. 일주일쯤 오전 5시에 기상해보고 그만두지 마세요. 중간에 엉망이 되더라도 포기하지 마세요. 이 타지마할을 건설했던 샤자한 황제와 일꾼들처럼 모든 시련과 도전을 견디며 끈질기게 버티세요. 최고가 되려면 인내심이 필요합니다. 그리고 천재가 되는 데는 시간이 걸립니다. 해가 뜨는 동안 자신을 위한 1시간을 마련하고, 대다수가 잠을 잘 동안 내면의 네 영역을 발전시키는 데 전념하세요. 그러면 두 분의 대범한 마음이 갈망하는 외적 제국을 건설할 준비가 될 것입니다."

"마음에 들어요." 사업가가 활짝 웃었다. "정말 도움이 되겠어요. 왜 숙련의 경지에 도달하는 데 필요한 습관을 지닌 사람이 그토록 적은지도 설명이 되네요. 효과를 얻을 때까지 처음의 약속을 지키지 못해서군요. 할 수 있는데도 하지 않은 거예요."

"맞아요." 억만장자가 맞장구를 쳤다. "그래서 정보와 교육, 학습, 성장이 매우 중요한 겁니다. 우리는 모두 자신이 규정한 승리를 거두도록 태어났습니다. 하지만 슬프게도 대다수는 선생님이 내게 가르쳐준 철학과 방법론을 교육받은 적이 없습니다. 내가 두 분에게 전수해주고 있는 바로 그 가르침 말입니다. 두 분도 선생님의 가르침을 가능한 한 많은 사람에게 알려주어야만 합니다. 부탁합니다. 이를 통해 우리는 사람들이 무관심과 평범함에서 벗어나 자신의 고유한 힘을 발견하고 놀라운 일을 하면서 남은 인생을 살아가도록 도와줄 수 있습니다. 우리는 이 세상을 더 살기 좋고, 건강하고, 안전하고, 사랑이 있는 곳으로 만들어야 합니다."

"반드시 그렇게 하겠습니다." 사업가와 화가가 함께 약속했다.

사업가는 잠시 멈춰 서서 잊지 못할 것만 같은 그 순간의 광경을 마음에 새겼다. 그녀는 이 기이하고 아름답고 놀라운 모험을 하는 동안 예기치 않게 사랑에 빠진 남자 옆에 서 있었다. 그리고 숨이 멎을 듯 아름다운 경치, 이국적인 요리, 특별한 시민들 때문에 항상 와

보고 싶었던 나라 인도, 그중에서도 세계 7대 불가사의 안에 서 있었다. 그녀는 평소에 생활하던 세계는 어땠는지 잠시 생각했다. 속임수, 도둑질, 불성실, 배신이 떠올랐다. 갑자기 웃음이 났다. 가면을 쓰고 살아가며 짓는 억지웃음이 아니었다. 지혜로운 삶의 진정한 보물을 방금 발견한 사람의 기쁨이 느껴지는 웃음이었다.

그 순간 사업가는 자신이 얼마나 축복받은 사람인지 깨달았다. 인생은 언제나 최선의 방향으로 흘러가므로 회사를 탈취해가려는 시도는 저절로 해결될 것이다. 물론 현재 상황을 생각하면 아직도 때때로 분노와 실망, 슬픔 같은 감정이 솟구친다. 그렇지만 이를 억누르지 말라고 배웠다. 그것은 인간이기에 생기는 현실적인 감정이며 나약한 것이 아니라 용감한 감정이었다. 다른 한편으로 그녀는 부와 찬사, 명예보다 중요한 것들이 있다는 것 또한 알게 됐다. 경제적으로 부유한 많은 사람이 실질적으로는 지독히 가난한 존재라는 사실도.

'행복만큼 소중한 것은 없어. 마음의 평화만큼 값진 것은 없어' 라고 사업가는 생각했다. 그녀는 사랑을 찾았다. 몸도 어느 때보다 건강했다. 그 밖에도 감사할 것들이 아주 많았다. 이 멋진 세상의 장엄함을 볼 수 있는 두 눈, 그런 세상을 탐험하고 다닐 수 있는 두 다리, 배를 곯는 사람이 수억인데 끼니마다 식탁에 올라오는 음식들, 그리고 안식처를 제공해주는 널찍한 집까지. 그리고 그녀에게는 지혜를 얻을 서재의 책들, 창의력을 높여줄 일, 자신뿐 아니라 사회에도 유익한 자기연마에 도달할 기회도 있었다.

드넓은 인도의 하늘에 태양이 떠오르는 동안 이 장엄한 묘소 안에서, 사업가의 마음속에서는 모든 사람이 좀 더 자주 해야 할 일이 일어나고 있었다. 바로, 용서다.

그녀는 용서했다.

그녀는 투자자들에 대한 적대감을 버렸다. 자신을 비방하는 사람들에게 분개하는 마음도 버렸다. 그리고 자신을 짓눌러왔던 실망감도 전부 털어버렸다. 상황을 심각하게 받아들이기에는 인생이 너무 짧다. 그녀의 인생이 끝날 때 가장 중요한 것은 벤처 투자자들에게 회사의 소유권을 빼앗겼는지 아닌지가 아니라 그녀가 한 인간으로서 어떤 사람이었는가일 것이다. 그리고 어떤 수준의 기술을 남겼는가, 얼마나 많은 사람을 도왔는가, 얼마나 많이 웃었는가, 어떻게 살았는가일 것이다.

억만장자가 옳았다. 모든 인간은 현재의 의식 수준과 현재 구사할 수 있는 진정한 힘을 토대로 가능한 한 최선을 다한다. 투자자들이 어리석지 않았다면 더 나은 행동을 했을 것이다. 그들이 그녀에게 괴로움과 고통을 안긴 이유는 그들 자신이 깊숙한 무의식의 수준에서 고통받고 있었기 때문이다. 그리고 괴로웠기 때문이다. 남들에게 상처를 주는 사람은 조용히 자신을 혐오한다. 우리 세계가 수많은 전쟁과 위험, 증오로 가득한 것도 그 때문일지 모른다. 그녀는 어쩌면 회사를 뺏으려는 도적들이 스승 노릇을 해주는 건지도 모른다는 생각을 해봤다. 그녀가 낙담하고 절망하도록 몰아붙여 변화를 꾀하지 않을 수 없게 하려고 인생이 그들을 보낸 건지도 모른다. 우리가 가장 위대한 자아를 알게 되는 건 아마도 모든 것을 잃을 위험에 직면한 때일 것이다.

그녀 앞에 있는 이상하고, 별나고, 누구보다 진실한 멘토인 스톤 라일리는 5AM 클럽 가입이 모든 사람의 생산성과 번영, 행복을 어떻게 변화시킬 수 있는지 온 마음을 다해 설명했다. 기이한 첫 만남 때 내걸었던 거창한 약속들을 그는 모두 지켰다. 그는 자기 일에서만이 아니라 진실성과 예의에서도 거인임을 보여줬다.

'우리에게는 그와 같은 부류의 사람이 더 필요해'라고 그녀는 생각했다. '순수한 지도자들 말이야. 거창한 직함이나 높은 지위에 동반된 힘이 아니라 고매한 품성과 전문적 식견, 연민을 통해서 사람들에게 영향을 미치며, 사람을 만날 때마다 상대가 발전하게 해주려는 지도자들. 이기적인 자만심에 중독되어 움직이지 않고 우리의 위대한 지혜가 지시하는 대로 이타적으로 행동하는 지도자들.'

사업가는 '나는 당신이 지금과 같기를 바란다. 당신이 가진 모습 그대로 친절로 인색한 세상을 놀라게 하기를 바란다'라는 시인 마야 안젤루Maya Angelou의 말을 떠올렸다. '모든 사람이 자기 집 문 앞을 청소한다면 전 세계가 깨끗해질 것이다'라는 테레사 수녀의 가르침도 떠올렸다. 그래서 그 특별한 날 이른 아침, 그녀는 용서했을 뿐 아니라 자신과 약속했다. 다시는 자살할 생각 따위는 하지 않겠다고. 또한 앞으로 평생 매일 오전 5시에 일어나 사소한 일에 정신을 팔지 않고, 중요하지 않은 자극과 불필요한 문제에서 벗어난 빅토리 아워를 자신에게 선물하겠다고 약속했다. 그래서 계속해서 마인드셋을 교정하고, 하트셋을 정화하고, 헬스셋을 강화하고, 소울셋을 확대할 수 있게 하겠다고 약속했다.

"어쨌든," 억만장자가 그 순간에 어울리지 않게 큰 소리로 외쳤다. "새로운 습관을 정착시키는 데 도움이 되는 결정적이며 대단히 실용적인 3가지 전략만 남았네요. 이 주제에 많은 시간을 할애했는데요, 두 분의 성공에 꼭 필요한 전략이기 때문입니다."

그는 손전등을 꺼내 천장의 한 부분을 비췄다. 뇌에 새겨야 할 3가지 전략이 서서히 드러났다.

— #1. 습관을 오래 지속시키려면 절대 혼자 실행하지 말라.
　#2. 다른 사람을 가르칠 때 가장 많이 배운다.
　#3. 그만두고 싶을 때가 계속 전진해야 할 때다.

억만장자가 다시 미소를 지었다. "아주 간단하죠? 심오하기 때문에 간단한 거예요. 첫 번째는 집단으로 실천할 때 습관이 가장 깊이 자리 잡는다는 얘기입니다. 5AM 클럽 가입이 매우 효과적인 이유가 그 때문입니다. 두 분은 아침 일과를 혼자 습관화하고 있지 않죠. 우리가 함께하고 있잖아요. 앞으로 집으로 돌아간 후에도 가능한 한 많은 사람을 5AM 클럽에 가입시키기를 진심으로 바랍니다. 세계적 수준의 일을 하고 경이로운 삶을 살 수 있도록 일찍 일어날 준비가 된 사람들로요."

억만장자가 기침을 했다. 그리고 고통스러운 듯이 가슴을 문질렀다. 하지만 별일 아니라는 듯 무심히 넘어갔다.

"두 번째 전략은 내게서 배우고 있는 철학과 방법론을 다른 사람에게 가르치라는 것입니다. 누군가를 가르칠 때 그 내용을 더 잘 이해하게 됩니다. 내가 알려준 내용을 다른 사람에게 교육하는 것은 여러 면에서 두 분 자신에게 주는 선물이 될 거예요."

"그런 생각은 해보지 못했네요"라고 사업가가 말했다.

"하지만 그것이 사실입니다"라고 억만장자가 말했다. "그리고 가장 중요한 것은 이 마지막 전략입니다. 어떤 것이든 숙달을 위해서는 끈기가 필요하다는 것을 기억하세요. 더는 나아갈 수 없다고 느끼는 그 순간은 완전히 새로운 차원의 의지력을 형성할 엄청난 기회입니다. 계속할 수 없다고 느낄 때 조금 더 나아가세요. 자기 규율의 근육이 상당히 두꺼워질 것입니다. 자존감 또한 크게 향상될 것입니다. 생산성을 급격히 향상시키고, 자기 분야를 선도하고, 자신이 좋아하는 삶을 영위하기 위해서 스스로에 대한 평가를 높이는 것만큼 중요한 일은 거의 없습니다."

억만장자가 간곡한 표정으로 말을 이었다. "작가이자 철학자인 제럴드 사이크스Gerald Sykes는 '모든 확고한 성취는 필연적으로 수년간의 겸손한 생활과 대부분 사회와의 단절을 요구한다'라고 썼습니다. 훌륭한 두 분은 최고의 자아를 실현하고 역사적인 업적을 달성해야 마땅합니다. 부드러운 침대의 유혹에 넘어가 늦잠을 잠으로써 내면에 숨어 있는 힘을 저버리지 마세요. 세계의 위인들은 이불 속에서 노닥거렸기 때문이 아니라 대다수에게 미쳤다는 소리를 들어가며 숭고한 야망을 품고 그것을 추구했기 때문에 위대해졌습니다. 타지마할이 우리에게 보여주듯이 세계적 수준에 도달하려면 시간과 노력, 희생, 인내심이 필요합니다. 영웅적 행위 역시 한 계절 만에 나오지 않습니다. 오전 5시 기상 습관이 몸에 배게 하세요. 그렇게 한다면 전설이 될 것입니다. 그리고 전 세계에 영향력을 행사하는 사람이 될 것입니다."

말을 마친 스톤 라일리는 두 학생을 껴안았다. 그러고는 대리석이 깔린 복도로 사라졌다.

## 13장
# 5AM 클럽의 20/20/20 공식

> 이른 아침 게으름을 피우며 일어나지 않고 미적댈 때
> '인간이면 일을 하러 일어나야지' 라는 생각을 떠올려라.
> 마르쿠스 아우렐리우스

---

'로마는 내 혈관 속에 있지. 로마의 에너지가 내 피에 흘러. 로마는 독특한 마법으로 내가 기운을 되찾게 해주지.'

억만장자는 전용기가 민간 공항의 활주로를 천천히 달리는 동안 생각했다. 그는 비토리아 거리에 있는 아파트에서 환상적인 시간을 보냈던 시절이 정말 좋았다. 취리히 등 다른 도시에 있는 집들은 주로 프로젝트를 진행하고, 여러 나라에 벌여놓은 사업을 관리하며 머무는 장소였다. 하지만 로마는 그의 경외심을 자극하고 즐거움에 대한 욕구를 채워주는 곳이었다.

그가 가장 사랑했던 여인이 로마 출신이라는 것도 알아둬야 한다.

억만장자가 그녀를 처음 만난 곳은 패션 가문의 본점들이 즐비한 거리에 자리 잡은 작은 서점이었다. 그들이 처음 만났을 때 그는 30대 후반이었지만 플레이보이 기질이 다분하고 아름다운 여자를 좋아하는 취향으로 유명한 독신남이었다. 그는 그녀에게 무슨 책을 찾아달라고 부탁했는지 여전히 기억하고 있다. 바로 리처드 바크<sup>Richard Bach</sup>가 쓴 《갈매기의 꿈》이었다. 바네사는 바로 책을 찾아서 매우 예의 바르지만 좌절감이 들 만큼 무관심한 태도로 책을 건네주고는 다른 손님을 응대하러 갔다. 라일리는 서점을 1년 이상 끈질기게 방문한 끝에 그녀와 저녁 식사 약속을 잡았고, 마침내 결혼했다.

억만장자와 바네사의 관계는 세기의 사랑 이야기가 흔히 그렇듯이 격정적이면서도 불안했다. 열정적 연애가 뿌리 깊은 고통을 가져오는 경우는 종종 있지 않은가. 사람은 누구나 특별한 상대에게만큼은 마침내 사회적 갑옷을 벗고 진정한 자아를 보여주어도 안전하다고 느낀다. 그래서 상대는 경이와 열정으로 충만한, 빛나는 나를 보게 된다. 하지만 누구나 살면서 얻게 되는 그늘진 면도 적나라하게 보게 된다. 그래서 칼릴 지브란은 《예언자》에서 이렇게 말했다. "사랑이 그대에게 손짓하거든 그를 따르라. 그 길이 험난하고 가파르다 할지라도. 그의 날개 속에 숨겨진 칼이 그대를 아프게 할지라도. 북풍이 정원을 폐허로 만들듯 사랑의 목소리가 그대의 꿈을 산산이 흩어버릴지라도. 사랑은 이 모든 일을 행하여 그대로 하여금 자기 마음의 비밀을 알게 하리라." 격렬한 언쟁이 오가기도 했지만, 억만장자와 조각상처럼 아름다운 아내는 수십 년 동안 결혼 생활을 유지했다.

바네사가 갑자기 세상을 떠난 지도 수년이 지났지만, 그는 재혼

하지 않았다. 다른 사람을 사랑할 수 없었던 그는 회사를 거대 기업으로 성장시키고, 자선 활동을 늘리고, 열심히 쌓아 올린 멋진 삶을 홀로 즐겼다.

그는 지갑을 꺼내 구겨진 바네사의 사진을 천천히 꺼냈다. 그는 사진 속 아내의 모습에서 시선을 떼지 못했다. 그러더니 또 기침을 하기 시작했다.

"괜찮으세요, 회장님?" 조종사 중 한 명이 물었다.

억만장자는 아무런 대답 없이 사진만 바라봤다.


그보다 며칠 전에 로마에 도착한 사업가와 화가는 영원의 도시 로마의 화려하고 진귀한 풍경에 매료됐다. 그들은 로마의 활기와 아름다움에 취해 두 손을 꼭 잡고 과거 위대한 건축가와 고귀한 황제가 걸었던 자갈길을 걸었다.

오늘은 그들이 오랫동안 기다려온 날이었다. 5AM 클럽 방법론의 핵심인 20/20/20 공식을 배울 것이다. 즉, 오전 5시부터 6시 사이의 시간을 잘 활용하여 세계적인 존재가 되는 방법을 아주 자세히 배울 것이다. 억만장자의 요청에 따라 두 사람은 스페인 계단의 맨 뒤에 서 있었다. 오전 5시 정각이었다.

때마침 로마의 첫 햇살이 트리니타 데이 몬티 성당을 비췄다. 초기 로마인들은 원대한 이상과 건축물의 규모, 그리고 공학적 현실을 초월하는 기념비적 건축물의 건설 능력 면에서 비범한 이들이었다. 성 베드로 성당과 아우구스투스 황제의 무덤이 두 사람의 눈에 들어왔다. 그리고 로마 제국이 방어의 핵심으로 삼았던 일곱 언덕도 보였다. 먼 곳에서 불이라도 피웠는지 연기 냄새와 꽃향기가 섞인 바람이 부드럽게 불어왔다.

"본조르노!" 고요를 뚫고 인사말이 들려왔다. "아침을 지배하라. 인생을 발전시켜라." 결정적인 승리를 거둔 로마 병사에게서 들을 법한 열광적인 목소리로 억만장자가 외쳤다. 그는 마법사 같은 미소를 지으며 붉은 아침 햇살 속으로 걸어 들어왔다.

"두 분, 기분이 어때요?" 그가 쾌활하게 물었다.

"좋아요." 사업가와 화가가 동시에 대답했다.

"오늘은 중요한 날이죠? 20/20/20 공식을 배우는 날이니까요. 드디어 여기까지 왔네요. 마침내 우리는 아침 일과를 조정할 준비가 됐어요. 천재성을 발휘하고 무한한 기쁨으로 가득한 삶을 살 수 있도록 말입니다. 오늘 수업 내용도 마음에 꼭 들 거예요. 이제 두 분의 남은 인생은 결코 예전과 같지 않을 것입니다." 저명한 경영자인 억만장자가 선언했다. 햇살이 그의 머리 위로 쏟아져 후광처럼 보였다. 마치 천상의 장면 같았다.

해가 서서히 떠오름과 함께 억만장자의 왼쪽 손등에 문신이 새겨진 게 보였다. 숫자 문신이었다. 20/20/20이라고만 쓰여 있었다.

"그거 새로 한 거예요? 못 보던 거네요." 화가가 호기심을 드러내며 물었다.

"네. 어젯밤 로마에 도착하자마자 했어요. 멋있죠?" 신생아처럼 순진한 모습으로 억만장자가 대답했다.

"실은, 일회용 문신이에요. 오늘은 20/20/20 공식을 배우는 날이라서 해봤어요. 우리가 함께하는 훈련에서 가장 중요한 내용 중 하나니까요. 두 분과 여기 함께 있으니까 축복받은 기분이에요. 이제 마치 가족 같은 느낌이 들어요. 로마로 돌아온 것도 아주 특별한 일이고요. 아내 바네사가 세상을 떠난 후로는 여기에 안 왔거든요. 아내 없이 오자니 너무 마음이 아파서요." 그가 고백하고는 고개를 돌렸다.

잠시 후 라일리는 바지 주머니를 뒤적거리더니 위시본<sup>wishbone</sup>(조류의 목과 가슴 사이에 있는 V자형 뼈로, 두 사람이 양 끝을 잡아당겨 긴 쪽을 차지한 사람이 소원을 빌면 이뤄진다고 하여 이런 이름이 붙음—옮긴이)을 꺼냈다. 그리고 신비로운 그림들이 그려진 계단 중 하나에 뼈를 조심스럽게 놓았다. 그러자 다음과 같은 모양이 됐다.

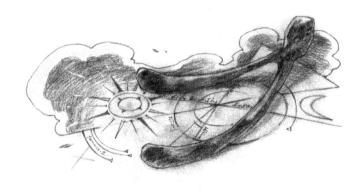

억만장자는 사업가와 화가에게 소원을 빌라고 한 후에 누가 행운을 차지할지 위시본을 당겨보라고 했다.

"이것을 오늘 수업에 가져온 이유는 분위기를 띄우기 위해서만은 아니에요." 억만장자가 계속 말했다. "등뼈 없는 위시본은 그리 오래 지탱할 수 없다는 사실을 두 분 모두 기억하라는 의미에서이기도 해요"라고 그가 설명했다.

"앞에서 배웠던 '어중간한 노력은 어중간한 결과를 가져올 뿐이다' 라는 통찰 같은 건가요?" 화가가 질문했다.

"'실행이 따르지 않는 아이디어는 아무 소용이 없다'라는 이야기이기도 하겠네요." 사업가가 점점 커지는 태양 아래 요가의 스트레칭 동작을 하면서 말했다.

억만장자가 대답했다. "비슷해요. 나는 두 사람 모두 생산적이고, 탁월하고, 행복하고, 의미 있는 삶을 영위하기를 갈망한다는 것을 알아요. 여러 습관 중에서도 그 큰 야망의 실현을 보장해주는 습관은 5AM 클럽 회원이 되는 거예요. 내가 경험해본 바로는 이 습관이 영예로운 삶을 살겠다는 목적을 일상의 현실로 바꿔주는 데 최고예요. 맞아요, 꿈과 소망은 그저 위시본일 뿐이에요. 새벽 기상은 그것들을 이뤄줄 등뼈죠."

"새벽 기상의 효과는 사실 20/20/20 공식을 매일 적용하는 데서 나옵니다." 억만장자의 이야기가 이어졌다. "그리고 몇 초 후면 놀랍도록 효과적인 그 아침 일과가 두 분에게 공개될 것입니다."

"이제는 정말 때가 됐죠!" 화가가 이렇게 말하며 초록색 선글라스를 꼈다. 이제 햇살이 본격적으로 쏟아지기 시작했다.

"시작하기 전에 우리 한번 안아볼까요?" 억만장자가 애정 어린 목소리로 외치며 화가와 사업가를 끌어안았다. "내가 사랑하는 로마에 온 것을 환영합니다!"

"자, 그럼 시작해봅시다. 우리의 창의성과 생산성, 번영, 성과, 사회적 유용성 및 개인 생활의 수준은 단순히 오전 5시 기상만으로는 변하지 않는다는 점을 알아두세요. 일찍 일어나기만 한다고 효과가 있지는 않습니다. 5AM 클럽 가입이 인생의 판도를 바꿔줄 습관이 되느냐 마느냐는 잠에서 깬 후 60분 동안 무엇을 하는가에 달려 있습니다. 빅토리 아워는 인생에 절호의 기회를 제공해준다는 점을 기억하세요. 이제 두 분도 알다시피, 하루를 시작하는 방식은 하루가 어떻게 펼쳐지는지에 큰 영향을 미칩니다. 어떤 사람들은 일찍 일어나기는 하지만 뉴스를 보고, 온라인 서핑을 하고, 소셜미디어 피드나 문자를 확인하느라 아침 일과의 가치를 훼손합니다. 이제 두 분은 그런 행동이 정말 중요한 일을 회피하는 행동임을 분명히 알고 있으리라 믿습니다. 이런 식의 행동 때문에 대다수는 이 특별한 시간의 고요를 활용해 자신의 탁월성을 극대화하여 멋진 나날이 이어지도록 만들지 못합니다."

"그리고 우리가 하루를 살아가는 방식이 인생이 되는 거고요." 화가가 억만장자의 해변 별장에서 배웠던 핵심 정보를 확인했다. "그게 바로 꾸준한 실천 원칙이죠. 역사 창조자들의 4가지 주안점 중 하나잖아요."

"맞습니다." 억만장자가 박수를 보냈다. "하루를 현명하게, 건강하게, 평온하게 시작하는 것은 사회적 및 개인적 성공을 최적화하기만 하는 게 아니라 지켜주기도 한다는 말도 해줘야겠군요."

갑자기 검투사 복장을 한 남자가 마차를 몰고 스페인 광장을 지나가며 "본조르노, 라일리 씨!"라고 외쳤다.

억만장자도 그 남자에게 들리도록 큰 소리로 "나중에 봐요"라고 인사했다. "끝내주는 의상이죠?" 그가 학생들에게 말했다.

억만장자가 일회용 문신을 문지르며 콜로세움 쪽을 바라봤다.

"저 의상은 고대 로마에서 노예 신분으로 중요한 지도자들의 신뢰를 얻어 그들을 태우고 다녔던 아우리가^Auriga를 떠올리게 해요. 재미있게도 아우리가는 '둑스^Dux'로 불렸던 지휘관이 월계관을 머리에 쓸 때 그 뒤에서 '메멘토, 호모Memento, Homo' 라고 나직이 속삭여주는 임무도 맡고 있었답니다."

"그게 무슨 뜻이에요?" 사업가가 물었다.

억만장자가 대답했다. "'당신도 인간일 뿐임을 기억하라' 라는 뜻입니다. 지도자가 거만해지려는 마음을 누르고, 대성공에 필연적으로 동반되는 자기중심 성향을 관리하도록 돕기 위해 아우리가가 그 말을 들려주게 했다고 합니다. 둑스가 진정한 임무에만 계속 집중하고, 로마 제국의 몰락을 가져온 사치와 오락에 에너지를 탕진하지 않게 하려는 심오한 뜻이 있죠."

"정말 그래요." 화가가 말을 꺼냈다. "나도 천재적 예술가들이 성공을 제대로 관리하지 못해서 창의력과 평판을 잃어버리는 경우를 봤어요. 그래서 무슨 말인지 알겠어요."

사업가가 "당근 그렇겠네요"라고 말했다. 그러더니 새 남자친구의 손을 꼭 잡으면서 "아, 당연하다고요"라고 바로 고쳐 말했다. "나도 급성장한 회사들이 자신들의 승리 공식에 취해서 시장 점유율을 잃는 모습을 많이 봤어요. 그들은 열정을 잃고 건방져지고 자만심에 빠졌죠. 계속 제품 광고를 하고, 고객 서비스를 개선하고, 모든 직원이 리더십 성과를 향상할 방안을 마련하지 않더라도 늘 고객은 줄을 서리라는 잘못된 믿음을 가졌어요. 그래서 저도 라일리 씨 말이 이해가 돼요."

"아주 좋아요. 20/20/20 공식을 적용할 때 매일 아침 그 실행 방법을 계속 개선해야 한다는 점을 기억하세요. 늘 부족하다는 생각을 하세요. 성공만큼 실패를 조장하는 것은 없으니까요. 이 공식의 실천이 얼마나 큰 변화를 가져오는지 체험해본 다음에는 과정 중 일부를 설렁설렁 하기 쉽고, 심지어 등한시하기 쉽거든요."

억만장자는 검지로 계단을 만지면서 눈을 감고 조용히 말했다. "이제 최상의 자아에서 도망치기를 그만두고, 두 분의 능력과 용기를 받아들이고 인류를 고무해야 하는 소명을 이해해야 할 때입니다."

그런 다음 그는 스페인 계단 꼭대기에 있는 석조 연단을 가로질러 가 광장에서 밤을 굽고 있던 한 남자에게 손을 흔들었다.

남자는 손짓을 보자마자 벌떡 일어나 광장을 가로지르고 계단을 세 개씩 껑충껑충 뛰어서 억만장자가 있는 맨 꼭대기까지 올라왔다. 그가 코팅된 종이 한 장을 억만장자에게 건넸다. 셔츠 사이로 방탄조끼가 살짝 보였다.

"여기 있습니다. 로마에 다시 오셔서 기쁩니다, 회장님." 남자가 강한 이탈리아 억양에 사포처럼 거친 목소리로 말했다.

"정말 고마워, 아드리아노." 억만장자가 손바닥에 입을 맞추고 손을 내밀어 악수를 청했다.

"아드리아노는 내 경호원들 중 한 명이에요." 라일리가 건네받은 종이를 들여다보면서 알려줬다. "일단 이 환상적인 학습 모형을 보세요. 선생님이 우리를 위해서 빅토리 아워와 20/20/20 공식을 분석해놓은 거예요. 이제 아침 일과를 어떻게 보낼지에 대한 의문은 없어졌습니다. 핑계를 댈 여지도 없어졌습니다. 전부 정리돼 있으니까요. 이대로 따라 하기만 하면 하루를 지배하게 될 것입니다. 미루기는 자기혐오 행동입니다."

"정말요?"라고 화가가 물었다.

"물론이죠. 자신을 정말로 사랑한다면, 자신은 위대한 사람이 될 재목이 못 된다는 생각을 버리고 약점의 노예가 되기를 멈출 것입니다. 더는 자신의 결함에 집중하지 않고 놀라운 자질을 축하할 것입니다. 생각해보세요. 지금 지구상에 당신의 독특한 재능들을 똑같이 가진 사람은 아무도 없습니다. 사실 역사를 통틀어서 당신과 정확히 똑같은 사람은 한 명도 없었습니다. 앞으로도 절대 없을 거고요. 당신은 그렇게 특별한 존재입니다. 그러므로 자신의 풍부한 재능과 빛나는 강점, 놀라운 힘을 전적으로 수용하세요. 자신에게 한 약속을 어기게 하는 파괴적인 습관을 버리세요. 많은 사람이 자신과의 약속을 지키지 못한다는 점 때문에 자신을 사랑하지 못합니다. 스스로 약속한 일을 완수하지 못할 때 자존감도 사라집니다. 계속 그렇게 행동하면 무의식에서 자신은 아무런 가치가 없는 사람이라고 믿기 시작하니까요. 앞서 설명했던 '자기충족적 예언'이라는 심리 현상도 기억하세요. 우리는 항상 자신을 바라보는 시각과 일치하는 방식으로 행동합니다. 그래서 생각이 결과를 만들어냅니다. 자신과 자신의 힘을 낮잡아 볼수록 힘을 발휘할 수 없습니다."

억만장자는 나비 떼가 날아가는 광경을 잠시 지켜본 후 말을 이었다.

"그것이 모든 일이 돌아가는 방식입니다. 그러니 두 분은 일을 미루지 말고, 의지력 근육을 단련하세요. 남은 일생 대담성을 발휘하고, 뛰어난 생산성을 증명해 보이며, 무결점의 아름다움을 표현하는 존재로 살아가세요. 자신의 특별함을 부정함으로써 자기혐오에 빠지는 대신 천재성을 살림으로써 진정한 자신을 존중하세요. 미루는 것은 자기를 혐오하기에 나오는 행동입니다." 억만장자가 반복해서 말했다. "아침 시간 관리 방법인 20/20/20 공식을 정착시키는 데 전력을 기울이세요."

억만장자는 사업가와 화가에게 다음과 같은 프레임워크를 보여
줬다.

## 20/20/20 공식

| 단위 #1 | 활동 | 이유 | 혜택 |
|---|---|---|---|
| 05:00 AM – 05:20 AM 운동(MOVE) | - 격렬한 운동<br>- 땀 흘리기<br>- 학습<br>- 수분 섭취<br>- 심호흡 | - 코르티솔 경감<br>- BDNF 활성화<br>- 도파민 증가<br>- 세로토닌 증가<br>- 신진대사 촉진 | - 집중력+생산성 향상<br>- 집중력+뇌의 최적화<br>- 에너지 증가<br>- 스트레스 감소<br>- 장수 |

| 단위 #2 | 활동 | 이유 | 혜택 |
|---|---|---|---|
| 05:20 AM – 05:40 AM 숙고(REFLECT) | - 일기<br>- 명상<br>- 계획<br>- 기도<br>- 묵상 | - 감사하는 마음 증가<br>- 인식의 대폭 향상<br>- 행복감 증가<br>- 지혜의 발달<br>- 평온함의 확대 | - 긍정성 증가<br>- 반응성 감소<br>- 창의성 증가<br>- 성과 향상<br>- 풍요로운 삶 |

| 단위 #3 | 활동 | 이유 | 혜택 |
|---|---|---|---|
| 05:40 AM – 06:00 AM 성장(GROW) | - 목표 검토<br>- 독서<br>- 오디오북 듣기<br>- 팟캐스트 듣기<br>- 온라인 스터디 | - 2×3× 마인드셋<br>- 깊이 있는 지식<br>- 감각 향상<br>- 자신감 가속화<br>- 종합적 변화<br>- 영감 향상 | - 수입+영향력 증가<br>- 기술의 교정<br>- 자기 분야에 대한<br>- 지배력<br>- 개인적 성장 |

"이 학습 모형에서 볼 수 있듯이 두 분이 익히고 숙달해야 할 습
관들이 20분 단위로 나뉘어 있습니다. 20/20/20 공식에서는 처음
20분 동안 '운동'을 하도록 요구합니다. 땀이 나도록 운동을 하며
아침을 시작하는 것이 삶의 질을 획기적으로 높여주기 때문입니다.
그다음 20분 동안은 '숙고'의 시간을 갖기를 권장합니다. 이 시간은

자신의 타고난 힘을 다시 찾고, 자기 인식을 높이고, 스트레스를 해소하고, 행복을 증진하고, 과도한 자극과 활동의 시대에 내면의 평화를 회복할 수 있게 고안되었습니다. 그리고 개인 무장의 시간인 마지막 20분은 '성장'을 위한 활동이 중심이 됩니다. 최고의 삶을 만들어가는 방법에 관한 책이나 자신의 전문 기량을 발전시켜줄 글을 읽을 수도 있고, 거장들은 어떻게 그런 비범한 업적을 달성했는지 알려주는 오디오북을 들을 수도 있으며, 인간관계나 재정 상태를 개선하는 법이나 영성을 심화하는 교육용 비디오를 볼 수도 있습니다. 알다시피 배움에 힘쓰는 리더들이 성공합니다."

그는 프레임워크에서 눈을 돌려 두 사람을 바라보며 말했다. "내가 선생님께 배운 가장 유용한 가르침 중 하나는 기상 직후의 격렬한 운동이 대단히 중요하다는 것이었습니다. 선생님이 하신 말씀을 아직도 그대로 기억합니다. '격렬한 운동으로 하루를 시작해야만 합니다. 이건 타협의 여지가 없습니다. 그러지 않으면 20/20/20 공식은 효과가 없을 것입니다. 5AM 클럽 회원 자격도 박탈할 것입니다.' 아주 단호하게 그렇게 말씀하셨죠."


비둘기 세 마리가 억만장자의 머리 위로 날아갔다. 그는 활짝 웃으며 비둘기들에게 키스를 날렸다. 그런 다음에 역사 창조자들의 아침 일과로 넘어갔다.

"아침에 하는 격렬한 운동은 변화를 위한 결정적 요인입니다. 신경생물학 이론에 기초할 때 잠자리에서 일어난 직후에 격렬한 운동을 하면 뇌의 화학물질들이 활발히 분비돼 잠이 완전히 깰 뿐 아니라, 집중력과 활력이 강화되고 자제력도 증폭되어 매사에 열중하며 하루를 보내게 됩니다. 아주 실용적인 정보를 알려주자면 프로 권투선수들이 즐겨 하는 팔 벌려 뛰기를 하거나 버피 동작, 줄넘기, 단거리 뛰기 등이 좋습니다."

"왜죠?" 화가가 열심히 메모하면서 물었다.

"그 이유는 도표에 나와 있습니다. 알다시피 코르티솔은 공포 호르몬입니다. 부신피질에서 만들어져 혈액으로 방출되죠. 코르티솔은 천재성을 저해하고 역사에 남을 수 있는 잠재적 기회를 앗아가는 주요 물질 중 하나입니다. 코르티솔 수치가 아침에 가장 높다는 것은 확실한 과학적 데이터로 입증된 사실이에요."

"대단히 흥미로운 정보네요." 사업가가 가볍게 스트레칭을 하며 말했다.

"네, 그렇습니다. 오전 5시부터 5시 20분까지의 운동은 코르티솔 수치를 현저히 낮춰주고, 따라서 최고의 능력을 발휘하게 해줍니다. 아침을 시작하는 멋진 방법이죠? 체력과 인지 사이에 중요한 연관성이 있다는 사실도 과학적으로 확인됐습니다. 격렬한 운동으로 땀을 흘리면 BDNF<sup>brain-derived neurotropical factor</sup>, 즉 뇌유래신경영양인자가 분비되고, 이는 뇌를 더욱 활성화하여 성공적인 하루를 보내게 해줍니다."

사업가는 아주 열심히 메모하면서 "와!"라고 소리쳤다.

"BDNF는 스트레스로 손상된 뇌세포를 회복시키고 신경의 연결을 가속하는 것으로 밝혀졌습니다. 그러니까 사고도 더 잘하고 정보도 빨리 처리하게 되죠. 또 신경 생성도 촉진해서 실제로 새로운 뇌세포가 생성되게 합니다. 그것만으로도 가치가 있지 않나요?"

"오, 오!" 화가는 무척 흥분한 모습으로 감탄사만 뱉었다.

"이 아이디어들을 전부 실천한다면 아무도 내 회사를 건드릴 수 없고, 내 개인적으로도 패배를 모르는 사람이 될 거예요." 사업가가 그렇게 말하면서 살짝 고개를 숙여 감사를 표했다.

"꼭 그렇게 될 거예요." 억만장자가 동의했다. "20/20/20 공식의 첫 20분 동안 격렬하게 운동을 하면 행복감을 주는 멋진 화학물질인 세로토닌과 함께 동기유발 신경전달물질인 도파민도 분비됩니다. 그래서 5시 20분이면 자기 분야를 이끌고, 탁월한 결과를 얻고, 굉장한 하루를 만들어갈 수 있게 충전이 된다는 의미죠."

"우리가 새벽 기상을 확실히 하려면 무엇을 해야만 하는지 구체적으로 말씀해주실 수 있나요?" 사업가가 요청했다. "그러니까 알람이 울릴 때 실제로 잠자리에서 일어나려면 어떤 행동을 해야 하는지 말이에요. 아, 너무 기본적인 것을 물었나요?"

"정말 좋은 질문이에요." 화가가 여자친구의 등을 쓰다듬으며 말했다.

"맞아요, 멋진 질문이에요!" 억만장자가 외쳤다. "물론 설명해줄 수 있죠. 전통적인 알람시계를 사세요. 나도 그걸 씁니다. 아그라에서 말했듯이 침실에 절대로 디지털 기기를 두어서는 안 됩니다. 그 이유는 곧 설명해줄게요. 일단 알람시계를 장만하면 시곗바늘을 실제 시간보다 30분 앞당겨 맞추세요. 그런 다음 알람을 오전 5시 30분으로 맞추세요."

"왜 굳이 그렇게 하는 거예요? 좀 이상한데요." 화가가 고개를 갸웃거렸다.

"알아요." 억만장자도 인정했다. "하지만 마술 같은 효과가 있답니다. 실제로는 오전 5시에 일어나지만, 30분이나 더 잤다고 자신을 속이는 거예요. 효과가 있는 전략이니까 해봐요. 그다음은 당연한 이야기지만, 알람이 울리자마자 벌떡 일어나세요. 약한 자아가 좀 더 자라고 온갖 이유를 대기 전에, 이성적인 사고가 이불 속에 남을 이유를 생각해내기 전에요. 66일간의 습관 형성 과정을 끝까지 밀고 나가서 오전 5시 기상이 자동화 지점에 도달하도록 만들어야 합니다. 그럼 늦잠을 자는 것보다 일찍 일어나는 것이 쉬워집니다. 나는 5AM 클럽에 가입한 직후에는 운동복을 입고 잤어요."

라일리는 약간 쑥스러운 듯이 보였다. 그때 더 많은 비둘기와 나비가 지나갔다. 그리고 스페인 계단을 가로질러 무지개가 생기고 있었다.

"농담이죠?" 화가가 레게머리 가닥을 빙빙 돌리면서 웃었다. "정말로 운동복을 입고 잤어요?"

"진짜예요. 운동화도 침대 옆에 놓아두었어요. 흔한 변명이 들러붙지 못하게 모든 방법을 다 썼어요."

사업가는 가만히 고개만 끄덕이고 있었다.

"어쨌든 기상 직후의 운동에 관해 다시 정리해볼게요. 격렬하게 운동을 하면 숙련에 필요한 자연 약물의 분비가 촉진되어 깨어났을 때와는 몸 상태가 근본적으로 달라질 것입니다. 신경생물학적으로 완벽히 뒷받침되고 생리학적으로 검증된 전략을 사용한 오전 5시 20분의 느낌은 막 일어났을 때와는 전혀 다를 것입니다. 고작 20분이 지났을 뿐인데도 말이죠. 땀이 나도록 운동을 하면 차츰차츰 심리에도 변화가 옵니다. 아침형 인간이 아니어서 기분이 별로인 상태로 하루를 시작한 사람이라도 분명히 달라집니다. 함께 활성화된 신경은 서로 연결된다는 원리에 의해서죠. 두 분에게는 모든 리더에게 필요한 자신감이 생길 것입니다. 몇 시간이고 과업에 집중하게 될 것이고, 훌륭히 일을 끝낼 것입니다. 그리고 훨씬 차분해질 것입니다. 격렬한 아침 운동으로 생성된 노르에피네프린$^{norepinephrine}$(부신수질 호르몬)은 주의력을 높여줄 뿐 아니라 마음을 평온하게 해주기 때문입니다. 모리셔스 해변에서 원시적 뇌인 편도체에 대해 설명한 적 있죠? 운동은 편도체도 조절해주어 어려운 프로젝트, 까다로운 고객, 무례한 운전사, 빽빽 울어대는 아기 같은 자극에 우아하게 반응하게 해줍니다. 거짓말처럼 들리겠지만 점점 많은 연구가 이를 증명해주고 있어요."

"아주 놀라운 혜택이네요"라고 사업가가 평했다. "라일리 씨. 제가 이런 고성능의 생산성 무기를 확보하게 된다면 그 가치가 어마어마할 것 같아요."

"맞습니다." 억만장자가 두 사람을 껴안으며 덧붙였다. "사랑합니다. 둘 다 보고 싶을 거예요."

그 순간 평소 희망적이던 멘토의 모습이 왠지 슬퍼 보였다. "우리가 함께할 시간도 끝나가고 있군요. 다시 만날 수 있겠죠. 정말 그랬으면 좋겠어요. 하지만 모르겠어요…."

억만장자는 말끝을 흐리면서 멀리 시선을 보냈다. 그러고는 바지 주머니에서 알약을 꺼내 아이가 사탕을 먹듯이 입에 넣었다.

그가 다시 학습 모형을 들어 보이며 말했다. "아무튼, 여기에서도 볼 수 있듯이 아침에 기상하자마자 운동을 하면 신진대사도 활발해집니다. 지방을 연소하는 엔진을 가동시켜 초과 열량을 더 효율적으로 태워주므로 더 빨리 살이 빠지죠. 또 다른 값진 승리죠? 체력을 최적화하면 평생 건강을 유지할 수도 있습니다. '더 열심히 운동하고 더 오래 살자'가 내가 나의 제국을 건설하며 내건 구호예요. 이제 두 분도 전설의 비결 중 하나가 장수라는 사실을 알게 됐죠? 죽지 마세요. 묘지에서 데이지나 피어 올리고 있다면 자신만의 경기를 할 수도, 세상을 바꿀 수도 없습니다"라고 재계 거물이 힘차게 말했다.

"무의미한 아침 일과가 아니라 잘 조정된 아침 일과의 첫 번째 구간에 대해서 내가 전달하려는 요점은 기본적으로 이것입니다. 지금까지 경험해본 것 중에서 최상의 신체 상태가 될 때 두 분의 삶이 100배는 더 기분 좋고 효율적으로 바뀔 것입니다. 해가 뜰 때 일어나고, 땀을 흘리며 운동부터 하는 것은 변화를 주도하는 승부수가 될 것입니다. 정말이에요. 그러니 무슨 수를 써서라도 운동 습관을 들이세요."

"한 가지 더 질문해도 될까요, 라일리 씨?" 사업가가 정중하게 물었다.

"그럼요." 억만장자가 대답했다.

"20분 이상 운동을 하고 싶으면 어떻게 하죠?"

"괜찮습니다." 억만장자가 대답했다. "이 아침 일과는 고정된 것이 아닙니다. 이 정보를 가져가 두 분의 것으로 만드세요. 자신의 취향과 생활 방식에 맞춰서 바꾸세요."

억만장자는 로마의 공기를 들이마셨다. 천 년 전에 황제와 검투사, 정치인, 공예가들도 이 공기를 호흡했을 것이다.

"이제 두 번째 구간으로 넘어가야겠군요. 5시 20분부터 5시 40분까지는 '숙고'의 시간입니다."

"숙고라면 정확히 무엇을 말하는 건가요?" 화가가 모범생 같은 태도로 물었다.

"아침 시간을 잘 관리하는 것은 비범한 사람들의 주요 기술입니다. 이른 아침 시간을 훌륭히 활용하는 것은 일에서의 명성과 개인적 위대함을 결정짓는 핵심 요소입니다. 이 구간에서는 깊은 내면의 평화에 잠겨야 합니다. 복잡한 일이 들이닥치고, 온갖 책무로 정신없어지기 전에 자신을 위한 평온한 시간을 가지세요. 고요함을 음미하면서 자신이 어떻게 살고 있고, 어떤 사람이 되고 싶은지 생각해보세요. 앞으로 몇 시간 동안 자신이 충실히 지키고 싶은 가치에 대해 신중하게, 집중해서 생각하세요. 그리고 어떻게 행동하고 싶은지도 생각하세요. 전설적인 삶을 만들어가고 있는 지금, 오늘 하루를 위대한 날로 만들려면 무엇을 해야 할지 생각해보세요."

"제게 정말 중요한 구간이네요." 사업가가 팔찌를 찰랑거리며 말했다.

"그렇죠." 억만장자가 말했다. "아름다운 인생을 살기 위해 무엇이 가장 중요한지 숙고한다면 그날 남은 시간을 지혜를 갖고 살게 될 것입니다. 선생님은 이를 '잔류 지혜residual wisdom' 라고 부르죠. 가령 빅토리 아워의 2구간에서 오로지 완성도 높은 일만 하는 것이 큰 가치가 있다는 생각을 하거나, 친절하고 정중하게 사람들을 대하겠다고 자신과 약속한다면 그런 덕목이 의식 속에 확고히 자리 잡을 것입니다. 그리하여 그날 남은 시간을 보내는 동안 다시 자각하게 된 지혜의 잔류물이 매 순간에 스며들고 모든 선택을 인도하게 되지요."

또 나비가 나풀거리며 지나갔다. 뒤이어 마치 시의 한 장면처럼 세 마리가 더 날아와 첫 번째 나비를 따라갔다. 억만장자는 알약 하나를 또 삼키고 가슴에 손을 얹고 로마의 눈부신 경치를 바라봤다. 그러면서 생각했다. '여기는 햇빛이 비치는 광경도 다른 곳들과 아

주 달라. 로마가 그리울 거야.'

"여러 면에서 숙고는 변화의 주요 원천입니다. 더 잘 알게 되면 더 잘 행동할 수 있기 때문입니다. 2구간에서는 20분 동안 평화롭게 침묵을 지키며 고요히 있기만 하면 됩니다. 관심은 분산되고 온갖 걱정으로 소란스러운 시대에 자신에게 얼마나 큰 선물일까요!"

"저 자신만이 아니라 회사에 주는 엄청난 선물이 될 것 같아요." 사업가가 반색하며 말했다. "제가 행동하고 반응하는 데 쓰는 시간은 너무 많고, 신중히 생각하고 계획하는 데 쓰는 시간은 너무 적다는 사실을 깨닫게 됐어요. 라일리 씨 말처럼 저도 그런 글을 읽은 적이 있어요. 많은 천재가 상상의 화면 속에서 휙 지나갈 통찰을 포착하고자 종이와 펜만 놓고 몇 시간이고 혼자 앉아 있는 습관을 지니고 있었다는 내용이었어요."

"그렇죠. 대단한 상상력을 계발하는 것은 엄청난 행운으로 가는 중요한 통로입니다." 억만장자가 주변을 둘러보며 말했다. "이곳 로마의 유적지는 어마어마한 규모로도 유명합니다. 이것들을 건설한 로마인들은 어떤 비전과 자신감을 가졌던 걸까요! 그리고 어떤 기술로 그 아이디어를 현실로 만들었을까요! 제 말의 요지는 영원의 도시 로마에 있는 감각적인 건축물 모두가 인간의 상상력을 적절히 사용한 결과라는 것입니다. 그러므로 두 분도 창조하고, 시각화하고, 꿈꾸는 데 숙고의 시간을 써야 합니다. 마크 트웨인의 말이었던 것 같은데 '지금부터 20년 후 당신은 자신이 했던 일보다 하지 않았던 일로 인해 실망하게 될 것이다. 그러니 돛을 올리고 안전한 항구를 떠나 항해하라. 무역풍을 타고 나아가라, 탐험하라, 꿈꿔라. 발견하라' 라고 했어요."

"위대한 예술가들도 대다수 사람이 불가능하다고 생각하는 미래를 꿈꿨습니다." 화가가 사려 깊게 말했다.

"맞아요." 억만장자가 고개를 끄덕였다. "이 20분 동안 연습할 수 있는 또 다른 전략은 선생님이 '실행 전 청사진pre-performance blueprint'이라고 부르는 글쓰기예요. 단순히 그날 하루의 이상적인 모습을 글로 적어보는 것입니다. 연구자들은 사전 약속pre-commitment 전략이 과업을 완수하는 데 필요한 집중력과 절제력을 크게 높여준다는 사실을 발견했습니다. 그날 일과에 대해 명확하게 정리된 대본을 갖게 되면, 하루가 자신이 원하는 대로 펼쳐질 것입니다. 전 세계의 영웅들은 모두 완벽주의자였습니다. 그들은 최상주의자maximizer로서 자신이 하는 모든 일을 뛰어나게 해내려는 강박감을 갖고 있었습니다. 그러니 두 분도 자신의 완벽한 하루를 글로 써보는 데 최소 10분을 할애하세요."

억만장자가 한 손을 로마 하늘로 치켜들었다. 어디선가 금속 서류가방을 든 아가씨가 먹잇감을 쫓는 치타처럼 단숨에 계단을 뛰어올라왔다.

"안녕, 비엔나." 여자가 도착하자 억만장자가 인사를 했다.

"안녕하세요, 회장님." 젊은 여성이 정중하게 대답했다. "로마에 다시 오셔서 저희 모두 기뻐하고 있습니다."

그녀가 자물쇠의 비밀번호를 입력하자 가방이 열렸다. 안에는 이탈리아 가죽으로 제본된 호화로운 수제 일기장 세 권이 들어 있었다. 억만장자가 사업가와 화가에게 한 권씩 건넸다. 그는 마지막 한 권을 들어 가슴에 꼭 껴안더니 핥았다. 정말이다, 그는 일기장을 핥았다.

"방금 내가 일기장을 핥은 이유는 남아프리카공화국에 있는 멋진 포도원에 가서 설명해줄게요." 억만장자가 점점 더 수수께끼 같은 이야기를 늘어놓았다.

"남아프리카공화국이요?" 화가가 큰 소리로 물었다. "언제 갈 건데요?"

사업가는 "멋진 포도원?"이라고 했다.

억만장자는 두 사람의 말을 못 들은 척하고 그 여성을 향해 말했다. "고마워, 비엔나."

그녀는 오래된 계단을 걸어 내려가 대기하고 있던 검정 스쿠터의 뒷좌석에 올라탔다. 억만장자가 "나중에 보세"라며 손을 흔들었다.

사업가와 화가가 일기장을 열자 첫 페이지에 신중히 그려진 상세한 프레임워크가 보였다.

"저희를 위해 학습 모형을 또 준비하셨어요?" 화가가 고마워하며 말했다. "모형으로 제시해주시니 정말 좋아요. 혼란스러운 개념을 놀랍도록 명확하게 만들어주는 아주 훌륭한 교육 도구 같아요."

사업가도 덧붙였다. "아주 적절한 모형이기도 하고요. 이런 명료성이 숙달을 가져오잖아요?"

"맞아요." 억만장자가 동의했다. "그리고 감사 인사는 됐어요. 5AM 클럽의 철학과 방법을 설명하는 이 프레임워크들을 수십 년에 걸쳐 개발한 사람은 선생님이에요. 평생에 걸쳐 다듬어서 이렇게 간결하게 정리하셨죠. 어떤 일이든 복잡성을 제거하고 단순함에 도달하기까지는 오랜 세월 극도의 집중력과 열정적인 작업이 필요한 법이죠. 아마추어의 눈에 비친 걸작에 비유할 수 있겠군요. 아마추어는 대가의 전문 지식을 통해 불필요한 요소들이 제거됐다는 사실을 모르기 때문에 걸작이 단순해 보이기만 할 겁니다. 하지만 군더

더기들을 제거하고 보석을 만드는 데는 수년의 헌신이 필요합니다. 그리고 수십 년의 정성이 필요합니다. 아마추어의 눈에도 쉽게 이해되게 만드는 것이 대가라는 표식이죠."

일기장에 포함된 학습 모형은 다음과 같았다.

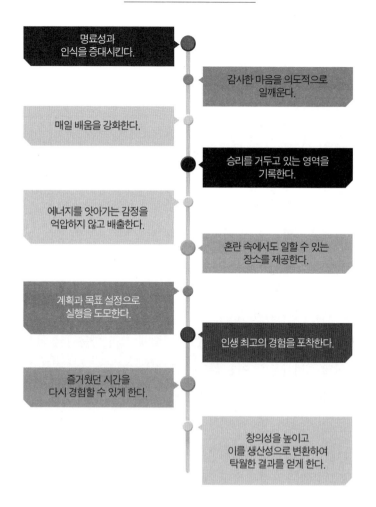

일기 쓰기 습관의 과정

명료성과 인식을 증대시킨다.

감사한 마음을 의도적으로 일깨운다.

매일 배움을 강화한다.

승리를 거두고 있는 영역을 기록한다.

에너지를 앗아가는 감정을 억압하지 않고 배출한다.

혼란 속에서도 일할 수 있는 장소를 제공한다.

계획과 목표 설정으로 실행을 도모한다.

인생 최고의 경험을 포착한다.

즐거웠던 시간을 다시 경험할 수 있게 한다.

창의성을 높이고 이를 생산성으로 변환하여 탁월한 결과를 얻게 한다.

"내 비서가 가져다준 선물의 핵심을 말해볼까요?" 억만장자의 이야기가 이어졌다. "20/20/20 공식의 2구간, 숙고의 시간을 현명하게 활용하는 또 다른 방법은 일기 쓰기입니다. 그리고 일기장은 두 분을 위해 이탈리아 공예가에게 부탁해 만든 것입니다. 그 일기장이 두 분에게 기적 같은 효과를 선사하면 좋겠네요."

부호는 콘도티 거리를 내려다봤다. 거리의 청소부들이 열심히 일하고 있었다. 관광객들은 셀피를 찍거나 노점상에게서 장신구를 사기도 하면서 거리를 거닐고 있었다.

"선생님은 여기 로마에서 나와 지내는 것을 좋아해요. 운이 좋다면 오늘 만날 수 있을 거예요. 동틀 녘에 강변을 따라 달리기를 하고 여기서 몇 시간 거리인 곳으로 낚시하러 갔다고 들었어요. 아, 선생님은 5시 20분부터 5시 40분 사이에 최소한 몇 분 동안 글로 쓰는 것을 '일기 쓰기daily diaries'라는 이름으로 공식화했어요. 일기 쓰기의 핵심은 그냥 쓰는 것입니다. 생각을 너무 많이 하지 마세요. 그냥 그날 노력할 일들을 쓰고, 자신의 소중한 야망도 기록하고, 지금 자신의 삶에서 좋은 점을 열거함으로써 감사하는 마음이 우러나게 하세요. 또한 일기장을 마음속의 좌절과 실망, 적의를 처리할 공간으로 사용하고 그 감정들을 털어버리세요. 억눌렀던 상처를 글로 적으면 해로운 감정들과 무기력이 배출되죠. 그러면 창의력이 높아지고, 활력이 넘치고, 타의 추종을 불허하는 성과를 얻게 된답니다."

"하트셋을 방어해주고 강화해주는 최고의 방법이겠네요?" 사업가가 물었다.

"와!" 억만장자가 손뼉을 쳐주고는 일기장 첫 페이지에 있는 학습 모형을 손가락으로 가리켰다.

"빅토리 아워의 2구간에서 일기 쓰기에 10분 또는 20분을 전부 투자할 때 받게 될 보상은 이런 것들입니다. 그리고 다시 한번 강조하는데 현재 삶의 긍정적 요소들만 쓰지 말고 불편과 고통을 일으키는 경험도 쓰는 것이 좋습니다. 힘든 감정에서 빠져나오는 가장 빠른 방법은 용감하고 지혜롭게 그 속으로 뛰어드는 것이기 때문입니다. 그것들을 느끼고 치유가 되게 하세요. 이름을 붙이고 털어버리세요. 삶의 짐이 되는 어두운 기운을 글로 표출하여 해소하세요. 해로운 감정과 과거의 상처들이 가로막고 있던 능력을 되찾는 즉시 두 분의 마인드셋, 하트셋, 헬스셋, 소울셋이 기하급수적으로 증대될 것입니다. 그리고 자기 정화 노력을 통해 내면의 네 영역이 확대되면 최상의 자아가 지휘하기 시작합니다. 이는 외적 성취를 가져오죠. 건강하게 해소할 방법을 찾지 못한 감정은 억압되기 마련입니다. 이는 스트레스와 생산성 저하, 심지어 질병까지 유발해요."

"제가 불편한 감정들을 의식하지 않으면 그것들이 점점 속에 쌓여서 제가 아플 수도 있다는 말인가요?" 화가가 말했다.

"네, 거의 비슷해요." 라일리가 확인해줬다. "속으로 쌓인 해로운 감정들은 당신의 소질과 재능, 고도의 지혜를 겹겹이 덮어버립니다. 세상 사람 대부분이 자신이 영웅임을 잊어버린 주된 이유 중 하나가 그것입니다. 감정을 회피할 때 우리는 가장 강한 자아에 접근하지 못하고 삶의 진실을 잊어버립니다. 저마다 놀라운 성공을 거두고, 믿기 힘든 일을 해내고, 건강미로 빛이 나고, 진정한 사랑을 알고, 마법 같은 삶을 살고, 많은 사람에게 도움이 될 수 있다는 삶의 진실 말입니다. 내가 하는 말은 전부 사실입니다. 하지만 우리 대부분은 너무 많은 두려움, 고통, 분노, 슬픔이 진정한 자아를 덮고 있어서 바로 앞에 놓인 기회도 감지하지 못합니다."

"마법 같은 삶?" 사업가가 되뇌었다. "라일리 씨는 마법이라는 단어를 계속 쓰는데 정확히 와닿지가 않네요. 히피들이 쓰는 용어 같기도 하고요."

억만장자가 단호하지만 정중하게 대답했다. "맞아요, 마법 같은 삶이죠. 모두가 가질 수 있는 마법의 힘을 어떻게 손에 쥘 수 있는지는 남아프리카공화국에 도착한 후에 설명해줄게요. 그걸 알게 되면 더 많은 돈, 더 나은 건강, 더 큰 기쁨과 더 깊은 평화를 얻게 될 것입니다. 하지만 아직은 마법 속에서 사는 방법을 알려줄 수 없습니다. 아직은 안 돼요." 수수께끼 같은 말이었다.

"어쨌든 상처를 치유하려면 먼저 그 상처를 느껴야 합니다. 나도 살면서 많은 고통을 견뎌왔습니다. 사업 실패에 개인적 손실, 질병까지. 사실 지금도 마음이 슬퍼지는 상황을 겪고 있어요." 억만장자의 활기찬 태도가 갑자기 사라지기 시작했다. 순간 그가 늙어 보였다. 등도 구부정해졌고 호흡도 힘들어 보였다. 하지만 이내 회복됐다.

그가 로마의 하늘을 향해 두 팔을 높이 들고 기운차게 말했다. "다행히 나는 멋진 현재나 환상적인 미래로 과거의 고통을 많이 끌고 오진 않았습니다. 20/20/20 공식 중 숙고의 시간에 일기 쓰기를 하면서 과거의 고통을 전부 털어버렸습니다. 이 기술만으로도 내 마음이 경이와 감사, 평화로 가득할 수 있습니다. 이만큼 많은 것을 성취할 수도 있었고요. 대다수 사람이 과거에 매여 있는 탓에 많은 에너지를 빼앗깁니다. 선생님은 내가 만난 사람들 가운데 유일하게 성과 부진과 감정적 동요를 연관 지어 설명해준 분이었습니다. 하지만 생각해보세요. 그게 정말 맞는 말 아닌가요? 매일 아침의 일기 쓰기가 당신의 성취에 어떤 효과를 가져올지 상상해보세요. 특히 당신이 지금 겪고 있는 상황에서 말입니다."

억만장자가 연민 어린 표정으로 사업가를 보고 말하면서 팔 하나는 사업가에게, 다른 팔은 화가에게 둘렀다. 그러고는 화가에게 시선을 돌리면서 덧붙였다. "그리고 당신의 작품 활동에도요."

화가가 공감을 표했다. "과거의 고통을 안고 있는 것은 지치는 일이기도 합니다. 그래서 우리 모두는 삶에 패배하기도 하고, 때로는 나가떨어지기도 하죠."

억만장자가 수업을 이어갔다. "5시 20분에서 40분까지 2구간에서는 명상할 시간을 잠시라도 가지라고 권하고 싶습니다. 나는 선생님께 명상 방법을 배웠는데, 복잡한 사업 포트폴리오를 운용하는 동안 집중력과 자신감, 평정심을 유지하는 데 큰 도움이 되었습니다. 침착한 사람이 가장 큰 성과를 달성하죠. 최고의 명상 방법은 따로 없습니다. 명상을 둘러싼 편견을 극복하고 습관화하도록 하세요. 명상은 집중력을 강화하고, 선천적 능력을 보존하며, 내면의 평화를 지키는 데 가장 좋은 방법 중 하나입니다. 규칙적인 명상 의식의 가치를 입증해주는 훌륭한 과학 연구들도 많이 나와 있습니다. 명상 방법을 무시하고 싶다고 해도 명상이 인간 최적화 습관으로 대단히 효과가 있다는 것은 데이터가 말해줍니다. 정기적인 명상이 코르티솔 수치를 감소시켜 스트레스를 낮춰준다는 것은 연구를 통해 증명된 사실입니다. 명상은 자신과의 관계를 발전시키는 강력한 방법이기도 합니다. 그러므로 자신을 위한 시간을 더 만들 필요가 있습니다. 자신의 더 고귀한 본성을 잘 알고 익숙해지기 위해서 말이죠. 매일 아침 20분 동안 침묵과 고요의 성소로 들어가서 진정한 자신의 모습을 전부 기억해주세요. 첫 햇살 속에 홀로 있을 때 진실이 말을 할 것입니다. 그러면 그 놀라운 지식을 지니고 우리가 '하루'라고 부르는 선물의 나머지 시간을 보내세요."

억만장자가 바닥에 엎드리더니 빠르게 팔굽혀펴기를 했다. 이어서 플랭크 동작도 했다. 이제 두 제자도 이 별난 갑부의 기벽에 익숙해졌다.

"20/20/20 공식의 3구간에 관해 설명하고 오늘 멘토링 수업을 마무리하도록 하죠. 나는 회의도 몇 건 잡혀 있고, 선생님을 비롯해 오랜 친구 몇 명과 근사한 저녁을 먹으러 가야 해요." 억만장자가 쾌활하게 말했다.

"그렇군요. 저희는 신경 쓰지 마세요." 화가가 대답했다.

사업가도 말했다. "그럼요. 캄포 디 피오리 광장 근처에 카르보나라가 맛있는 식당이 있다고 들었어요. 저희는 오늘 저녁에 거기에 가볼까 해요."

"맛있겠다." 억만장자가 대기업의 수장이라기보다는 다섯 살짜리 꼬마 같은 반응을 보였다. 그런 다음 그는 거대 기업의 창업자, 최고 업적을 달성한 사람, 우리 문명의 구세주들이 보내는 아침 일과에 관한 논의에 들어갔다.

갑자기 억만장자가 배를 움켜쥐고 고통으로 얼굴을 찡그렸다.

"괜찮아요, 라일리 씨?" 사업가가 급히 다가가며 물었다.

"물론이죠." 그가 아무렇지 않은 척하며 대답했다. "계속합시다. 나는 5AM 클럽에 관해 내가 배운 전부를 두 분에게 최선을 다해 알려주고 가려고 애쓰고 있어요. 부디 두 분도 선생님의 가르침을 가능한 한 많은 사람과 공유해주세요. 그게 세상을 발전시키는 길이니까요. 어쩌면 나는 그럴 수 없을지도 몰라요." 마지막 말에서 그의 목소리가 흐려졌다.

"자, 계속해봅시다. 20/20/20 공식의 3구간은 우리가 매일 '성장'하도록 설계됐습니다. 수입과 영향력을 2배로 늘리려면 자기연마와 전문 능력이라는 두 주요 영역에 투자하는 시간을 3배로 늘려야 한다는 '2×3× 마인드셋' 원칙을 기억하세요. 빅토리 아워 마지막 구간인 오전 5시 40분부터 6시까지는 지식 기반을 넓히고, 통찰력을 높이고, 전문성을 향상시켜 경쟁 우위를 높이는 시간입니다."

"레오나르도 다 빈치는 '누구도 자신에 대해 통달하는 이하 또는 이상으로 숙달될 수 없다'라고 했죠." 화가가 불쑥 말했다.

"오늘은 당신을 더 사랑해요." 사업가가 말했다.

"나는 매일매일 당신을 더 사랑해요." 화가가 활짝 웃으며 화답했다.

"이런, 사랑의 축제에 내가 끼었네요." 억만장자가 웃으며 말했다. 그는 눈을 감고 로마의 정치가이자 스토아 철학자인 세네카의 글을 암송했다. "매일 가난과 죽음 및 다른 불행과 맞서는 당신을 강화해줄 배움을 얻어라. 그리고 많은 생각을 거쳐 한 가지를 선택하고 그날 완전히 이해하고 넘어가라."

그리고 눈을 뜨면서 말했다. "외부에 보이는 리더십은 내면에서 시작됩니다. 20/20/20 공식의 마지막 구간인 오전 5시 40분부터 6시까지는 자기 분야뿐 아니라 사회에 더 가치 있는 사람이 되려고 노력해야 합니다. 자신이 원한다고 해서 성공과 영향력을 갖게 되는 것은 아닙니다. 한 인간으로 그리고 생산자로서 어떤 사람인지에 따라 성공과 영향력이 우리의 삶에 찾아옵니다. 개인적인 발전 없이 사욕만 있다면 씨앗도 뿌리지 않고 멋진 정원을 꿈꾸는 것과 같습니다. 우리는 자신의 가치를 높여서 훌륭한 보상에 다가갑니다. 나는 이 아이디어로 부를 일궜습니다. 내가 발전할수록 내가 제공하는 서비스가 향상되고 이를 통해 더 많은 사람의 삶을 개선할 수 있는 역량이 커졌습니다. 현시대에 맞지 않는 이야기로 들리겠지만, 책을 읽으세요. 20분이라는 성장의 시간에 위대한 인물들의 자서전을 읽고 그들의 삶을 연구하세요. 최신 심리학 지식을 배우세요. 혁신과 커뮤니케이션, 생산성과 리더십, 번영과 역사에 관한 글들을 탐독하세요. 한 분야에서 최고인 사람들은 어떤 식으로 자기 일을 하며, 어떻게 지금처럼 성장하게 되었는지 다큐멘터리를 보세요. 자기연마, 창의성, 사업 구축을 주제로 하는 오디오북을 들으세요.

억만장자 친구들과 나의 공통점 중 하나는 배움을 무척 좋아한다는 것입니다. 우리는 끊임없이 소질과 재능을 키웁니다. 계속해서 자신과 전문성을 확장하는 데 투자합니다. 우리는 독서와 자기계발, 무한한 호기심의 충족에 빠져 있습니다. 우리에게 재미있는 일이란 함께 콘퍼런스에 가는 것입니다. 우리는 적어도 3개월에 한 번은 콘퍼런스에 참석해 영감을 얻고, 탁월함을 유지하고, 최신 추세를 잘 알고 있으려고 합니다. 우리는 무의미한 오락에 쓸 시간이 별로 없습니다. 배움은 끝이 없으므로 거기에 투자할 시간도 부족하기 때문입니다."

잠시 호흡을 가다듬은 억만장자는 이제 훨씬 강해 보이는 모습으로 꽤 철학적인 이야기를 했다. "인생은 아주 공평합니다. 뿌린 대로 거두는 건 핵심 자연법칙이죠. 그러므로 훨씬 나은 사람이 되어 사람들에게 더 많은 것을 주세요."

"자, 이제 다 끝났습니다." 라일리가 쾌활하게 마무리했다. "일과 개인 생활을 세계적 수준으로 영위하기 위해 아름답게 설계되고 완벽하게 조정된 아침 일과를 온전히 받아들이고 매일, 적어도 주 5회는 실행하세요."

"다음 수업에서는 무엇을 하죠?" 화가가 물었다.

"이제 우리는 망자를 찾아갈 거예요." 억만장자는 그렇게만 대답했다.

## 14장

# 완벽한 휴식과 높은 생산성을 위한 수면 방법

당신은 내가 얼마나 휴식에 굶주리고 목이 타는지 그 갈망을 상상도 못 할 거예요.
작업을 끝낸 뒤로 장장 6일 동안 아무 진전도 없이 제자리를 맴도는 온갖 생각들로
내 마음은 빠르게, 쉴 새 없이 소용돌이치고 있어요.
H. G. 웰스

로마의 태양이 점점 높이 떠오르는 가운데 세 동료는 건물 지붕과 바티칸을 바라봤다. 이제 거리는 소란스러워졌다. 영원의 도시가 살아나고 있었다.

다시 억만장자의 손이 허공으로 올라갔고, 수행원 하나가 불쑥 나타났다. 그리고 1분도 안 돼 스페인 계단 아래쪽, 조각배 분수 바로 옆에 스쿠터 석 대가 준비됐다.

"갑시다! 한번 달려봅시다!"라고 억만장자가 외쳤다.

"망자를 방문한다니 무슨 말이에요?" 사업가의 미간에 다시 주름이 나타났다.

"날 믿고 스쿠터에 타요. 그리고 잘 따라와요"라고 억만장자가 말했다.

세 사람은 고대 로마의 거리를 누비며 달렸다. 도시는 생기가 넘쳤다. 그들은 로마의 도로를 계속 달리면서 또 다른 초현실적인 광경을 보았다. 기원전 18~12세기에 지어진 무덤인 세스티우스Cestius의 피라미드였다.

'영원의 도시 로마의 심장부에 이집트식 피라미드라니, 믿기지 않네.' 화가가 도로를 주시하려고 애쓰며 생각했다.

곧 그들은 도시의 성벽 밖으로 나왔다. 억만장자가 선두에 달렸다. 사업가는 그제야 그의 티셔츠 뒷면에 '이른 아침은 황금을 입에 물고 있다'라는 벤저민 프랭클린의 명언이 쓰여 있음을 눈치챘다. 그의 헬멧 뒤쪽에는 '가장 일찍 일어나고, 가장 늦게 죽어라'라는 문구가 인쇄되어 있었다.

'이 사람은 정말 경이로워. 정말 독특해'라고 사업가는 생각했다. 그녀는 멋진 여행이 곧 끝나리라는 것을 알고 있었다. 하지만 라일리가 그녀의 삶에 남기를 바랐다. 그녀는 그를 존경하고 필요로 하게 되었다.

잠시 더 달린 후 억만장자가 인적 없는 으스스한 골목에서 멈추라는 신호를 보냈다. 스쿠터를 주차한 후 그는 두 사람에게 따라오라는 손짓을 했다. 그들은 율리우스 카이사르Julius Caesar의 석조 흉상을 지나 계단을 내려간 다음 어둡고 먼지가 자욱한 터널로 들어갔다.

"대체 여기가 어디예요?"라고 화가가 물었다. 그의 눈 밑에 땀방울이 맺혀 있었다.

"여기는 카타콤catacomb 안이에요." 억만장자가 알려줬다. "고대 로

마인들이 시신을 묻었던 곳이죠. 이 지하 통로들은 2세기부터 5세기까지 묘지로 쓰였어요."

"그런데 우리가 여기를 왜 온 거예요?" 사업가가 질문했다.

"내 주장을 입증하려고요." 억만장자가 평소의 따뜻한 어조로 말했다.

그 순간 터널 끝에서 발소리가 들려왔다. 화가는 눈을 크게 뜨고 사업가를 바라봤다. 억만장자는 아무 말도 하지 않았다. 발소리가 점점 가까워지면서 소리가 더 커졌다.

사업가가 "느낌이 좋지 않아요"라고 말했다. 흐릿한 촛불 빛이 낡은 지하 묘지의 벽에 일렁이는 가운데 발소리가 계속 들려왔다.

잠시 후, 묘지 전체가 조용해졌다. 긴 양초를 들고 수도사들이 쓰는 것과 비슷한 두건을 쓴 인물 하나가 천천히 나타났다. 누구도 입을 열지 않았다. 아주 이상한 상황이었다. 침입자가 세 친구 앞에 섰다. 그가 초를 높이 들더니 네 번 빙빙 돌렸다. 그러더니 두건을 벗었다.

익숙한 얼굴이 드러났다. 지구 반대편의 강연장에서 본 얼굴, 바로 연사였다.

"맙소사, 놀랐잖아요." 화가가 땀을 뻘뻘 흘리면서 말했다.

"미안해요. 스톤이 이리로 오라고 했는데 길을 좀 잃었어요." 연사가 사과했다. "여긴 참 특이한 곳이네요. 그런데 좀 으스스하군요." 그가 건강하고 행복하고 느긋해 보이는 모습으로 덧붙였다.

"오셨어요?" 억만장자가 스승이자 가장 친한 친구를 껴안으며 말했다. "와줘서 고마워요."

"당연히 와야지." 연사가 라일리를 마주 안으며 대답했다. "이 두 사람에게 알려주라던 통찰을 바로 설명하도록 하지. 나는 항상 바로 본론으로 들어가니까." 그가 말했다.

"스톤이 나더러 최상의 창의력과 최고의 생산성, 보기 드문 성과를 지속시키는 요소인 숙면의 가치를 두 분에게 들려주라고 부탁했어요. 그리고 수업 장소는 여기로 하고 싶다더군요. 이 지하 묘지의 주인들은 영원한 수면 상태잖아요? 현재 과학적으로 조기 사망의 주요 원인 중 하나가 수면 부족임이 입증됐으니 이곳이 적합하겠다고 했죠."

"정말요?" 사업가가 가볍게 팔짱을 끼면서 물었다. 촛불에 그녀의 손가락에 끼워진 은색 약혼반지가 드러났다.

"설마, 두 사람?" 억만장자가 반지를 언뜻 보고는 기쁨을 감추지 못하며 외쳤다.

"저희 약혼했어요." 사업가와 화가가 함께 대답했다.

"두 분 다 결혼식에 초대할게요. 작지만 특별한 결혼식을 준비할 거예요"라고 화가가 덧붙였다.

"모리셔스의 내 별장에서 결혼식을 올리겠다면 대환영이에요." 억만장자가 제안했다. "비용은 내가 선물하는 거로 합시다. 전부 댈게요. 둘 다 5AM 클럽 신입 회원이니 그 정도는 해드려야죠. 당신들은 미친 늙은이 같은 나를 믿어줬잖아요. 이 무모한 여행도 함께 해줬고, 모든 가르침을 열린 마음으로 받아들였죠. 실천하고자 하는 노력도 아끼지 않았고요. 당신들은 내 영웅이에요."

억만장자가 기침을 했다. 아마도 지하 통로의 먼지 때문이었을 것이다. 그는 손바닥을 심장 쪽에 댔다. 기침이 다시 터졌다.

"괜찮아요?" 사업가가 그의 어깨를 만지며 물었다.

"네."

그때 연사가 입을 열었다. "그럼 시작해볼까요. 최상의 결과를 얻고 싶은 마음이 진지하다면 왜 기상 직후의 1시간뿐만 아니라 잠들기 전 1시간의 관리도 필수인지 설명해드리겠습니다."

그가 촛불을 얼굴 밑에 들이대자 신비로운 분위기가 났다. "아침 일과의 숙달과 저녁 일과의 최적화가 적절히 균형을 이룰 때 천재 수준의 성과가 나옵니다. 잠을 제대로 자지 않는다면 20/20/20 공식을 생활 속에 통합할 수 없을 것입니다."

"저는 거의 항상 수면 부족에 시달려요"라고 사업가가 말했다. "어떤 때는 업무를 해내기도 버거울 정도예요. 기억력도 떨어지고 몹시 피곤해요."

화가도 동의했다. "제 수면 상태도 엉망이에요. 밤을 새우는 경우도 꽤 있죠. 하지만 이번 여행 이후로는 매일 밤 잘 자고 있어요."

"반가운 이야기군요. 왜냐하면 우리는 전 세계적으로 극심한 수면 감소 현상을 겪고 있거든요." 연사가 설명을 시작했다. "인터넷과 소셜미디어, 디지털 기기의 과도한 사용이 수면 부족을 부채질하고 있습니다. 디지털 기기에서 나오는 청색광이 인체의 멜라토닌 melatonin 양을 감소시킨다는 사실은 연구로 입증됐죠. 멜라토닌은 인체에 수면이 필요하다는 신호를 보내는 화학물질입니다. 두 분이 이미 배웠겠지만, 종일 디지털 기기를 확인하는 것이 인지 기능을 떨어뜨린다는 데에는 의심의 여지가 없습니다. 그리고 취침 전 스크린 앞에 앉아 있는 것이 수면 장애를 일으킨다는 데에도 의문의 여지가 없습니다. 디지털 기기의 빛이 어떤 식으로 망막의 광수용체인 내인성 광수용 신경절 세포intrinsically photosensitive retinal ganglion cell를 활성화하여 멜라토닌 생산을 제한하고 생체리듬에 부정적인 영향을 미쳐 수면을 저해하는지 좀 더 자세히 설명할 수도 있지만, 이 정도만으로도 내가 무슨 말을 하려는지 알 것입니다."

사업가가 얼른 말했다. "저희도 알아요. 앞으로는 수면 전 일과를 재조정해서 더 기분 좋고 기운 넘치게 오전 5시에 일어날 수 있도록 하겠습니다."

"자동화된 습관이 될 때까지 적어도 66일 동안." 화가도 끼어들었다. "물론 그 뒤로도 쭉 그래야죠."

연사가 말을 받았다. "잠을 충분히 자지 않으면 당연히 일찍 일어나기가 매우 어렵습니다. 그뿐만 아니라 여러 가지 악영향으로 행복감이 감소하고, 건강이 악화되는 것은 물론이고 생산성이 저하되고 성과도 최하로 떨어집니다."

"더 자세히 알려주세요." 사업가가 부탁했다.


"수면의 양뿐 아니라 질도 중요한데, 우리가 잠을 잘 때 뉴런이 60% 수축하면서 뇌척수액이 스며들어 뇌의 노폐물을 씻어냅니다. 또한 이전에 몸통에만 있다고 생각됐던 림프계가 두개골 내에도 있는 것으로 밝혀졌죠. 이는 인간의 뇌가 강력한 청소 과정을 통해 최적의 상태에 머물 수 있도록 진화해왔다는 뜻입니다. 그런데 그 청소 체계는 수면 중에만 가동됩니다."

억만장자가 "이 친구들에게 HGH^Human Growth Hormone에 대해서도 알려줘요"라고 말했다.

이에 연사가 대답했다. "그러지. 뇌하수체^pituitary gland에서 생성되는 인간의 성장 호르몬 HGH는 인체 조직의 건강과 원활한 신진대사와 장수에 중요한 역할을 합니다. HGH 수치가 높아지면 기분, 인지, 에너지 수준, 순수 근육은 증가하는 반면 식욕조절 호르몬인

렙틴leptin과 그렐린ghrelin의 균형을 깨뜨립니다. 지금부터가 더 중요한 사실인데, HGH는 운동을 할 때 분비됩니다. 이는 20/20/20 공식의 1구간이 매우 중요한 이유 중 하나죠. 그런데 HGH의 75%는 잠을 잘 때 생성돼요! 그리고 진짜 중요한 정보는 뇌의 노폐물 청소를 극대화하고 HGH 생성을 원활히 하여 창의성, 생산성, 활력, 수명을 증가시키려면 90분간의 수면 주기를 다섯 번 반복해야만 한다는 것입니다. 현재 과학 연구로 확인된 바로는 그렇습니다. 그럼 매일 7시간 30분 잠을 자야 하는 거죠. 하지만 수면 부족만 단명의 원인이 아니라는 연구 결과도 알아두세요. 9시간 이상의 수면 과다도 수명을 단축하는 것으로 나타났습니다."

"혹시 연사님도 이것들을 설명해주는 학습 모형을 준비해 오셨나요? 저희가 아주 명료하게 이해할 수 있게요"라고 화가가 조심스럽게 물었다.

"나도 프레임워크를 준비해 왔습니다." 연사가 말했다. "이제까지 내가 숙면을 취할 수 있도록 해준 저녁 일과를 분석했죠."

연사는 주머니에서 손전등을 꺼냈다. 이게 있는데도 왜 굳이 촛불을 들고 나타났던 걸까. 아무튼 그가 손전등 윗부분을 돌리자 비밀 칸막이가 나왔다. 그는 거기서 두 개의 얇은 두루마리를 꺼내 하나는 사업가에게, 하나는 화가에게 주었다.

거기에는 다음과 같은 도표가 그려져 있었다.

"어떻게 감사를 드려야 할지 모르겠어요." 사업가가 말했다. "두 분 모두요." 그녀가 이제 촛불 아래서 윗몸일으키기를 하고 있는 억만장자를 바라보며 말했다.

그는 운동을 하며 이렇게 중얼거리고 있었다. "엄청난 행운과 중

최고의 성과를 내는 사람들의 취침 전 의식

| 07:00 PM – 08:00 PM | – 하루의 마지막 식사<br>– 모든 디지털 기기 전원 끄기<br>– 과도한 자극으로부터의 격리 |
|---|---|
| 08:00 PM – 09:00 PM | – 사랑하는 사람들과의 진정한 대화 시간<br>– 두 번째 명상(선택)<br>– 독서, 오디오북과 팟캐스트 청취<br>– 정기적 재정비<br>– 주기적인 황산마그네슘 목욕 |
| 09:00 PM – 10:00 PM | – 시원하고 어둡고 디지털 기기가 없는 곳에서 취침 준비<br>– 빅토리 아워 1구간을 위한 운동 장비 준비<br>– 저녁 감사의 시간 |

대한 지혜가 계속 나를 찾아온다. 언제나 나는 리더이며 결코 희생자가 아니다. 나는 사자이지 양이 아니다. 나는 내 삶을 사랑하고 매일 삶을 발전시키고 있다. 또한 사람들에게 도움을 줄수록 행복감을 느낀다."

화가가 "저도 감사드려요"라고 말하면서 손을 뻗어 사업가의 머리를 사랑스럽게 쓰다듬었다. "해가 뜰 때 일어나라는 것이 잠을 줄이라는 이야기가 아님을 이제 알게 됐어요. '일찍 자고 일찍 일어나기' 인 거죠."

"그리고 우리 각자가 제 몫의 자기 혁신에 힘쓴다면 우리와 관계가 있는 모든 사람, 일로 아는 사람부터 지인의 지인까지 모두 함께 발전할 거예요." 사업가가 부드러운 촛불 아래 반짝이는 얼굴로 새 반지를 만지작거리며 말했다. "'세상이 변하기를 바란다면 당신이 그 변화의 주체가 되라'라는 마하트마 간디의 말처럼요. 어젯밤 잠들기 전에 간디의 인생을 다룬 책을 잠시 읽었거든요."

연사가 상냥하게 말했다. "사실 그건 마하트마 간디가 실제 했던 말은 아니고 집단적인 주의력 결핍을 경험하고 있는 문화의 구미에 맞춰 축약, 변형된 거예요."

억만장자가 말을 가로챘다. "그가 실제로 한 말은 이거였어요. '우리가 자신을 바꿀 수 있다면 세상의 경향도 바뀔 것이다. 한 사람이 자신의 본성을 바꾸면 그를 향한 세상의 태도도 변한다. 다른 사람이 바뀌기를 기다릴 필요가 없다.'"

"잘했어, 스톤." 연사가 미소를 지으며 말했다. "하지만 당신의 논점은 감사하게 생각해요." 그가 사업가에게 친절하게 말했다. "당신 말이 맞습니다. 두 분 모두 가능한 한 많은 사람에게 5AM 클럽의 원칙과 모형을 공유해주기를 부탁드립니다. 경영자, 근로자, 과학자, 예술가, 건축가, 정치인, 운동선수, 교사, 소방관, 어머니, 아버지, 딸, 아들…. 모두가 두 분이 배운 아침 일과와 저녁 의식을 습관화한다면 완전히 새로운 세상이 될 것입니다. 슬픔, 무례함, 평범함, 증오가 훨씬 줄어들고 창의성, 아름다움, 평화와 사랑이 훨씬 늘어난 세상이 될 거예요."

여기까지 이야기한 연사가 "그런데 나는 이만 가봐야겠어요"라고 말했다. 그는 억만장자를 보며 "오늘 저녁 식사 때 보세, 스톤"이라고 말했다.

"물론이죠." 억만장자가 일어서며 대답했다. 하지만 기침이 다시 시작되면서 잠시 불안정해 보였다. 그의 왼손이 떨리고 다리도 흔들렸다.

연사는 얼른 눈길을 돌렸다. "가봐야겠군." 연사는 그 말만 남기고 묘지의 어둠 속으로 사라졌다.

남은 세 사람은 지하 묘지에서 나와 계단을 올라가 눈부신 로마의 햇살 속으로 돌아왔다.

억만장자가 스쿠터를 출발시키며 두 사람에게 따라오라고 손짓했다. 그들은 미로 같은 좁은 골목을 돌아 나와 오래된 수로를 지나고 로마의 성벽을 다시 통과했다. 곧 그들은 혼잡한 역사 지구의 도로를 지나 콘도티 거리에 당도했다.

스쿠터를 주차한 후 그들은 스페인 계단을 다시 올라갔다.

억만장자가 선언했다. "끝내주는 모형을 하나 더 보여주고 오늘 수업을 끝내도록 하죠. 내가 훨씬 젊었을 때 선생님이 가르쳐준 모형인데, 대단히 유용했거든요. 이 모형이 오늘 아침 수업을 아주 깔끔하게 마무리해주리라고 생각합니다."

억만장자는 어디서 났는지 손에 조종기 같은 걸 들고 있었다. 그가 뭔가를 하자 보르게세 공원 쪽에서 희미하게 윙윙거리는 소리가 들려왔다. 곧 소리가 커지고 점점 가까이서 들려왔다. 드론이었다.

억만장자는 그 작은 비행물체를 능숙하게 조종하여 매끄럽게 착륙시켰다. 그는 두 제자에게 윙크하며 말했다. "재주가 녹슬지 않았네요."

드론에는 나무 상자가 매달려 있었고, 상자를 열자 학습 모형이

# 최고의 하루를 위한 일과

| 타임라인 | 활동 | 요약 |
|---|---|---|
| 4:45 AM | – 최적의 기상 시간<br>– 개인 위생 | – 비행 전 활주로 대기 시간<br>– 전날 밤 침대 옆에 운동 장비 놓아두기<br>– 수분 섭취로 에너지원 ATP의 생성 기관인 미토콘드리아에 연료를 공급해 에너지 증가시키기 |
| 5:00 AM<br>-<br>5:20 AM | – 격렬한 운동<br>– 땀이 날 때까지 운동(BDNF 분비)<br>– 수분 섭취<br>– 팟캐스트, 오디오, 비디오, 음악 | – 1구간: 운동<br>– 5:20까지 피로 상태에서 활력 상태로 전환<br>– 운동은 말단소체를 연장해준다.<br>– 위대함을 뒷받침해주는 신경생물학 활성화 |
| 5:20 AM<br>-<br>5:40 AM | – 명상<br>– 기도<br>– 일기 쓰기<br>– 감사<br>– 수행 전 청사진 작성 | – 2구간: 숙고<br>– 명상은 노화 속도를 늦춘다.<br>– '계획+순서 정하기'는 집중력과 생산성을 증가시킨다. |
| 5:40 AM<br>-<br>6:00 AM | – 독서<br>– 오디오북<br>– 팟캐스트<br>– 학습+영감을 주는 비디오 | – 3구간: 성장<br>– 2×3× 마인드셋<br>– 희망 불어넣기+기량 향상<br>– 영감의 고취<br>– 자기 분야에서 독보적 위치 확보하기 |
| 6:00 AM<br>-<br>8:00 AM | – 가족과의 관계<br>– 개인적 일<br>– 소셜미디어 사용 금지<br>– 뉴스 시청 금지<br>– 메시지 확인 금지 | – 행복감 증진+디지털 치매 감소<br>– 아침 기분 개선<br>– 기쁨과 평온의 증진 |
| 8:00 AM<br>-<br>1:00 PM | – 90/90/1 원칙<br>– 60/10 방식<br>– 세계적 수준의 일 처리 | – 최상급 성과의 업무 2가지 처리<br>– TBTF 프로토콜<br>– 집중 업무 공간 |
| 1:00 PM<br>-<br>5:00 PM | – 가치가 덜한 업무<br>– 회의<br>– 정리<br>– 단식 해제(선택: 16/8 방식) | – 행정적 업무<br>– 창의력을 덜 요구하는 업무<br>– 계획<br>– 수분 섭취 |
| 5:00 PM<br>-<br>6:00 PM | – 이동 시간을 활용한 학습<br>– 2WW<br>– 2MP<br>– 감압+전환의 시간 | – 학습을 통한 경쟁력 유지<br>– 개인적 회복 시간<br>– 햇볕, 신선한 공기, 재충전 |
| 6:00 PM<br>-<br>7:30 PM | – 디지털 기기 사용 금지<br>– 가족과의 식사<br>– 즐거운 일 포트폴리오 작성<br>– 사랑하는 사람과의 자연 속 산책 | – 사회적 관계<br>– 모험<br>– 지역사회 봉사 |
| 7:30 PM<br>-<br>9:30 PM | – 독서<br>– 일기 쓰기<br>– 새벽 기상을 위한 사전준비<br>– 스크린, 디지털 기기 사용 금지<br>– 취침 전 명상(선택 사항) | – 야간 수면 의식<br>– 황산마그네슘을 첨가한 온수욕<br>– 조명이 어두운 방<br>– 시원한 실내 온도 |
| 9:30 PM | – 숙면 취하기 | – HGH 생성<br>– 뇌, 신체, 정신의 회복과 재생 |

디지털 기기 사용 금지 시간 (4:45 AM – 6:00 AM)

디지털 기기 사용 금지 시간 (6:00 PM – 9:30 PM)

부착된 얇은 유리판이 보였다. 유리에는 다음과 같은 도표가 그려져 있었다.

"두 분은 멋진 하루를 보내기 위한 상세한 일일 계획을 가치 있게 여길 거라고 생각했어요. 물론 이것은 가능한 계획안 중 하나일 뿐이에요. 전략을 어떻게 적용하는가는 전적으로 두 분에게 달려 있습니다. 자기 인생은 자신이 선택한 대로 살아야죠. 하지만 이 일일 계획이 내게는 엄청나게 도움이 됐습니다. 이 시간표는 취침 전 일과의 핵심 요소들과 20/20/20 공식의 중요한 요소들을 담아서 대단히 구체적인 일상의 지침을 제시하고 있어요. 누구든지, 정말로 누구라도, 한결같이 멋진 하루를 보낼 수 있게 해줍니다. 이것은 마치 요리를 할 때의 레시피와 같습니다. 한 단계씩 차례차례 따라가면 좋은 결과를 얻을 수 있죠."

"그렇게 훌륭히 보낸 하루하루가 모여 멋진 한 주가 되고, 그렇게 매주를 훌륭히 보내면 멋진 한 달이 되겠군요." 화가가 일기장을 닫으며 말했다.

"그리고 한 달, 한 달 훌륭히 보내면 멋진 분기가 되고, 분기마다 훌륭히 보내면 멋진 한 해가 되고, 궁극적으로는…" 사업가도 일기장을 덮으며 덧붙였다.

"멋진 평생이 되겠죠." 세 사람이 함께 말했다.

"하루 또 하루, 단계별로 역사적인 존재가 되어가는 거죠"라고 억만장자가 요약했다.

"내가 왜 두 분을 이 계단으로 데려왔는지 이제는 알 것입니다. 폭발적인 생산성, 최상의 건강, 이례적인 번창, 지속적인 기쁨과 무한한 내면의 평화는 사실 점진적으로 이뤄가는 단계별 게임입니다.

미미해 보이는 작은 개선이라도 매일매일 오랫동안 꾸준히 달성해 가면 엄청난 결과를 낳습니다. 매일의 소소한 성공과 미미한 최적화가 결국에는 매우 자랑스러워할 수 있는 삶에 도달하는 가장 확실한 방법입니다. 이곳은 내가 세상에서 가장 좋아하는 장소 중 하나예요. 두 분과 함께 여기에 오고 싶었던 이유는 20/20/20 공식에 의한 변화 과정을 가르쳐주기 위해서뿐만 아니라, 훌륭한 삶이란 사실 성공과 인생의 의의라는 계단 꼭대기까지 돌아 돌아 올라가는 과정임을 강조하기 위해서였습니다. 자신의 위대함을 차근차근 온전히 경험해가는 여정에서 지금 목격한 것처럼 명백한 마법과 아름다움이 삶에 조금씩 스며들 것입니다. 그 점에 대해서는 확신해도 좋습니다."

유리판에 쓰인 학습 모형을 주의 깊게 살펴본 후 사업가가 큰 소리로 물었다. "90/90/1 원칙이 뭐예요? 60/10 방식은요? 그 밖에도 이해가 안 되는 것들이 좀 있네요."

"그리고 2WW와 2MP는 무엇의 약자예요?" 화가도 물었다.

"곧 알게 될 거예요." 억만장자가 즉답을 피하며 그렇게만 대답했다. "내가 마지막 수업을 위해 최고이자 가장 가치 있는 내용을 남겨놓았다는 것만 알아둬요."

그러고는 그 어느 때보다 강하게 사업가와 화가를 끌어안았다. 둘은 그의 눈에 서서히 차오르는 눈물을 보았다. 금방이라도 흘러내릴 것만 같았다.

"두 분, 사랑합니다." 그가 말했다 "곧 다시 만나요."

그 말을 남기고 억만장자는 사라졌다.

15장

# 평생 천재성을 발휘하는
# 10가지 방법

만약 사람들이 내 작품에 얼마나 많은 노력이 들어갔는지 알게 된다면
천재성이라는 표현을 쓰지 않을 것이다.
미켈란젤로

———

"상파울루는 정말 특별하지 않아요?" 차가 도시의 교통체증 속에서 가다 서기를 반복하는 동안 억만장자가 말했다. 그는 조수석에 앉아 있었다. 세 사람은 방금 제트기 비행장에 내려서 상파울루의 중심부에 있는 부티크 호텔로 가는 중이었다.

"저희 결혼식을 위해 브라질까지 전용기로 태워주셔서 정말 감사해요." 사업가가 다시 한번 감사 인사를 했다. "감사합니다." 화가도 덧붙였다.

"이 사람은 정말로 라일리 씨의 해변 별장에서 결혼식을 하고 싶어 했어요." 사업가가 따뜻한 시선으로 약혼자를 가리키며 말했다.

"그랬죠." 화가가 유쾌하게 말했다. "거기는 낙원이었어요."

"그리고 솔직히 말하면 저도 그러고 싶었어요. 하지만 브라질 사람이었던 아버지를 기리는 뜻에서 여기서 결혼식을 하기로 했어요." 사업가가 설명했다.

"아내가 행복해야 인생이 행복하니 그 말을 따라야죠." 화가가 활짝 웃으며 말했다.

그러고는 A. A. 밀른A.A. Milne의 《곰돌이 푸》에 나오는 말을 인용했다. "만약 당신이 100살까지 산다면, 나는 100살에서 하루를 덜 살고 싶어. 당신 없이 살기 싫으니까."

화가의 이야기를 듣고 억만장자는 아내를 떠올렸다. 그는 지금도 매일 그녀를 생각했다. 그가 기억하는 것들은 그녀와의 호화로운 해외여행이 아니었다. 세계 최고 레스토랑에서의 아름다운 식사도 아니었다. 소박하고 평범한 순간들이 문득문득 생각나곤 했다. 값싸고 맛있는 피자에 올리브유를 살짝 부어 나눠 먹던 순간, 벽난로 앞에서 조용히 책을 읽던 시간, 숲길을 산책하고 밤에 영화를 보러 가고 마트에 장을 보러 갔던 때, 서로 꼭 끌어안고 음악에 맞춰 춤을 췄던 때. 그리고 그녀가 얼마나 참을성 있게 그에게 이탈리아어를 가르쳐줬는지, 외동딸에게 얼마나 헌신적이었는지 하는 것들이 떠오르곤 했다. 억만장자는 '인생의 보석 같은 순간은 가장 소박한 순간이다'라는 생각을 했다. 대부분 사람이 당연하게 여기는 일상적인 일들 말이다. 하지만 우리는 그것을 잃고 나서야 그 사실을 안다.

차가 달리는 동안 화가는 손을 들어 약혼반지를 자랑스레 보여주며 깊은 사랑을 표현했다. "저는 이 사람을 정말 사랑해요. 그녀는 제 햇살이에요. 전에는 작품 활동이 제일 중요했어요. 누군가 옆에 있었으면 하는 필요성도 그다지 느끼지 못했어요. 진정한 사랑이 뭔지 몰랐던 탓이겠죠. 하지만 이제는 그녀 없는 삶이 상상이 안 돼요."

사업가는 자신이 얼마나 축복받은 사람인지 생각했다. 연사의 강연에 참석한 뒤로 그녀의 마인드셋, 하트셋, 헬스셋, 소울셋은 재정비되고 향상됐다. 이전 상태로 되돌아갈 수 없을 만큼 철저하게.

그녀는 순탄하지 못했던 어린 시절에 만들어진 제한된 신념을 버리고, 투자자들 때문에 처한 곤경에서 비롯된 해로운 감정에서 벗어나는 중이었다. 그녀는 우리 각자가 현재의 인식과 정신적 성숙, 개인적 안도감 수준에서 최선의 행동을 한다는 억만장자의 말이 정말 옳다는 걸 절감했다. 다른 사람에게 해를 입히는 사람은 사실 마음속에서 상처를 받고 있으며, 그들은 자신이 아는 행동 방식 가운데서 가장 현명하다고 여겨지는 방식으로 행동한다던 얘기 말이다. 그들 역시 뛰어난 리더십과 관대함, 인류애로 행동할 능력이 있었다면 그렇게 했을 것이다. 이런 깊은 통찰은 사업가의 마음에 용서의 씨앗이 싹트게 했다.

로마를 다녀온 이후 3주 동안 사업가는 매일 오전 5시에 20분 동안 강도 높은 웨이트 트레이닝과 함께 단거리 달리기를 해왔다. 그리고 2구간인 5시 20분부터는 평온함 속에서 조용히 깊은 생각에 잠기고, 감사한 일들을 새 일기장에 적은 다음 명상을 했다. 마지막으로 오전 5시 40분부터는 재계의 이단아에 관한 오디오북을 듣거나 생산성, 팀워크, 리더십을 주제로 하는 글을 읽었다. 그리고 디지털 기기 중독에서 벗어나는 힘든 일도 해냈다. 이제껏 디지털 기기는 그녀의 생명선이자 최고의 성과 달성을 회피하는 통로였으며, 삶에 집중하지 못하고 한눈을 팔게 하는 요인이었다. 그리고 사무실을 벗어나서 지낸 그 환상적인 기간에 억만장자한테 배운 일시적 뇌 기능 저하 방법을 써서 자신의 경력에서 가장 눈부신 성과를 냈다.

그녀가 적용한 모든 방법은 엄청난 보상을 선사했다. 그녀 인생의 모든 일이 제자리를 찾아가는 듯했다. 그녀는 예전보다 건강해졌고, 예전에 몰랐던 행복과 평온을 느꼈으며, 자신이 가능하다고 여겼던 것 이상의 생산성을 올렸다. 모두가 5AM 클럽 덕분이었다. 그녀는 소음과 스트레스, 방해 요인으로 가득한 세상에서 5AM 클럽이 자신의 타고난 재능을 지킬 수 있게 해준다는 것을 점점 이해하게 됐다. 그녀는 새로 찾은 희망과 자신감, 용서를 통해 투자자들과 합의를 보는 큰 진전도 봤다. 얼마 후면 끔찍한 시련도 끝나리라는 생각에 흥분이 됐다.

그리고 곧 결혼도 할 것이다. 그녀는 언제나 기쁨과 성공을 같이 나눌 특별한 사람이 생기기를 바랐다. 그리고 부를 쌓고 싶은 갈망과 가정을 꾸리겠다는 꿈 사이에서 균형을 찾기를 항상 소원해왔다. 어린 시절부터 갖고 싶어 했던 가족을 스스로 만들고 싶다는 마음에서였다.

그런데 사업가가 화가의 사랑 고백에 화답하려던 바로 그 순간, 총성이 울렸다.

자동차 전면 유리가 거미줄처럼 갈라지면서 산산이 부서졌다. 떡 벌어진 어깨에 스키마스크를 쓰고 기관총을 멘 남자 둘이 운전사에게 문을 열라고 거칠게 손짓했다. 운전사가 위험한 현장을 벗어나려고 속도를 올리려는 순간 두 번째 총알이 유리를 관통해 그의 귀를 스치면서 피가 튀었다.

"열어줘." 라일리가 놀라울 정도로 차분하게 지시했다. "이게 있잖아." 그가 조수석 사물함 아래에 교묘히 설치된 빨간 버튼을 누르며 말했다.

운전사가 문의 잠금장치를 풀었다. 딸깍 소리가 났다.

괴한 중 하나가 짧고 날카롭게 소리쳤다. "모두 차에서 내려. 당장! 안 내리면 쏜다!"

차에 탔던 사람들이 명령에 따르자 다른 한 명이 사업가의 목을 움켜잡고 소리쳤다. "회사를 떠나라고 했지. 안 그러면 죽이겠다고 했잖아."

그때, 전쟁터에서 지휘관들이 타고 다니는 것과 같은 SUV가 현장에 나타났다. 방탄조끼를 입고 권총을 든 남자 둘과 여자 둘도 오토바이를 타고 달려왔다. 억만장자의 경호팀이 도착한 것이다.

거리에서 양측이 맞붙으며 서로 칼을 휘두르고 총격까지 주고받았다. 경호팀은 놀랄 만큼 신속하게 억만장자를 대피시켰다. 그는 작전을 지휘하는 장군이라도 되는 듯이 여전히 침착하게 "저 사람들을 구해. 내 가족이야"라고 말했다.

이제 헬리콥터까지 도착해 현장 위를 맴돌았다. 주황색으로 커다랗게 '5AC'라고 쓰인 흰색 헬리콥터였다.

억만장자의 경호팀은 두 괴한 중 덩치가 더 크고 사업가를 위협했던 자를 신속하게 무장 해제하고, 사업가를 대기 중인 SUV로 안전하게 데려갔다. 하지만 슬프게도 화가의 모습은 보이지 않았다.

"그 사람을 찾아야 해요!" 사업가가 소리쳤다. "남편을 찾아야 해요." 이 모든 상황에 큰 충격을 받은 게 분명한 그녀가 계속 외쳤다.

"여기 계세요." 경호원 한 명이 그녀의 팔을 잡으며 단호하게 명령했다.

그러나 새로운 아침 일과 덕분에 강인한 정신과 체력, 정서적 회복력, 영적 용기를 새롭게 얻은 사업가는 건장한 경호원을 뿌리치며 살짝 열려 있던 차 문을 발로 차고 뛰어내려 내달렸다. 그녀는 최고의 육상 선수처럼 4차선 고속도로의 차들을 요리조리 피하며 달렸다. 여기저기서 경적이 요란하게 울려대고, 브라질어로 죽고 싶냐는 고성이 터졌다. 하지만 그녀는 가젤 영양처럼 빠르게 계속 달렸다.

그녀는 한 카페로 뛰어 들어갔다. 약혼자의 흔적은 보이지 않았다. 그 옆 식당으로 들어갔다. 거기에도 없자 유명한 스테이크 식당 거리를 뛰어다니며 찾았다. 화가는 어디에도 보이지 않았다.

그러다 사업가는 화가의 수첩을 발견했다. 그가 연사와 억만장자의 가르침을 받아적던 수첩이었다. 그녀가 우연처럼 강연장에서 그를 처음 만났을 때도 그는 그 수첩을 꼭 끼고 있었다. 그때 그녀는 인생의 가장 어두운 시기를 지나고 있었다. 그런 그녀에게 마치 천사처럼 나타난 그는 안전하고, 차분하고, 행복하게 느끼게 해준 사랑스러운 사람이었다.

그런데 잠시 후 비극적 광경이 발견됐다. 계속 뛰어다니던 사업가가 걸음을 늦추고 좁은 골목으로 들어섰을 때 피가 보였다. 피가 흥건히 고여 있지는 않지만 여기저기 선혈이 떨어져 있었다.

"오, 하느님! 제발! 안 돼!" 그녀가 비명을 질렀다.

그녀는 주차된 차들과 유모차를 밀고 가는 엄마들과 우아한 주택들을 정신없이 지나치며 핏자국을 따라갔다.

그리고 기도했다. "제발 그가 죽지 않게 해주세요. 제발요, 하느님."

"여기예요. 이쪽이요." 떨리는 외침이 들려왔다.

사업가는 화가의 외침이 들리는 쪽으로 쏜살같이 달려갔다. 그녀는 약혼자의 머리에 권총을 겨누고 있는 괴한의 기색을 살피며 다가갔다. 그자는 스키마스크를 벗고 있었다. 얼굴을 보니 아직 어렸는데 극도로 겁을 먹은 듯했다.

"이봐요." 사업가가 괴한을 부르며 용감하게 다가갔다. "당신은 저 사람을 해치고 싶어 하지 않는다는 거 알아요. 감옥에서 평생을 보내고 싶지 않겠죠. 그러니 총을 내게 주고 그냥 가요. 아무에게도 당신을 봤다고 이야기하지 않을게요. 그냥 그 총만 줘요."

괴한이 그대로 얼어붙었다. 아무 말 없이 떨기만 했다. 그러더니 천천히 화가의 머리를 겨눴던 총을 치웠다. 그러고는 사업가의 가슴을 겨냥했다.

"진정해요." 그녀가 강하면서도 공감하는 목소리로 달랬다. 그녀는 약혼자와 괴한 쪽으로 계속 다가갔다.

"죽여버릴 거야. 거기 서!" 괴한이 소리쳤다.

사업가는 괴한의 눈을 똑바로 바라보면서 조심스럽게 한 발 한 발 다가갔다. 이제 그녀는 부드러운 미소까지 지었다. 그 정도로 그녀는 용감해져 있었다. 자신감 또한 상당히 커졌다.

한참 동안 말이 없던 괴한이 일어섰다. 그는 어마어마하게 존경스러운 마음과 본능적인 불신이 뒤섞인 시선으로 사업가를 빤히 바라봤다. 그러고는 쏜살같이 달아났다.

"자기, 괜찮아?" 사업가가 화가를 부드럽게 끌어안았다. 땀을 줄줄 흘리면서도 침착함을 되찾으며 그가 대답했다. "괜찮아, 자기. 난 괜찮아. 당신이 내 목숨을 구했어."

"그래, 알아. 우리가 곧 결혼할 사이라서 당신을 구해준 거 아니야. 당신을 사랑해서도 아니고"라고 그녀가 대답했다.

"뭐? 그럼 왜 나를 구해줬어? 당신 정말 대단했어! 끝내주더라."

"클럽 때문이지."

"그게 무슨 말이야?" 화가가 당황해하며 물었다.

"5AM 클럽 회원이 되면서 발전한 능력 덕분이야. 그래서 조금 전처럼 행동할 수 있었어. 모든 게 효과가 있었어. 전부. 우리가 모리셔스에서 배웠던 모든 게. 인도와 로마에서 배웠던 것들도 모두. 그리고 당신 목숨을 구해준 주된 이유가 당신이 곧 내 남편이 될 거고, 우리가 예쁜 아이들을 낳고, 나중에는 손주들도 생기고, 개와 고양이를 키우고, 잘하면 카나리아도 키우며 살아갈 사이라서가 아니야." 그녀의 대답이 이어졌다. "당신도 클럽 회원이니까 구해준 거야. 단합하라고 했던 라일리 씨 당부도 있었고. 서로 지지해주라고 했잖아."

"진심이야?" 화가가 큰 소리로 물었다. 그는 방금 들은 말이 마음에 들지 않았다.

"물론 아니지! 장난 좀 친 거야, 자기." 사업가가 웃었다. "내가 당신을 얼마나 좋아하는데. 당신을 위해서라면 언제든 목숨까지 바칠 수 있어. 이제 라일리 씨를 찾으러 가자. 그도 무사한지 확인해야지."


다음 날, 극적인 사건의 충격에서 벗어난 두 사람은 세련된 호텔의 펜트하우스에 있는 억만장자를 찾아왔다. 군살 하나 없는 라일리는 집중력도 좋아 보이고 매우 행복해 보였다.

"어제는 한바탕 난리를 치렀죠." 그들이 겪은 일이 꽃이 만발한 공원에서의 가벼운 산책쯤이라도 되는 듯한 말투로 그가 말했다.

"끔찍했죠. 진짜 충격이었어요"라고 화가가 대답했다.

"그래도 다들 침착하게 대처했죠." 억만장자가 말했다. "기적을 보여줬어요, 아가씨."

그녀는 "감사합니다"라고 대답하며 화가에게 다가가 그가 괜찮은지 확인했다.

"당신이 대응하는 모습을 봤어요. 정말 침착하더군요. 극도의 압박감 속에서 집중했고요. 그리고 초인적인 능력을 보여줬죠."

"맞아요, 제 목숨을 구해줬어요." 화가가 열심히 맞장구를 쳤다.

"당신들 두 연인은 5AM 클럽 가입의 효과를 맛보기 시작했어요. 최소 실천 기간인 66일 후는 어떨지 상상해봐요. 그리고 지금까지 배운 최상의 아침 일과를 6개월간 실행한 뒤를 상상해봐요. 1년 후에는 어떻게 잠재력을 활용하고, 최대의 성과를 내고, 세상에 유익한 존재가 돼 있을지 생각해봐요. 가장 위대한 지도자들은 모두 아랫사람을 섬기는 지도자, 즉 서번트 리더<sup>servant leader</sup>였다는 사실을 항상 기억해요. 자신에게 덜 집중하고, 타인의 삶을 발전시키는 데 더 골몰할수록 역사의 창조자로 성장할 거예요."

사업가가 "알겠습니다"라고 대답하며 물병의 물을 마셨다. 적절한 수분 섭취로 최상의 에너지 수준을 유지하기 위해서였다.

"한 가지 기쁜 소식이 있어요." 억만장자가 말했다.

"뭔데요? 어서 말씀해주세요." 사업가가 졸랐다.

"음, 오늘 아침에 고약한 투자자들이 소유한 지분을 사들이게 했어요. 내가 그들이 거절할 수 없는 제안을 했다고만 말해둡시다. 그리고 우리 법무팀이 합의서에 서명도 받아왔어요. 그들은 회사에 얼씬도 하지 않을 것이며, 당신이나 몇 시간 후면 당신 남편이 될 저 친구에게 접근하지 않겠다고 서약했어요."

"끝내주죠?" 억만장자가 탭댄스를 추면서 말했다. 그는 방을 완전히 가로지르며 탭댄스를 췄다. 잠시 후에는 정신없이 팔을 흔들어대며 그의 상상 속 음악에 맞춰 리듬을 탔다.

'내가 만나본 사람 중에서 가장 기이한 사람이야. 이만저만 기이한 게 아니야.'라고 사업가가 생각했다. '하지만 정말 멋있어. 거의 마력적이야.'

사업가와 화가가 서로 마주 보며 낄낄거리기 시작했다. 그리고 그들도 함께 춤을 췄다. 한바탕 춤을 춘 후 두 사람은 훌륭한 멘토인 동시에 자신들을 아낌없이 격려해주고 진실한 친구가 되어준 남자를 껴안았다.

사업가는 자신의 어려운 상황을 해결해준 별난 갑부에게 깊은 감사를 표했다. 지금까지의 놀라운 일상 탈출 여행이 거의 신비롭게까지 느껴졌다. 모든 것이 개선되고 있었다. 모든 일이 그녀가 꿈꿀 수 있는 것 이상으로 잘 풀렸다. 이제 그녀는 삶을 벼랑 끝으로 몰고 가던 시련에서 벗어났다.

그 순간 그녀는 모든 비극의 건너편에는 승리가 기다리고 있음을 깨달았다. 그리고 역경을 넘어서면 지속적인 승리로 이어지는 다리가 나온다는 것도. 그것을 볼 수 있는 눈만 있다면 말이다.

"아무튼," 억만장자가 입을 열었다. "오늘 수업은 얼른 끝내줄게요. 결혼식 준비는 두 분이 요청한 대로 우리 비서실장이 세세히 챙기고 있으니 걱정하지 말아요. 당신이 부탁한 카사블랑카 백합과 두 분이 추천한 음악은 당연히 준비됐고, 다른 것들도 세계 최고 수준으로 준비될 거예요. 우리 팀과 나의 방식대로요. 아, 하객들도 모두 내 제트기로 모셔왔어요. 전원 도착했어요. 다들 즐거워하더군요. 특히 나를 재미있어했고요."

억만장자가 다시 심한 기침을 했다. 기침은 두 차례 더 이어졌다. 나무 의자에 걸터앉을 때는 팔이 다시 떨리기 시작했다. 처음으로 그의 눈에 두려워하는 기색이 떠올랐다. 하지만 이내 혼자 소곤거렸다. "내가 이 괴물을 물리치고 말 거야. 너, 상대를 잘못 골랐어!" 그는 지갑에서 오래전에 세상을 떠난 아내의 낡은 사진을 꺼내 가슴에 꼭 껴안고 이날 수업의 핵심에 집중하려고 애를 썼다.

"이제 꼭 알아둬야 할 5AM 클럽의 방법론은 두 분이 거의 알 테니 일에서나 개인 생활에서 추진력을 높일 수 있는 10가지 전술을 알려주려고 합니다. 20/20/20 공식이 아침 시간을 훌륭히 보내게 해주는 방법이라면, 이 10가지 일과는 나머지 시간도 근사하게 보내게 해줄 보완책입니다. 이것들이 습관으로 정착되면 당신들은 불굴의 존재가 될 것입니다. 그리고 삶의 중요한 요소 모두가 시간이 지날수록 더욱 향상되는 성공의 상승세를 경험하게 될 것입니다."

그러고는 늘 그러듯이 한 손을 위로 뻗었다. 펜트하우스의 서재에서 비서 하나가 급히 달려 나왔다. 그는 액자처럼 보이는 커다란 물건을 힘겹게 들고 있었다. 억만장자가 벌떡 일어나 그를 도와주러 갔다.

탄탄한 체격에 불공평하게 생각될 정도로 잘생긴 젊은 비서의 흰 티셔츠 앞면에는 '모두가 전설이 되기를 꿈꾸지만, 그에 필요한 노력을 기울이지는 않는다' 라는 글귀가 인쇄되어 있었다.

"이것도 두 분에게 주는 결혼 선물이에요." 억만장자가 위대한 발명가 토머스 에디슨의 멋진 초상화를 가리켰다. 에디슨의 얼굴 위쪽으로는 '혼자 있을 때 최선의 사고가 이뤄지고, 소란할 때 최악의 사고가 이뤄진다' 라는 그의 말이 쓰여 있었다.

"베를린에 사는, 내가 가장 좋아하는 화가에게 의뢰한 작품이에요. 취리히의 내 아파트에는 그의 작품이 여러 점 걸려 있죠. 이제는 작품 활동을 거의 하지 않는 분인데, 내가 부탁해서 특별히 그려준 거예요. 이 그림을 팔면 두 사람은 은퇴해도 될 거예요. 진짜예요. 그림을 뒤집어봐요." 억만장자가 점잖게 부탁하면서 의자에 앉았다.

작품 뒷면에는 '평생 천재성을 발휘하기 위한 10가지 전술' 이라는 제목의 도표가 붙어 있었다.

억만장자가 말했다. "토머스 에디슨은 비견할 사람을 찾기 힘들 정도로 엄청난 창의적 업적을 달성한 인물입니다. 그는 평생 1,093건의 특허를 냈으며 전구에서부터 배터리에 이르기까지 각종 발명품을 남겼죠. 그는 발명가였을 뿐 아니라 탁월한 창업자이기도 했습니다. 그의 인생은 자세히 조사하고 분석해볼 만한 가치가 있습니다. 에디슨이 이런 말을 했죠. '바쁜 것이 진짜로 일을 하고 있다는 의미는 아닐 수 있다. 일이라면 생산 또는 성취를 목적으로 해야한다' 라고요."

두 사람을 한번 바라본 억만장자가 말을 이었다. "이 발명가의 성공 공식을 자세히 분석할 생각이라면 그의 집중력을 깊이 들여다보세요. 에디슨은 이런 말도 했습니다. '사람들은 온종일 무언가를 한다, 그렇지 않은가? 모두가 그렇게 한다. 7시에 기상해서 11시에 잠자리에 든다면 깨어 있는 시간이 16시간이며 분명 대부분이 그 시간에 항상 무언가를 하고 있을 것이다. 단 하나 문제점이 있다면, 그들은 그 시간에 아주 여러 가지 일을 한다는 것이다. 반면 나는 한 가지 일만 한다. 그 시간을 한 방향, 한 가지 일에만 쏟는다면 그들도 성공할 것이다' 라고요."

"그게 핵심이죠." 검정 양복을 말끔하게 차려입은 화가가 말했다. 그는 자신의 상징인 염소수염도 밀어버렸다. "당신이 모리셔스에서 해줬던 이야기와 같은 요지의 말이네요. 우리는 한정된 인지 대역폭을 갖고 잠에서 깨므로 주의력을 분산시키는 요인들이 탁월하게 일을 해낼 가능성을 감소시킨다고 했죠. '주의 잔류' 현상 때문에요. 그래서 정말로 조심하지 않으면 디지털 치매에 걸린다고 하셨죠. 그 내용이 오늘은 정말로 와닿네요. 이제 집에 돌아가면 작업실을 아주 조용한 환경으로 만들 거예요. 디지털 기기도 다 치우고요. 그리고 대대적으로 디지털 해독에 들어갈 거예요. 최소 몇 주 동안은 소셜미디어도, 인터넷 서핑도 하지 않고 집중력을 회복시킬 거예요. 깨끗하고 조용한 공간에 있으면 창의력과 신체 에너지가 분산되지 않고 한 번에 한 가지 작업에 집중하게 될 테니까요. 에디슨의 이야기를 들으면서 그 생각을 했어요. 오직 한 가지를 열정적으로 하면 전설이 될 수 있으니 여러 가지에 천재성을 분산시키지 말아야겠다고요."

"저는 중요한 신제품이나 다음 블루오션 벤처 사업을 구상할 때 단 한 번만 방해를 받아도 수백만 달러가 넘는 손해가 날 수 있겠다는 생각이 드네요." 사업가도 말했다.

"방금 두 분은 대단히 중요한 얘기를 해주었어요." 억만장자가 쾌활하게 활짝 웃으며 말했다. 억만장자는 그림 뒤편에 있는 도표를 가리켰다.

"결혼식 준비하러 곧 가봐야 한다는 거 알아요. 부디 이 선물도 가져가요. 하지만 우선 그림 뒤에 쓰인 내용을 읽어봐요. 그리고 5AM 클럽에서의 발전을 가속화하고 소질과 재능, 능력을 불태워줄 이 10가지 전술을 머리에 집어넣으세요. 새벽 기상과 20/20/20 공식의 실천은 자기 분야를 이끌고 개인적 삶을 향상하기 위한 주요 조치입니다. 이 10가지 전술은 증폭기라고 생각하면 됩니다."

도표는 다음과 같았다.

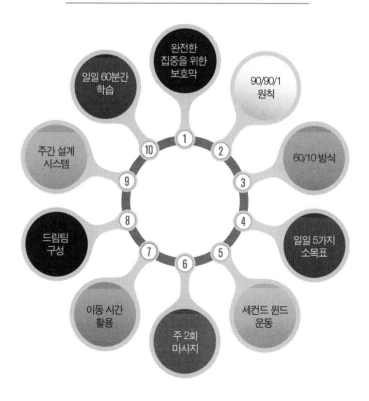

평생 천재성을 발휘하기 위한 10가지 방법

완전한 집중을 위한 보호막

90/90/1 원칙

일일 60분간 학습

60/10 방식

주간 설계 시스템

일일 5가지 소목표

드림팀 구성

세컨드 윈드 운동

이동 시간 활용

주 2회 마사지

사업가와 화가는 '평생 천재성을 발휘하기 위한 10가지 전술'이라는 제목 아래 제시된 각 전술의 의미와 활용 방법을 읽었다.

### 완전한 집중을 위한 보호막

● **통찰:** 기분 전환 활동에 중독되면 창조적 생산은 죽음을 맞이한다. 디지털 세상의 방해를 허용한다면 경제적, 인지적, 활동적, 육체적, 영적 자산을 잃게 된다. 현재 소수의 사람만 보유한 높은 수입과 영향력을 가지려면 그들처럼 하루를 보내야 한다. 완전한 집중을 위한 보호막Tight Bubbles of Total Focus, TBTF은 천재성을 유지할 뿐만 아니라 더 성장시키기 위해 그 자산 주위에 만든 해자(성 주위에 판 못—옮긴이)에 비유할 수 있다. 최고의 생산자들이 지키고자 하는 5가지 주요 자산으로는 정신 집중, 신체 에너지, 개인적 의지, 독창적인 재능, 일상의 시간이 있다. 집중을 위한 보호막은 어떤 정보와 사람, 활동을 자신의 영향권에 들어오게 할지 말지를 결정하는 다공성 막이라고 생각하면 된다. 부정적이고 유해하고 불순한 것들은 애초에 걸러냄으로써 자신의 위대한 가치를 떨어뜨릴 수 있는 어떠한 자극도 받아들이지 않는 방어 체계다.

● **실행:** 보호막 형성 전술은 영감을 흐트러뜨리고 최고 기량의 발휘를 막는 사소한 흥밋거리와 요인들에서 해방된 시간을 길게 확보하게 해줌으로써 인간 본래의 명석함과 집중력을 보존해준다. 매일 아침 스스로 만든 이 가상의 보호막 안으로 들어가는 것이다. 즉, 사람들의 피상적인 메시지, 스팸, 가짜 뉴스, 광고, 유치한 영상, 부적절한 채팅 및 사이버 세계의 덫에 주의를 돌리지 말아야 한다는 의

미다. 이 가상의 보호막은 세상을 잊고 걸작을 만들어낼 수 있는 자기만의 연구소라고도 볼 수 있다. 여기서 핵심은 매일 정해진 시간만큼 창의력과 에너지, 행복, 그리고 자신이 인류의 발전을 위해 일하고 있다는 느낌으로 가득한 긍정적인 환경에서 혼자만의 시간을 갖는 것이다.

당신이 거주하는 공간은 당신이 생산해내는 결과물을 좌우한다. 이 개념은 일 외의 영역에도 적용될 수 있고, 적용되어야만 한다. 그러면 개인적인 시간도 부정적이고, 에너지를 앗아가고, 영혼에 상처를 주는 일들로부터 자유로워진다. 물론 은둔하지 않고 사회생활을 잘하려면 천재성을 위한 5가지 자산을 감싼 이 은유적 방어벽을 약간 손봐야 한다. 개인 생활에서 보호막 전술을 사용한다면 자신이 창조한 즐거운 세계에서 살 수 있다. 이 보호막은 다공성 막이므로 아름다움, 경이, 평화의 요소뿐만 아니라 개인 현실에 수용할 사람도 신중하게 선택할 수 있다는 사실을 기억하라.

이 전술을 적용한 구체적 방안으로는 TV 치우기, 정해진 시간만 뉴스 보기, 필요 없는 물건을 사게 하는 요란한 쇼핑몰에 가지 않기, SNS에서 팔로우하는 사람들 중 에너지를 앗아가는 이들은 목록에서 삭제하기, 보호막 안에 머무는 동안에는 모든 알림 기능 끄기, 끊임없이 공지사항이 뜨는 앱들 삭제하기가 있다.

**방법 #2**

## 90/90/1 원칙

● **통찰**: 거짓된 일이 아니라 진정한 일을 매일 꾸준히 할 때 일에 숙달될 수 있으며, 나아가 엄청난 경쟁 우위를 가질 수 있다. 거장 수

준의 생산성은 희소하다. 그리고 시장은 희소한 것에 높은 가격을 쳐준다. 전설적인 성공을 거둔 사람들은 한 번에 한 가지 핵심 프로 젝트에 관심과 노력을 집중함으로써 해당 분야를 뒤집어놓을 영예 로운 결과물을 내놓는 데 자신의 인지 능력과 소중한 에너지를 쓰려 고 한다. 그러려면 가장 효율적인 업무 시간을 활용해 가장 생산적 인 결과를 내놓는 일상 습관을 길러야 한다. 일터에 있는 시간은 온 라인 쇼핑을 하거나, 수다를 떨거나, 메시지를 확인하는 시간이 아 니다. 일을 하는 시간, 최고 생산자가 되어야 하는 시간이다.

● **실행:** 앞으로 '90일' 동안 업무 시간의 처음 '90분'은 그 일을 세 계적 수준으로 끝냈을 때 해당 분야에서 인정받게 될 '1가지' 일만 하도록 일정을 짠다. 이 90분 동안에는 어떤 소음과 방해도 없어야 한다. 디지털 기기는 '90/90/1 원칙'이라고 표시된 가방에 넣고, 그 가방을 다른 방에 둔다. 유혹을 느끼는 대상에 접근하지 못하게 확 실한 경계를 두는 것은 유혹을 줄이는 효과적인 전술이다.

---

**방법 #3**

## 60/10 방식

● **통찰:** 연구에 따르면 최고의 성과를 내는 사람들은 더 열심히, 더 오래 일하기만 하면 더 좋은 결과가 나올 것이라는 일차원적 사고방 식으로 일하지 않는다. 대단히 창의적인 사람들은 '진동oscillation'의 원리를 이해하고 이를 적용한다. 그들은 강한 집중력으로 업무 강 도를 높여 일하는 시간과 진정한 휴식 및 완전한 회복의 시간을 교 대로 갖도록 업무 주기를 구조화한다. 다시 말해 그들은 일과 휴식 의 균형을 맞추어 엄청난 결과물을 내놓는 시간과 천재성이라는 자

산을 재충전하는 시간을 순환시켜 그 자산이 고갈되지 않도록 한다. 천재성의 발휘에 전념하는 진정한 프로는 인간은 지치고 스트레스를 받을 때가 아니라 생기가 넘치고 여유가 있을 때 가장 놀라운 일을 해낸다는 데이터로 무장하고, 마라톤 선수가 아니라 단거리 선수처럼 주기적인 전력질주를 반복한다.

● **실행:** 90/90/1 원칙에 따라 근무 시간의 첫 90분을 보낸 후에 타이머를 맞춰두고 60분 동안 집중을 위한 보호막 속에서 조용히 최선을 다해 일한다. 쓸데없이 움직이지 말고 일에만 집중할 수 있도록 훈련하라. 그리고 자신이 만들어낼 수 있는 최고의 결과를 만들어내라. 60분간의 생산성 극대화 시간 후에는 10분 동안 재충전한다. 회복 방안으로는 신선한 공기를 마시며 빠른 속도로 걷기, 리더십 향상이나 자기연마에 관한 책 읽기, 명상, 시각화, 음악 듣기가 있다. 대회에 출전한 운동선수들도 시합장에 올라가기 전에 헤드폰으로 열정을 북돋워 주는 음악을 들음으로써 반추와 걱정을 담당하는 좌뇌보다 창의성과 몰입을 담당하는 우뇌가 활성화되도록 한다. 10분간 회복 시간을 보낸 후에는 영감과 탁월성, 독창성으로 충만한 60분간의 작업 시간으로 돌아간다. 그런 다음 10분간의 휴식을 취하는 주기를 되풀이한다.

방법 #4

일일 5가지 소목표

● **통찰:** 연구 결과에 따르면 가장 효율적인 기업가들은 생산성의 정점에 있을 때 심각한 어려움에 직면해 있더라도 진전이 있는 영역에 집중하는 마인드셋을 가지고 있었다. 그렇게 함으로써 그들은 뇌의

부정성 편향이 자기 파괴 행위로 이어지지 않도록 했다. 즉, 뛰어난 성과를 끌어내는 가장 좋은 방법 중 하나는 일을 하는 시간에 꾸준히 1%의 승리와 소소한 성취에 관심을 기울이도록 훈련하는 것이다. 매일매일 작은 성과를 꾸준히 거둘 때 반드시 놀라운 결과로 이어진다. 또한 진전이 있는 영역을 신중히 살펴봄으로써 야망과 자신감을 유지하고, 두려움을 물리치면서 놀라운 위업을 달성할 수 있다.

● **실행:** 하루를 잘 보냈다는 생각이 들 수 있도록 빅토리 아워의 2구간에서 하루 동안 달성하고자 하는 작은 목표 5가지를 나열한다. 이제까지 배워온 다른 습관들과 마찬가지로 이것 또한 연습이 된다. 실천을 거듭할수록 쉬워지며, 실행 능력이 향상된다. 그러므로 그 과정을 견뎌내야 한다. 그러면 30일만 지나도 150가지의 가치 있는 승리를 거두게 될 것이다. 그리고 1년 후에는 이 전술만으로도 가치 있는 목표 1,825가지를 달성하게 되므로 어느 때보다 생산성 높은 1년이 보장될 것이다.

**방법 #5**

### 세컨드 윈드 운동

● **통찰:** 뇌신경과학 측면에서 매일의 운동이 얼마나 멋진 효과를 가져다주는가는 이미 논의됐다. 정기적으로 몸을 움직여주면 집중력이 높아지고, 뇌의 처리 능력 및 학습 능력이 향상되며, 에너지가 증가하고, 더욱 낙관적인 태도를 보이게 되고, 멜라토닌이 더 많이 생성돼 숙면할 수 있으며, 성장 호르몬의 분비와 말단소체의 연장을 통해 더 장수할 수 있다. 염색체의 말단부에 있는 말단소체

는 신발 끈 끝부분에 씌워진 플라스틱처럼 염색체가 파손되지 않게 해준다. 말단소체는 노화와 함께 길이가 줄어들지만, 운동이 이를 늦춰줌으로써 더 오랫동안 건강을 유지하게 해준다는 것은 충분히 입증된 사실이다. 명상, 자연식품 위주의 식단, 양질의 수면, 간헐적 단식(연사님은 16시간 동안 단식한 다음 8시간 동안 음식을 섭취하는 '16/8 방식'을 주장했다)도 모두 말단소체의 퇴화를 막는 것으로 입증됐다.

효과가 검증된 운동을 하루 한 번만 할 이유가 어디에 있겠는가? 하루에 두 번씩 규칙적으로 하는 운동을 나는 세컨드 윈드 운동Second Wind Workout, 2WW이라고 이름 붙였다. 운동으로 활력을 크게 높임으로써 자기 분야의 동료들보다 장수하고, 대단히 행복하고 생산적인 삶을 즐기면서 노화를 방지하자.

● **실행:** 2WW 습관을 실천하려면 근무가 끝나는 시간에 두 번째 운동 일정을 잡아야 한다. 2WW는 대다수가 느끼는 퇴근 후의 피로를 이겨내게 해주고, 의지력 배터리를 재충전해줌으로써 저녁 시간에도 올바른 선택을 하게 해주며, 밤에 단것을 먹고 싶은 갈망도 현저히 감소시켜준다.

이 시간에 할 수 있는 가장 좋은 운동 중 하나는 자연환경에서 1시간 동안 산책하는 것이다. 이는 디지털 세상의 방해로부터 자유로운 시간을 1시간 더 확보해줌으로써 더 깊이 있는 사고를 하게 해주고 가치 있는 아이디어를 떠오르게 해준다. 햇빛과 신선한 공기가 있는 자연환경 속에서의 걷기는 마인드셋, 하트셋, 헬스셋, 소울셋도 향상시킨다. 자연주의자 존 뮤어John Muir는 "자연과 함께 걸을 때마다 우리는 얻고자 하는 것보다 훨씬 많은 것을 받는다"라는 말로 그 이점을 잘 표현했다. 그 외 실천 방안으로는 60분간 산악자전거 타기, 장거리 수영, 요가 등이 있다. 이런 일과를 지킬 때 열량 소비 역시 늘어나고 대사율도 높아져 체지방이 줄어든다. 2WW는 변화를 위한 결정적 변수다.

방법 #6

## 주 2회 마사지 2 Massage Protocol, 2MP

● **통찰:** 마사지 요법은 뇌 기능과 기분, 스트레스 대처 능력 및 전반적인 건강을 상당히 개선해주는 것으로 여러 연구에서 입증됐다. 마사지의 이점으로는 코르티솔(공포 호르몬) 31% 감소, 도파민(동기 부여의 신경전달물질) 31% 증가, 세로토닌(불안 조절 및 행복 증진을 담당하는 신경화학물질) 28% 증가 등의 효과가 있다. 그뿐 아니라 근육 긴장을 감소시키고, 근육 세포에 항염증 메시지를 보내 통증을 완화해주며, 세포에 미토콘드리아 생성을 늘리라는 신호 전달을 증가시키는 효과도 있다. 주의할 점은 근육 이완을 위한 간단한 지압이 아니라 심층 조직을 마사지해야 한다는 것이다. 약간 아플 정도로 마사지를 해야 효과가 있다. 이 근사한 습관은 말단소체 퇴화의 원인이 되는 스트레스 역시 감소시켜 건강을 최적화해준다.

● **실행:** 90분씩 두 차례의 마사지를 주간 일정으로 정해둔다. 일정으로 정해둬야 실천이 보장된다. 모호한 계획은 막연한 성과를 내기 마련이며, 아무리 작은 실행도 거창한 의도보다 낫기 때문이다. 거장들은 실행에 전념함으로써 자신의 비전을 견인한다. 당신은 바쁜 사람이라서 일주일에 두 번이나 마사지를 받을 여유가 없다고 말할지도 모른다. 하지만 마사지가 정신 상태, 인지, 즐거움, 건강, 장수

에 미치는 이득을 고려한다면 이를 습관화하지 않을 수 없다. 마사지를 받으려면 돈도 많이 들 것이다. 하지만 죽음에는 더 많은 돈이 들어간다.

**방법 #7**

## 이동 시간 활용

● **통찰**: 매일 출퇴근에 90분이 소모되는 사람은 평균 수명까지 산다고 할 때 약 1,200일을 출퇴근에 쓰게 된다. 3년 이상을 자동차나 버스, 기차 안에서 보내는 것이다. 꼬리에 꼬리를 문 차량 행렬에 갇힌 사람들 대부분이 부정적인 뉴스, 라디오에서 나오는 가벼운 농담 등의 부정적인 자극으로 자신을 오염시킴으로써 생산성을 잠식하고 내면의 평화를 깨뜨린다. 아니면 만성적 무관심 상태에서 잠을 자거나, 몽상에 빠지거나, 디지털 기기를 갖고 시간을 때운다. 당신은 달리 행동해야 한다.

● **실행:** 이 전술은 출퇴근이나 장보기, 심부름을 위해 이동하는 시간을 학습에 활용함으로써 전문적 기량과 개인적 지식을 확장하는 것이다. 구체적인 방안으로는 오디오북 듣기와 유익한 팟캐스트 듣기 등이 있다. 책이나 온라인 강좌에서 배운 새로운 아이디어 하나가 수백만 달러, 심지어 수십억 달러를 벌게 해줄 수 있다. 또는 당신의 창의성, 생산성, 활력, 영성을 기하급수적으로 확대할 수 있다. 자신의 교육과 성장에 투자하는 것보다 높은 수익을 내는 투자 수단은 존재하지 않는다.

## 드림팀 구성

● **통찰:** 프로 선수들은 세계 최고의 선수로 부상할 수 있게 자신을 지원해줄 팀을 구성한다. 해당 스포츠에서 독보적 존재가 되려면 자신의 5가지 천재성 자산을 전문성과 능력 계발에만 사용해야 하기 때문이다. 마이클 조던은 스포츠 닥터를 고용했고, 무하마드 알리는 복싱 트레이너를 두었다. 최고의 성과를 올리는 사람들은 자신이 숙련된 영역 외의 것들은 위탁하고 자동화하여 가장 중요한 일을 할 시간을 최대로 확보하고 거기에 온전히 집중한다.

● **실행:** 시간을 비효율적으로 쓰게 하거나 행복을 감소시키는 업무는 위임한다. 인생 전체를 재구성해 자신이 매우 잘하고 좋아하는 일만 할 수 있다면 이상적일 것이다. 그럴 수 있다면 몇 가지 일에만 우선순위를 두기 때문에 업무 성과가 향상될 뿐 아니라 개인적인 자유와 마음의 평화도 더 누릴 수 있을 것이다. 또한 해당 분야의 선두주자들로 구성된 드림팀에게 바로바로 도움을 받아 더 신속하게 전설로 부상할 수 있을 것이다. 드림팀의 구성원으로는 피트니스 트레이너, 영양사, 마사지 치료사, 재무 코치, 대인관계 전문가, 그리고 영원한 인생 법칙을 토대로 살아갈 수 있도록 도와줄 영성 상담가 등이 포함될 수 있다.

## 주간 설계 시스템

● **통찰:** 이제 당신은 일정에 잡힌 일은 실행으로 이어진다는 것을 알고 있다. 7일간의 상세한 계획 없이 생활한다면 등반 전술 없이 몽블

랑 정상에 도전하는 것과 같다. 물론 자발성과 예기치 못한 기적을 수용하는 것도 대단히 중요하다. 그렇지만 에너지를 증폭해주고, 선택을 체계화하고, 균형을 보장해줄 사려 깊고 명확한 주간 계획을 설계하는 습관을 들일 때 개인적 책임감과 인간적 성숙을 보여줄 수 있다.

● **실행:** 매주 일요일 아침 일찍 30분 동안 '아름다운 한 주의 청사진'을 그려본다. 우선 지난주에 가장 좋았던 일들을 일기에 쓰는 것으로 시작하라. 그런 다음 지난주에 배운 교훈과 이번 주를 최적화할 방안을 기록하라. 그다음에는 커다란 종이에 매일 오전 5시부터 오후 11시 사이의 모든 약속을 적는다. 여기서 핵심은 업무 회의와 프로젝트만이 아니라 모든 것을 기록해야 한다는 것이다. 빅토리아워, 90/90/1 시간, 60/10 주기, 세컨드 윈드 운동 시간, 사랑하는 사람들을 위한 시간, 자신의 열정을 추구할 시간, 개인 용무를 처리할 시간도 명확히 설정해둬야 한다. 매주 주간 계획을 수립하다 보면 하루하루에 대단히 집중하게 되고, 놀라운 추진력이 생기고, 생산성이 크게 증가하며, 삶의 균형이 눈에 띄게 향상될 것이다.

## 방법 #10
### 일일 60분간 학습

● **통찰:** 더 잘 알수록 더 잘할 수 있다. 전설적인 지도자들은 끝없는 호기심과 최상의 자아로 성장하고자 하는 무한한 욕구를 지니고 있다. 이의 중단을 막는 최상의 예방주사는 교육이다. 그래서 최고 생산자는 평생 학습에 힘쓴다. 세계 최고 수준의 학생으로 돌아감으로써 영웅적 본성을 되찾고, 자신의 기량을 키우고, 천재성을 발휘하는 막강한 소수 중 하나가 되도록 하라.

● **실행:** 하루에 최소 60분 동안 공부한다. 부단한 성장을 위해 노력하게 해줄 모든 방안을 마련하라. 매일매일의 학습은 통찰력을 높이고, 지혜의 깊이를 더해주며, 원대한 목표를 위한 열정을 불사르게 해줄 것이다. 당신은 중요한 사상가가 되고, 슈퍼스타가 될 것이다. 이 전술을 실행에 옮길 구체적 방안으로는 좋은 책 읽기, 일기장 검토하기, 온라인 프로그램을 끝까지 마치기, 멘토와 이야기하기, 기술 개발을 위한 영상 시청하기 등이 있다.

가장 빛나는 재능과 최대 능력을 발휘하는 동안 당신은 더 큰 사람이 될 뿐만 아니라 없어서는 안 될 존재가 될 것이다. 자기 일을 더없이 훌륭히 해낼수록 당신 없이는 조직과 시장이 돌아가지 않게 될 것이다. 자기 분야에서 매우 가치 있는 리더로 진화할 것이다. 그리고 팀원들과 고객, 당신이 봉사할 수 있는 축복을 받은 지역사회에 놀라운 가치를 계속 제공할 수 있을 것이다. 그 결과 수입과 명성이라는 보상을 받게 될 뿐 아니라 고결한 사람이 되고, 세계 최고 수준의 일을 하며, 원대한 목적을 달성하는 데서 오는 정신적 기쁨을 누리게 될 것이다.


"식장으로 가는 동안 결혼 선물을 하나 더 줄게요!"라고 억만장자가 말했다. "바네사를 위해 내가 외웠던 시예요." 그가 아내의 사진을 꼭 쥐고 말했다.

"매년 밸런타인데이에는 좋아하는 식당에서 저녁을 먹으면서 아내에게 백여덟 송이의 빨간 장미와 맛있는 초콜릿, 그리고 한 가지 선물을 더 하는 것이 우리 전통이었어요. 선물을 준 다음에는 내가 무릎을 꿇고 이 시를 암송했죠."

"어떤 선물이었는데요?" 화가가 물었다.

억만장자는 약간 겸연쩍은 표정을 지으며 펜트하우스 바닥을 바라보더니 윙크를 하면서 "란제리예요"라고 대답했다.

그러고는 넓은 스위트룸 한쪽에 놓인 거대한 떡갈나무 식탁 앞에 가 섰다. 숨바꼭질하는 아이처럼 그는 양손으로 눈을 가렸다. 그리고 스펜서 마이클 프리Spencer Michael Free의 오래전 시를 열정적인 목소리로 암송했다.

— 이 세상 무엇보다 소중한 것은
　　서로 맞잡은 당신과 나의 손
　　어떤 안식보다, 빵보다, 와인보다
　　내 소심한 마음을 어루만져주네
　　밤이 지나면 안식은 사라지고
　　빵은 하루 만에 없어지지만
　　당신의 손길과 목소리는
　　항상 내 영혼을 울린다네

"정말 아름답네요." 화가가 감동에 겨워 말했다. 이 보헤미안 화가는 거친 구석이 있긴 하지만 마음은 부드러운 친구라는 사실이 점점 분명히 보였다. "나도 시를 썼어요. 사랑하는 당신을 위해서"라고 화가가 덧붙였다.

"읽어줘요." 사업가가 그의 양복 깃을 고쳐주며 다정하게 말했다.

"알았어요." 화가가 침을 꿀꺽 삼키며 대답했다. "제목은 '우리에게 작별이란 없기를' 이에요."

— 우리에게 작별이란 없기를

우연한 만남, 첫 눈길에
당신의 아름다움은 나를 감동시켰고
당신의 강인함은 내게 평온을 주었네
만물을 꿰뚫는 영혼이 보내준
예기치 못한 인생의 기회
모험을 통해 우리 몫을 다하라고 하네

용기 있는 자만이 승리하며
거절을 감수하는 자만이 구원을 찾고
자신의 힘을 되찾는 자만이 부활하리니

진정한 사랑도 알지 못하고
쌍무지개를 믿은 적도 없었던 내가
동트는 해와 함께 손을 잡고 다정히 걸었지
첫 키스가 이렇게 이어질 줄 상상도 못 했다네

당신이 넘어질 때는 내가 부축해줄게요
당신이 겁에 질릴 때는 내가 안아줄게요
당신이 망설일 때면 내가 곁에 있어 줄게요
당신이 성공을 즐길 때는 내가 건배의 잔을 들어줄게요
하지만 당신이 떠나고 싶어 할 때는 떠나보내지 않을 거예요

나는 끊임없이 당신을 생각해요

내 마음 깊은 곳에서 당신을 느껴요

내가 어떻게 당신을 만날 자격을 얻었을까요

이제 내 꿈은 당신과 함께 늙어가는 거랍니다

우리에게 작별이란 없기를


　드디어 오늘의 수업이 끝났다. 결혼식장으로 달려가야 할 시간이다. 화가가 한쪽 무릎을 꿇고 잠시 후면 신부가 될 사업가의 손에 키스했다. 그녀는 얼굴을 붉히며 행복해했다. 그때 커다란 울음소리가 들려왔다. 두 제자는 멘토에게 눈물을 닦을 휴지를 건네줬다.

16장

# 억만장자의 행동 규칙 11가지

자유와 책, 꽃, 그리고 달이 있다면 누군들 행복하지 않으리.
오스카 와일드

스톤 라일리는 남아프리카공화국 프랜치훅의 포도원에 있는 개인 별장을 빌려 넓은 테라스에 혼자 앉아 있었다. 그는 일기를 쓰면서 두 제자의 결혼식에 참석했을 때 느꼈던 넘치는 행복감과 활력, 아름다움을 떠올렸다. 그들은 참으로 잘 어울리는 한 쌍이었다. '우주는 참 흥미롭고 현명하게 작용해. 이들은 아주 멋진 결혼생활을 해나갈 거야.'

주변에서는 새들이 즐거이 노래하고, 파란색 작업복을 입은 정원사들이 삽으로 포도원의 흙을 뒤집으며 남아공 억양이 강한 말씨로 활기차게 이야기를 나누고 있었다. 서로 뒤엉키며 지지대를 휘감고 올라간 포도나무 덩굴은 자연만이 가질 수 있는 매혹적인 모습을 보여주었고, 계곡에서 피어 오른 안개가 주변 산을 타고 서서히 이동하며 신비로운 광경을 연출했다.

오늘 오전 5시에도 수업이 진행됐다. 억만장자는 두 제자와 함께 산악자전거를 타고 포도원을 출발해 마을로 갔다. 낡은 마구간과 느릿느릿 움직이는 개들, 하얀 울타리를 감고 올라간 장미 덤불을 지나쳤다. 억만장자가 마지막에서 두 번째 수업을 위해 선택한 곳은 완벽에 가까운 장소였다.

자전거를 타고 가는 동안 억만장자는 최고의 개인 성과와 이를 지속시키기 위한 회복의 중요성을 주제로 수업을 했다. 그는 세상 속에서 최고의 성공을 추구하는 시간과 자연 속에서 회복하는 시간을 교대로 가져야 하며, 그런 균형이 일의 성공과 삶의 풍요가 조화를 이루도록 해준다고 설명했다. 그리고 천재성의 자산을 오랫동안 발휘하려면 풍부한 감정과 진정한 기쁨, 지속적인 내면의 평화 없이 생산성만 올리려고 골몰해서는 안 된다고 했다.

무성한 나뭇잎 사이로 이른 아침의 햇살이 비치는 가운데 억만장자는 페달을 밟으며 신나게 이야기하고, 신나게 웃었다. 보는 사람까지 기분이 좋아지는 웃음이었다. 그리고 기침도 자주 했다. 한 번은 피를 토하기까지 했다. 하지만 그가 매우 활기차고 건강해 보였기 때문에 사업가와 화가는 크게 걱정하지 않고 넘어갔다. 어쩌면 그들이 실수한 건지도 몰랐다. 돌이켜보면 그때 알아봤어야 했다.

자전거에서 내려 휴식을 취하는 동안 스톤 라일리는 파란색 배낭에서 다음과 같은 학습 모형을 꺼내 이제는 신혼부부가 된 두 제자에게 보여줬다.

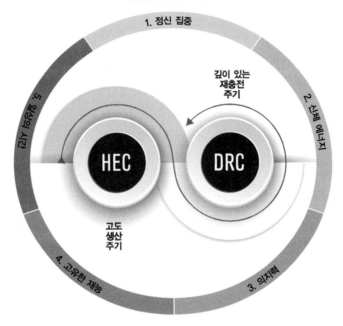

## 성장과 회복 주기의 교차

### 천재성을 높이는 5가지 요소

**1. 정신 집중**

**2. 신체 에너지**

**3. 의지력**

**4. 고유한 재능**

**5. 휴식의 시간**

깊이 있는
재충전
주기

HEC

DRC

고도
생산
주기

억만장자는 '인적 자산을 보호하지 않고 창조적 생산에만 힘쓰다 보면 성과 저하로 이어진다'라고 가르쳤다. 그리고 자기 분야에서 전설이 되려면 지속성이 중요하다고 했다. 1개월 또는 1년만 세계적 수준을 보여주어서는 안 된다는 것이다. 산업계의 거물, 예술계의 위대한 거장들, 과학계의 선구자들, 인문학의 영웅들, 스포츠계의 대선수들은 평생 최고의 실력을 유지한다.

그는 "긴 생명력은 전설의 핵심입니다"라고 강조했다. "이는 자기 분야의 상징으로 떠오르게 해주는 주요 열쇠 중 하나입니다. 두 분은 빛을 발하면서 치열하게 일하는 시간과 깊은 휴식을 취하며 회복하는 시간 간에 균형을 맞추는 법을 배워야 합니다. 그럼으로써 뒤처지지 않고 오랫동안 경력을 유지할 수 있게 해야 합니다. 천재들은 모두 이 원리를 명심하며 반드시 지킵니다."

억만장자는 달콤하고 진한 커피를 홀짝인 후 세계적 위인들을 예외적 존재로 만들어주는 요소 중 하나가 '초과 회복supercompensation' 원리라고 설명했다. 초과 회복이란 근육에 한계치 이상으로 부하를 주면 근육이 손상되었다가 회복기 동안에 실제로 근육이 성장하는 현상을 말하는데, 천재성을 높이는 5가지 요소도 평소의 한계 이상으로 밀어붙인 다음에 재생 기간을 줄 때 급증한다는 것이다. 라일리는 프레임워크를 가리키며 말했다. "장기적인 성공의 숨은 열쇠는 간단히 말해 주기적인 '진동'입니다. 상파울루에서 언급하기는 했지만, 이제 두 분이 더 깊이 알아볼 준비가 된 것 같군요."

"물론 준비됐습니다." 사업가가 선언했다.

"과학자들이 무적의 러시아 역도 선수들을 연구한 적이 있는데, 그들의 숨은 비결은 일과 휴식의 비율에 있다는 것을 알아냈습니다." 세 사람은 아름다운 포도밭 옆의 길을 따라 산악자전거를 끌고 갔다.

"그게 무슨 뜻이죠?" 화가가 물었다.

"성장이 휴식기에 일어나더라는 거예요. 논리적으로 말이 안 되죠?" 억만장자가 설명을 이어갔다. "사실 이 생산성 법칙은 내가 세계적 기업을 키워가고 있을 때 선생님이 알려준 가장 중요하고도 역설적인 진실 중 하나였죠. 주류의 사고방식에서는 더 많은 일을 해내려면 더 많은 시간을 투입해야 하고, 더 많은 것을 성취하려면 더 노력해야 한다고 하죠. 하지만 믿을 만한 연구 결과에 따르면 '더 열심히 일하면 더 나은 결과가 나온다' 라는 일차원적 접근법에는 심각한 오류가 있습니다. 바로 지속가능성의 문제입니다. 그런 식으로 하면 번아웃burnout, 그러니까 탈진을 가져올 뿐이죠. 영감도 잃어버리고 자기 분야를 이끌고 세상을 개선하겠다는 개인적 열정도 줄어듭니다. 그런 구식 운영 방식은 인적 자원도 고갈되게 합니다. 현명하게 적용한다면 자신을 시장의 주인으로 만들어줄 수 있는 자원인데 말이죠."

"그 말씀을 들으니 60/10 방식이 생각나네요." 화가가 기쁘게 말했다. 그는 억만장자가 빌려준 사이클링 복장을 하고 있었는데 연사의 강연에 참석했던 당시보다 훨씬 더 탄탄한 체격에 자신감이 넘치는 모습이었다.

"당신 말이 맞아요." 억만장자가 칭찬했다. "지금 알려주려는 학습 모형은 거기서 훨씬 나아간 내용이에요. 오늘 두 분은 일하는 시간과 휴식 시간을 번갈아 가짐으로써 생산성을 기하급수적으로 늘릴 수 있다는 통찰을 얻게 될 것입니다. 그럼으로써 즐겁게 생활할 방법도 배우게 될 것입니다. 프로 선수들이 '주기화periodization' 라고 부르는 방법을 통해 일을 덜 하면서도 어떻게 더 많은 것을 실현할 수 있는지 알게 될 것입니다. 그리고 나면 두 분 다 남은 인생을 아름답게 살면서 자기 분야에서 성공하는 데 필요한 조건을 깊이 이해하게 될 것입니다."

억만장자는 학습 모형에서 '천재성을 높이는 5가지 요소' 라는 제목이 붙은 부분을 가리켰다. "지금까지 배웠다시피 우리는 매일 아침 창의력 배터리가 완전히 충전된 상태로 일어납니다. 매일 새벽 5가지 보물의 우물이 그득한 채 깨어나는 거죠. 그 보물은 적절히 관리될 때 핑계의 공격을 극복하고 과거 한계의 칼날을 피하여 우리 영혼 속의 위대한 영웅이 햇빛을 보게 해줍니다. 훌륭한 창작자, 직함 없는 리더, 그리고 인생의 가장 아름다운 은총에 경외심을 갖고 살아가게 해줍니다."

"저는 정말 그렇게 살 거예요!" 화가가 외쳤다.

라일리가 도표를 보며 설명을 이어갔다. "알다시피 천재성을 높이는 5가지 요소는 정신 집중, 신체 에너지, 의지력, 고유한 재능, 그리고 일상의 시간입니다. 이 주요한 자산들은 이른 아침에 최고 수준에 있습니다. 이것이 바로 디지털 기기를 만지작거리거나 뉴스를 보거나 늦잠을 자면서 이 소중한 기회를 낭비하는 대신 가장 가치 있는 시간에 가장 중요한 일을 처리하며 하루를 시작해야 하는 이유입니다."

"알겠습니다." 사업가가 로마에서 받은 가죽 표지 일기장에 열심히 메모하며 대답했다.

"그리고 오늘 수업의 핵심은 바로 이것입니다." 억만장자가 학습 모형의 가운데를 가리키며 말했다. "최고의 성과는 단선적인 방식으로 얻을 수 있는 게 아닙니다. 최고의 기량은 심장 박동, 리듬, 맥박과 비슷한 방식으로 얻어집니다. 수십 년간 자기 분야를 지배하면서도 자신이 좋아하는 삶을 노년까지 살고 싶다면 고도 생산 주기HEC, high excellence cycle에 집중적으로 환상적인 결과를 내고, 깊이 있는 재충전 주기DRC, deep refueling cycle에 의미 있는 회복의 시간을 가져야 합니다. 이를 주기적으로 반복해야 하죠."

"HEC가 고도 생산 주기이고 DRC가 깊이 있는 재충전 주기라는 거죠?" 화가가 신선한 공기를 들이마시며 물었다.

억만장자가 "네"라고 대답했다. "그래서 개인적으로뿐만 아니라 일에서도 계속 성공하기를 원한다면 주기적 진동이 필요합니다. 열정적으로 한 가지 일에 집중해서 최고 수준의 일을 해내는 시간과 재충전의 시간을 마치 심장 박동처럼 순환시켜야 합니다."

사업가가 말했다. "제 사업과 개인 세계에 발전을 가져올 개념을 또 알게 됐네요."

"분명히 그럴 거예요." 억만장자가 간결하게 대답했다. "성장은 정말로 휴식기에 이뤄집니다. 직관에 어긋나는 이야기죠? 우리는 창조하고 생산하지 않으면 시간을 낭비하고 있다는 생각을 주입받아 왔습니다. 무언가를 하지 않으면 죄책감을 느끼죠. 하지만 이걸 보세요." 갑부가 허리에 두르고 있던 나일론 가방의 지퍼를 열었다. 그러고는 금으로 만든 것처럼 보이는 메달 두 개를 꺼내 사업가와 화가의 목에 걸어줬다. 마치 시상식처럼 보였는데, 메달에는 이런 글귀가 새겨져 있었다.

━━ 탁월한 성취를 거둔 사람들의 행동 방정식

압박감×재충전 = 성장+지속력

억만장자가 말했다. "압박감과 스트레스는 나쁜 것이 아니에요. 위대한 테니스 선수 빌리 진 킹은 압박감이 특권이라고 했잖아요?"

"그래요?" 사업가가 물었다.

"그럼요, 사실 능력을 확장하는 데 절대적으로 필요한 것이죠." 억만장자가 대답했다. "두 분은 재능을 몰아붙여야 합니다. 자신의 안전지대를 넘어서야 합니다. 그럴 때만 재능이 커질 것입니다. 항상 이 말을 기억하세요. '가장 하고 싶지 않은 순간이 그 일을 할 최적의 시기다.' 그 이유 중 하나는 중요한 한 영역에서 의지력 근육을 단련하면 다른 모든 영역에서도 그 능력이 강해지기 때문입니다. 그래서 최상급 선수들은 압박감과 스트레스를 축복으로 여기고 활용하죠. 안전한 범위에만 머무를 때 우리의 재능은 커지지 않습니다. 평소보다 더 역량을 발휘하는 도전을 하세요. 근육은 한계를 넘어설 때 커집니다. 그런 다음에는 얼마 동안 재충전과 회복의 시간을 갖도록 하세요."

억만장자는 포도원을 둘러봤다. "내 자선 만찬에 참석한 한 프로 선수와 나눴던 흥미로운 대화가 기억나네요. 그가 뭐라고 했는지 알아요?"

"뭐라고 했는데요?" 화가가 얼른 물었다.

"그 선수는 '저는 훈련의 효과를 얻을 수 있게 충분히 휴식을 취합니다.'라고 했어요. 제대로 알고 있는 거죠. 일만 하고 휴식을 취하지 않는다면 시간이 지나면서 위대성이 고갈되니까요."

"음." 사업가가 산악자전거를 말뚝 쪽으로 끌고 가 기대놓으면서 억만장자의 말을 되새겼다.

"더 탄탄한 복근을 만들고 싶다면 현재의 한계보다 강한 부하를 줘야 합니다." 억만장자가 말했다. "보통 윗몸일으키기를 100번 했다면 200번을 하세요. 하루 할당량이 200번이라면 300번으로 늘리세요. 사실 그러면 근육이 찢어집니다. 운동생리학자는 이를 '미세손상micro-tearing'이라고 부르죠. 근육을 단련하려면 그 상태로 계속 운동해서는 안 됩니다. 그럼 부상을 입게 돼요. 하루나 이틀은 근육을 쉬게 해주어야 합니다."

"그리고 그 회복 주기에 성장이 이뤄지는 거고요." 화가가 원리를 머리에 새기며 끼어들었다.

"네, 맞습니다!" 억만장자가 기뻐하며 말했다. "성장은 수행 단계가 아니라 휴식기에 일어납니다. 처음에 모리셔스에서 수업할 때 내가 어려서는 농장에서 자랐다고 말해줬는데 기억나나요?"

"그러셨죠." 사업가가 말했다. "모리셔스에 갔던 게 마치 전생의 일처럼 느껴지네요."

"내가 농장에서 얻은 교훈이 최상의 성과를 가져오는 두 주기의 교차를 설명하는 데 좋은 비유가 될 것 같군요. 농부라면 누구나 '휴한기'가 필요하다는 걸 압니다. 휴한기 전에는 땅을 갈고, 농작물을 심고, 고된 노동을 해야 하는 농번기가 있죠. 그 후에 휴식의 계절이 옵니다. 이때는 아무 일도 일어나지 않는 듯하죠. 시간을 낭비하고 있는 것만 같아요. 하지만 기막힌 사실은 풍성한 수확을 실제로 가져오는 것은 휴한기라는 것입니다. 가을철에 거둔 농산물은 가시적인 최종 결과일 뿐입니다."

억만장자는 커피를 몇 모금 마셨다. 커피가 담긴 잔에는 '꿈은 원대하게. 시작은 작은 것부터. 즉각 시작하라'라고 쓰여 있었다.

노랑 바탕에 날개 가장자리만 짙은 붉은색인 나비가 날개를 펄럭이며 지나갔다. 독수리 세 마리가 당당하게 상공을 선회했다.

"아, 나는 나비가 너무 좋아요." 억만장자가 동경하듯 말했다. "무지개와 별똥별, 보름달, 눈부시게 아름다운 노을도. 생동감 없이 살려면 살 이유가 없지 않아요?"

그는 문득 "20대 시절의 나는 로봇 같았어요"라고 말했다. "너무 진지하기만 했죠. 1분도 낭비하지 않으려고 했어요. 매시간 계획이 있었죠. 차를 탈 때마다 오디오북을 틀어둬야만 했어요. 비행기를 타고 오갈 때도 늘 일을 했어요. 그런데 말이죠…." 목소리가 흐려졌다. 그의 눈이 외롭고, 우울하고, 초점이 없어 보였다.

"나는 기진맥진해 있을 때가 많았어요. 그런 나를 구해준 사람이 선생님이었어요. 그야말로 내 목숨을 구해줬죠. 오늘 아침에 두 분에게 알려준 모형이 아주 큰 도움이 됐어요."

억만장자가 심호흡을 한 번 한 후에 다시 말했다. "나의 천재성을 높여주는 요소가 서서히 무너지고 있었던 거예요. 창의성은 바닥나고 효율성 역시 엉망이었죠. 그 후로 회사가 내게 '생각'을 하라고 보수를 준다는 사실을 깨달았어요. 업계의 방향을 완전히 바꿔놓으면서 전 세계의 고객들에게 엄청난 가치를 제공할 신제품과 혁신에 관한 비전을 내놓는 것이 내 할 일이었어요. 하지만 그때는 그 사실을 이해하지 못했어요. 그런데 선생님이 어마어마한 도움을 주었죠. 첫 코칭 수업에서 '최고의 성과를 위한 생산과 휴식 주기의 교차'를 알려주었거든요. 그리고 그 주기를 즉시 그리고 꾸준히 실행하기를 요구했죠. 하지만 그것 때문에 얼마나 싸웠던지! 여유를 갖고, 숨을 돌리고, 잠시 멈추는 것은 내 본성과 맞지 않았거든요. 지금은 우리의 천부적 위대함을 펼치게 해주는 것이 바로 휴식임을 완전히 이해하지만."

사업가가 이해한다는 듯이 머리를 끄덕였다. "저도 일하지 않을 때는 심한 죄책감을 느껴요. 뭔가 잘못하고 있는 것처럼요."

"자신을 돌보는 것이 자기애의 기본입니다"라고 억만장자가 말했다. "이제 나는 세계적 수준의 성과를 거두는 데 균형이 대단히 중요하다는 것을 알고 있어요. 밤낮으로 일한다고 효율성이 결코 더 높아지지는 않았어요. 더 피로해졌을 뿐이죠. 짜증도 심해지고요. 그래서 이제는 시간을 내서 휴식을 취하고, 자신에게 자양분을 공급하고, 산악자전거를 타고, 읽고 싶던 책을 읽고, 좋은 와인도 즐깁니다. 아이러니하게도 이런 회복의 시간을 가지면서 내 창의력이 배가되고, 생산성이 치솟고, 결과와 실적도 급격히 향상됐어요. 지대한 변화였죠. 일은 덜 하고 더 즐기는데도 훨씬 많은 일을 해내니까요."

라일리는 또 한 번 파란 배낭에 손을 넣어 흰 천 조각을 꺼냈다. 놀랍게도 거기에는 요트를 타고 있는 알베르트 아인슈타인이 그려져 있었다.

달콤한 향이 공기에 가득한 포도밭에서 라일리가 이야기를 이어갔다. "자기 분야를 이끌고, 인생을 개선하고, 세상에 영감을 주려

면 즐길 시간을 갖는 것이 필수입니다. 뛰어난 창의력과 생산성을 보여준 역사적 인물들에게는 공통점이 하나 있었습니다."

갑자기 억만장자가 물구나무를 섰다. 그러고는 한쪽 주먹으로 빠르게 가슴을 치면서 다음과 같이 자신에게 속삭였다.

— 오늘은 대단히 소중하다. 이 세상 돈을 다 준대도 오늘을 되돌릴 수는 없을 것이다. 그러므로 나는 오늘을 부여잡고 음미하며 기린다. 오늘 내 마음은 큰 꿈으로 가득해서 사소한 의심이 비집고 들어올 공간이 없다. 나는 '할 수 없다'라는 마음을 '할 수 있다'라는 사고방식으로 바꾼다. 그리고 내 최대 한계치 밖에서 가장 큰 성장이 이뤄진다는 것을 기억한다.

오늘 나는 내 임무에 매달리기 전까지는 결코 내 재능이 영광으로 이어지지 않으리라는 사실을 기억할 것이다. 봉사하고 싶은 내 갈망이 자신에 대한 불안감을 뛰어넘을 때까지는 이 귀중한 시간에 도움의 손길로 쓰일 수 있는 큰 기회를 놓치게 된다는 사실 또한 기억할 것이다.

오늘 나는 이 신성한 땅에 두 발을 디디고 거짓된 고결함이 아니라 진실하고 겸손하겠다는 마음을 새롭게 한다. 반대자와 심술궂은 자들이 내게 돌을 던진다면 설령 그들이 그럴 자격이 없다 해도 친절과 사랑으로 대답할 것이다. 내가 어렸을 때부터 늘 그랬던 것처럼 비평가들이 나를 놀린다면 그들이 내게 던진 돌을 주워 자기연마 기념비를 쌓을 것이다. 그리고 사람들이 흔히 그러듯이 누가 나를 이상하다고 부른다면, 세상을 바꾸는 것은 부적응자, 괴짜, 기인이라는 명백한 지혜를 마음속 깊이 품고 웃을 것이다. 다르다는 것은 정말 멋진 일이다. 별나다는 것은 아주 신선한 일이다.

상당히 놀라운 광경이었다. 물구나무를 선 채 심장을 소생시키려는 듯이 가슴을 치면서 시를 암송하는 스톤 라일리라니.

"말에는 창조적 힘이 있습니다." 그가 다시 똑바로 서서 신선한 공기를 크게 들이마시며 말했다. "자유로운 영웅처럼 이야기를 하세요. 가능성에 대한 믿음을 열정적으로 전파하세요. 희망의 단어, 힘 있는 문장, 리더십을 보여주는 어구, 무한한 사랑의 언어를 사용하세요. 나는 꼼꼼하게 내 말을 살핍니다. 매일 아침."

억만장자는 포도나무 덩굴을 바라보며 덧붙였다. "아무튼, 모든 위대한 천재는 놀기를 아주 좋아했다는 공통점이 있습니다. 그들은 즐거운 놀이가 회복을 위한 중요한 방편임을 이해했습니다. 그들 모두는 방전된 배터리를 충전하는 여가 활동을 했습니다. 아인슈타인은 요트 타기를 즐겼습니다. 아리스토텔레스와 찰스 디킨스는 매일 산책을 했습니다. 할리우드 슈퍼스타인 메릴 스트립은 뜨개질을 하곤 했으며, 애플의 공동 창업자 스티브 워즈니악은 폴로 경기를 했고, 빌 게이츠는 브리지 게임의 고수였으며, 구글 공동 창업자 세르게이 브린은 공중그네를 타곤 했습니다. 일에서 벗어나는 것은 시간 낭비가 아닙니다."

"60/10 방법의 가치를 더 잘 알게 됐어요." 화가가 말을 보탰다. "매주 쉬는 날을 두어도 괜찮다는 의미이기도 하겠네요."

"괜찮을 뿐 아니라 자신의 능력을 지키려면 필요한 일이죠. 최상급 실력자들은 그런 시간을 활용해 자기 분야에서 명성을 얻고 세월이 지나도 남을 업적을 달성합니다. 구체적으로 이야기하자면 매주 최소한 이틀은 쉬세요. 그동안 디지털 기기는 사용하지 마세요. 선생님은 쉬는 날을 '디지털 기기 금지의 날'이라고 불러요. 완전한 회복의 날인 거죠. 그리고 분기마다 며칠 더 쉬어주세요. 지난 수십 년 동안 나는 6월, 7월, 8월이면 휴가를 갔습니다. 요트와 자전거를 타고, 잠을 자고, 책을 읽고, 수영도 하고, 친구들과 어울리고, 딸과 함께 행복한 시간을 보내고, 참다운 삶을 경험했죠. 두 분은 그만큼 쉴 수 없을지도 모릅니다. 하지만 나는 이 재충전 주기에 최상의 생각과 계획, 통찰을 얻었다는 것을 말해주고 싶어요. 언제나 휴가 후에는 천 배는 더 많은 영감과 열정, 생동감을 안고 사무실로 돌아갔으니까요."

나비 한 마리가 또 날아갔다. 앞으로 멋진 기적이 일어날 거라고 속삭여주는 듯했다. 이제 해가 완전히 떠서 빛나고 있었다. 숨 막히게 아름다운 광경이었다.

사업가가 남편의 손을 잡고 속삭였다. "마법 같아."

"그런데 말이죠." 라일리가 세워뒀던 자전거를 끌고 어쩌다 발견한 비밀스러운 뒷길을 따라 걸으면서 말했다. "지상의 낙원은 우리가 갈망하는 신비롭고 영적인 장소가 아닙니다. 성인, 선지자, 현자만을 위한 영역이 아닙니다. 절대 아닙니다. 나는 오랫동안 다채롭고 치열한 삶을 살아오면서 누구나 지상 낙원의 상태를 만들 수 있다는 것을 알게 됐습니다. 나는 정말 축복받았다는 느낌으로 살고 있어요. 마법 속에서 살고 있으니까요."

"마법이요?" 화가가 의아하다는 표정으로 물었다.

"네, 마법 말이에요." 그렇게 말하는 억만장자는 고요하면서도 자신감이 넘치고, 느긋하면서도 사려 깊고, 장난스럽지만 숭고해 보였다. "나는 영혼을 느끼지 못하고 성공만 하는 것이 가장 큰 실패임을 깨달았어요."

사업가와 화가가 포도밭 흙 위에 나란히 앉았다.

억만장자가 계속 말했다. "내가 어디까지 갈 수 있는지 궁금하기도 하고 자선 활동을 뒷받침하기 위해서 회사를 발전시키고 상업적 이익을 확대하는 데 늘 열정을 쏟아왔지만, 그만큼이나 충만한 삶의 마법을 음미하려고 애씁니다. 즐기지 않고 성공만 하는 것은 의미가 없어요."

"어떤 의미인지 잘 모르겠어요"라고 사업가가 말했다. "조금 더 구체적으로 이야기해주세요."

"나는 내 일을 좋아해요, 아주 많이. 그리고 내가 소유한 집과 물건, 장난감들에서도 많은 즐거움을 얻습니다. 하지만 어떤 것도 필요로 하지는 않습니다. 나는 세계적인 기업가라는 이름과 대중적인 명성을 갖고 있습니다. 하지만 그것과 나를 동일시하지는 않습니다. 나는 그중 어느 것에도 애착을 느끼지 않습니다. 세상의 즐거움을 여전히 좋아하지만, 나이가 들면서 그런 즐거움이 있어야 행복하고 평화로운 것은 아니게 되었죠. 그 모두를 큰 게임, 일종의 스포츠처럼 보게 되었습니다."

억만장자의 말이 이어졌다. "물건들을 소유할 뿐 물건에 소유당하지는 않습니다. 그리고 세상에서 활동하지만, 자연을 좋아합니다. 은유적 표현이 아니라 말 그대로예요. 아름다운 포도원 같은 데서 자연의 경이를 경험하기를 좋아하죠. 이는 생산과 휴식 주기의 교차 원리대로 사는 법이기도 합니다."

"이게 바로 마법이죠." 억만장자가 이 말을 반복하자 새들의 노랫소리가 더 커지고 더 많은 나비가 날개를 펄럭이며 대화에 귀를 기울이는 듯했다. "아, 인생은 아름다워요. 인생의 모든 경이와 놀라움을 놓치지 마세요. 모두가 당신들을 위한 것입니다. 무슨 일을 겪고 있든 그것들을 놓치지 마세요. 우리는 모두 빌린 시간을 살고 있습니다. 그리고 인생은 너무나 빨리 지나갑니다. 눈 깜짝할 사이에 두 분도 노인이 되고 손주를 백 명쯤 두게 될 겁니다." 그가 싱긋 웃으며 말했다.

"어쨌든," 억만장자가 소곤거렸다. "지상의 낙원이란 존재의 상태일 뿐 찾아갈 장소를 가리키는 말이 아닙니다. 마음속에 내재된 힘을 되찾는 순간 삶의 마법에 빠져들고 매일 완전한 행복을 경험하게 됩니다. 매일 작은 은총까지 감사할 때도 마찬가지입니다. 그렇게 마법을 알게 되면 자석에 끌리듯 계속 기적이 찾아올 것입니다."

'라일리 씨가 이제 아주 신비롭고 먼 세계로 들어가네'라고 사업가는 생각했다.

"그게 지상의 낙원이죠." 억만장자가 되풀이했다. "대체로 내 인생은 아름답게 흘러왔습니다. 하지만 그게 돈이 많은 것과는 거의 무관하다는 걸 알게 됐죠. 그보다는 작은 일이라도 성취감을 느끼는 것이 더 의미가 있습니다. 벽난로 앞에서 따뜻함과 함께 영감을 느꼈던 어젯밤처럼요. 자연 안에서 많은 시간을 보낼 때도 인생이 아름답게 느껴지죠. 이런 포도밭에 와도 좋아요."

그가 계곡 전체에 이어지는 포도밭들을 가리키며 말했다. "또는 숲속을 걷거나, 등산을 하거나, 바닷가를 산책하거나, 황량한 사막의 모래 둔덕을 미끄러져 내려와도 좋습니다. 미술관을 자주 방문하여 작품을 통해 경외감, 경이감, 장엄함의 감정을 다시 느끼고 창작자의 에너지와 천재성이 마인드셋, 하트셋, 헬스셋, 소울셋에 스며들게 할 때도 인생의 아름다움을 느낍니다. 흥미롭고, 현실적이고, 사려 깊고, 창의적인 사람들과 함께할 때도 마찬가지입니다. 과거와 작별하고, 현재를 포용하며, 어렸을 때 친숙했던 상상력, 순수, 열정, 사랑으로 돌아갈 때 마법의 세계로 들어가게 됩니다. 어른은 타락한 아이입니다. 지상의 낙원은 그것을 다시 열 수 있는 탁월함과 용기가 있을 때 자연스럽게 가슴속에 나타납니다. 어렸을 때 그랬던 것처럼."

"피카소는 언젠가 '라파엘처럼 그리는 데는 4년이 걸렸지만, 아이처럼 그리는 데는 평생이 걸렸다'라고 말한 적이 있습니다." 화가가 열심히 말을 보탰다. "순수한 마음으로 돌아가면 우리 삶에 마법이 돌아온다는 말에 저도 동의합니다."

억만장자는 두 제자에게 포도원으로 따라오라고 손짓했다. 포도원 안으로 들어간 라일리는 무릎을 꿇고 학습 모형을 그렸다. 모형

삶의 즐거움을 찾아주는 GPS

은 다음과 같았다.

"마법." 억만장자가 여전히 속삭이는 목소리로 말하며 군인처럼 똑바른 자세로 섰다. 눈은 감고 있었다. 미풍에 그의 숱 많은 머리가 약간 날렸다. 그가 한 손을 가슴에 갖다 대자 갑자기 많은 비둘기가 나타났다.

"나는 요즘 산들바람에 빠져 있어요. 그런데 우리는 바람이 불지 않을 때만 바람이 고맙다는 걸 알죠. 내가 말했듯이 삶에는 마법 같은 순간들이 있습니다. 그리고 그건 바로 당신 앞에 있습니다. 누구나 경험할 수 있어요. 우리 모두는 일종의 마술사가 될 수 있습니다. 하지만 정말로 마법을 찾으려면 자주 세상을 벗어나야 합니다. 사회에서 활동하고 사회가 당신들에게 선전하는 게임에서 성공을 거두되, 사회와 단절된 시간을 자주 가져서 사회에 완전히 소유당하지 않도록 하세요. 너무나 많은 선량한 사람이 의미보다 돈을, 사람보다 이윤을, 진실성보다 인기를, 가족보다 바쁜 일을, 이 순간의 작은 기적보다 성취를 중시하죠."

억만장자는 여전히 눈을 감은 채 두 팔을 하늘로 뻗었다. "즐거움을 GPS로 삼아서 마법의 세계로 들어가세요. 점점 커지는 행복감을 경험하고 싶다면 자신을 행복하게 해주는 것들을 믿으세요. 당신의 가슴은 당신이 어디에 있어야 하는지 잘 압니다. 가슴은 머리보다 훨씬 현명합니다. 확실히 본능이 지성보다 훨씬 더 많이 알고 있으며, 직관이 이성보다 똑똑합니다. 우리의 지성은 주변 사람들이 우리에게 가르친 것들로 구성되어 있습니다. 그것은 논리와 과거에 있었던 일들로 한정되어 있습니다. 하지만 당신의 주권적 자아는 그 이상을 압니다. 주권적 자아는 현실성이 아니라 가능성 안에서 작동합니다. 앞을 내다봅니다. 제한이 없습니다."

"그러려면 어떻게 하면 될까요?" 사업가가 말했다.

"자신의 즐거운 감정을 따라가세요." 라일리가 답했다. "즐거움을 더해주는 사람들만 곁에 두세요. 그리고 행복감을 주는 일만 하세요. 생생하게 살아 있다는 느낌을 주는 장소에만 있으세요. 완벽히 이 모형대로 살기는 힘들다는 것을 압니다. 하지만 이 모형을 이상으로 삼고 그것을 지향하며 나아가세요. 그건 내가 가르쳐준 다른 모든 방법과 마찬가지로 한 번에 되는 것이 아니라 과정을 거쳐야 합니다. 시간이 걸릴 것입니다. 우선 이 모형을 이해하는 것에서 시작하세요. 그리고 당신의 즐거움을 GPS로 받아들이세요."

억만장자가 산악자전거를 끌고 걸어가면서 두 제자에게 따라오라고 부드럽게 손짓했다. "아, 생명의 본질 안에 머무는 마법이라니 너무 좋네요. 어떤 물질보다 나를 평온함과 고요함으로 채워주죠."

억만장자가 자전거를 잡은 손에 힘을 꽉 줬다. 심한 고통이 엄습한 듯이 보였다. 하지만 그는 부드러운 목소리로 하던 말을 계속했다. "당신의 가슴은 항상 머리보다 현명합니다. 당신이 어디에 있어야 하는지 알고 있죠. 가슴이 시키는 대로 따르세요. 믿으세요. 그러면 마법을 발견하게 될 것입니다."

억만장자가 신호를 보내자 허수아비 뒤에서 대기하고 있던 수행원이 포도밭을 가로질러 달려왔다. 그가 건네준 은색 삽으로 억만장자가 열심히 땅을 파기 시작했다. 곧 금속에 부딪히는 소리가 났다. 라일리는 땅에 무릎을 꿇고 땅에 묻혀 있던 강철 상자를 꺼내 흙을 털어냈다. 그러면서 스위스와 오스트리아의 민요 가수처럼 요들

송을 부르기 시작했다. 땅을 파고 있는 경영자의 모습은 색다른 구경거리였지만, 그의 노랫소리는 그보다 더했다. 신혼부부는 넋을 놓고 그 광경을 바라봤다.

잠시 후 억만장자가 조심스럽게 상자를 열었다. 상자 안에는 마법 참<sup>charm</sup> 장식(행운의 상징이나 목걸이나 팔찌 따위에 매다는 장식-옮긴이) 열한 개가 들어 있었고, 각각에 편지가 달려 있었다. 그 순간 햇살이 억만장자 위로 쏟아지면서 또 한 번 후광 효과를 만들어냈다.

"나도 이 모든 것의 일부지." 억만장자가 혼잣말을 중얼거렸다. "우주의 위대한 힘이 내 안에 있어. 내가 적극적인 믿음과 긍정성, 기대, 결의에 찬 확신으로 갈망하는 모든 것이 다가오고 있어. 만약 내 바람이 이뤄지지 않는다면, 그것은 단지 더 나은 일이 일어날 것이기 때문이야. 나는 이런 믿음이 사실이라는 것을 알아. 모든 마법사는 그것이 사실임을 알지."

사업가와 화가가 눈을 동그랗게 뜨고 서로를 바라봤다.

"뭐 하는 거예요?" 화가가 물었다.

"주문을 걸고 있어요." 억만장자가 대답했다. "진짜 마술사의 빛나는 마술을 배우기 전에는 인생의 마법을 만들어낼 수 없어요."

돌연 상자가 들리더니 잠시 땅 위에 떠 있었다. 사업가와 화가의 입이 봄철 장미처럼 저절로 벌어졌다.

화가는 약간 불안해졌다. "착시 마술을 배운 거예요?"

"그럴 수도 있고 아닐 수도 있죠." 라일리의 답변으로 더 아리송해지기만 했다.

"이 각각의 마법 참 장식은 수십 년 동안 내가 부를 증식시키고 멋진 삶을 경험하기 위해 적용했던 11가지 행동 규칙을 기억하게 도와줄 것입니다. 내 인생은 아름다움, 압도적인 경외감, 끊임없는 경이로움을 제공했습니다. 두 분도 그렇게 살기를 바랍니다. 누구나 이런 인생을 만들어갈 수 있습니다. 하지만 현재는 극소수만 그런 삶을 만들어가는 방법을 알고 있죠. 그리고 여기 참 장식에 달린 편지마다 이 놀라운 여행에서 내가 두 분에게 알려준 핵심 주제들이 정리되어 있습니다. 수업 막바지니까 일종의 요약 같은 거죠."

각각의 편지 내용은 다음과 같았다.

첫 번째 참 장식은 작은 거울이었다.

### 억만장자의 행동 규칙 #1
**세상에서 마법을 창조하려면 자신 안의 마법을 인지하라**

거울을 보세요. 자기 자신과의 관계는 세상과의 관계를 예측하게 해줍니다. 당신에게는 침묵과 고독에 대한 원초적 갈망이 있으며, 그 고독 속에서 자기 인식이 향상된다는 사실을 기억하세요. 프랑스의 수학자 블레이즈 파스칼Blaise Pascal은 '인류의 모든 문제는 인간이 혼자 방에 조용히 앉아 있을 수 없어서 생긴다'라고 했습니다. 북적거림에 대한 욕구를 버리고 이른 아침에만 가능한 고요에 잠겨서 자신을 다시 알아가도록 하세요. 고독으로부터의 도피는 자유로부터의 도피이기 때문입니다.

일상의 마술사가 되어 열정과 풍요, 평화로 가득한 삶을 만들려면 가만히 있는 것이 편안해지도록 하세요. 그래서 자신 안에 잠자고 있던 위대한 천재성의 속삭임을 들으세요. 편안함 속에서 진정한 자기 모습이 기억날 것입니다. 창의력과 능력, 불굴의 자세, 무조건적 사랑으로 가득한 최상의 자아에 다시 접근하게 될 것입니다.

이 침묵의 성소에서 당신은 이 시대에 찾기 힘든 자기 자신을 위한 시간도 갖게 될 것입니다. 그리고 자신을 위한 시간을 가질수록 진정한 인생의 원리를 알게 될 것입니다. 자신의 신념 가운데서 문화적 제약에 불과한 것들과 실제적 진실인 것들을 구분하게 될 것입니다. 신뢰할 수 있는 직관의 목소리와 두려움에서 나온 그럴듯한 주장도 구분할 수 있을 것입니다. 고독 속에서는 자신의 영역을 변화시킬 혁신적인 통찰력도 얻을 수도 있습니다.

평온함 속에서 당신은 아인슈타인, 에디슨, 마리 퀴리, 스티브 잡스, 존 D. 록펠러, 앤드루 카네기, 니콜라 테슬라, 그레이스 호퍼(컴퓨터 언어 코볼COBOL을 만든 인물—옮긴이), 캐서린 그레이엄(미국 〈워싱턴 포스트〉와 〈뉴스위크〉 발행인—옮긴이), 샘 월튼(월마트 창업자—옮긴이), 로절린드 프랭클린(DNA의 이중나선구조를 발견하는 데 결정적인 단서를 제공한 여성 화학자—옮긴이) 등의 선각자들이 많은 시간을 보냈던 대체 현실을 방문하게 될 것입니다. 왜 전설적인 과학자, 발명가, 기업가, 예술가 모두가 혼자만의 시간을 마련하기 위해 그렇게 노력했다고 생각합니까? 조용한 곳에서 오랫동안 사색하는 것이 고차원적 사고의 비결 중 하나이기 때문입니다. 궁극적으로 당신과 평생 함께할 사람은 자기 자신뿐입니다. 그렇다면 최상의 자아와 관계를 강화하고, 자신의 천재성을 충분히 알고, 가장 고결한 자기 본성과 평생 연애를 시작하는 것이 어떨까요?

두 번째 마법 참 장식은 꽃 모양이었다. 억만장자는 향기를 맡는 시늉을 하고는 미소를 지으며 거기 달린 편지를 제자들에게 주면서 읽어보라고 했다.

## 물질적인 것들에서도 기적을 경험하라

세상은 당신에게 부담을 주고 무감각해지게 만들었습니다. 어렸을 때는 눈송이에서 기적을 발견하고, 거미줄에서 행운을 찾아내고, 가을 아침에 떨어지는 낙엽의 화려함을 좋아했죠. 본능이 알려준 겁니다. 그때는 무언가를 얻기 위해서가 아니라 삶을 탐색하기 위해 행동했죠. 삶을 바라보는 렌즈를 평범한 것들을 보여주는 렌즈에서 비범한 것들을 인식하는 렌즈로 바꾼다면 기적을 만들어내는 능력이 배가됩니다. 그리고 어릴 적에 알았던 순수한 마음에 다시 빠지게 해줍니다. 부디 더 자주 웃고, 종종 춤도 추고, 수시로 노세요.

신비주의자 플로렌스 스코블 쉰Florence Scovel Shinn은 '미래에는 신비스러운 좋은 약속들이 이루어지게 되어 있다. 하룻밤 사이에 무슨 일이 벌어질지 모르는 것이다'라고 말했죠. 부드러운 바람, 서로를 쫓는 공원의 다람쥐들, 너무 아름다워 눈물이 나는 음악 등 당신의 나날 속에 존재하는 경이를 느끼며 더 생동감 있게 살도록 하세요. 그러면 더 많은 마법을 만들어낼 수 있는 원초적 힘을 가지고 아침을 맞이하며, 왕족 같은 삶을 시작하게 될 것입니다. 절대로 연간 소득이나 순자산을 늘리기 위해 행복과 삶의 질을 희생하지 마세요. 멋진 인생을 결정짓는 요인은 수 세기 동안 변함이 없었습니다. 당신의 잠재력을 키우고 활용하고 있다는 느낌, 최대의 생산성을 끌어내고 인류에게 보탬이 되려고 노력하는 일, 큰 기쁨을 주는 긍정적인 사람들과의 깊은 관계, 감사하는 마음으로 하루를 보내면서 정신을 고양하는 시간이 바로 그것들입니다.

알다시피 로마에서 나는 일기장을 훑았습니다. 그것은 내게 주어진 모든 축복에 더욱 감사함으로써 적극적으로 생기를 높이기 위해 거행하는 의식 중 하나입니다. 내 인생의 모든 것을 소중히 여기는 마음이 생생할수록 그것들의 가치가 올라갑니다.

물질적인 것들을 소비하는 대신 멋진 경험을 수집하세요. 단순한 생활을 하고 당신의 코앞에 있는 작은 즐거움을 다시 알아차리세요. 그러는 동안 열정을 억누르는 힘들을 극복하고 가식을 벗게 될 것입니다. 그런 생활을 지속할 때 당신의 인생이 사실 얼마나 아름답고 멋진지 알게 될 것입니다.

그리고 과거는 지금의 당신 모습 전부를 만들어준 하인일 뿐, 현재 당신과 많은 시간을 보낼 동지나 완전무결한 미래를 함께할 친구는 아니라는 사실을 기억하세요. 마음 한구석에 예전의 실망감과 분노와 상처를 붙들고 있다면, 매일 아침이 선사하는 마법에 빠지는 것은 불가능합니다. 이제 당신도 그 사실을 잘 알 것입니다.

홀가분한 마음과 과거의 고통은 공존할 수 없습니다. 그러므로 이 순간에 몰입하도록 꾸준히, 부단히 자신을 훈련하세요. 물론 노력과 인내심이 필요한 일입니다. 하지만 이 순간을 음미하는 것은 눈부신 삶을 위한 필수 조치입니다. 이 시간은 실제로 당신이 가진 전부입니다. 이 세상의 대부분 돈보다 가치가 있습니다. 당신도 언젠가는 알게 될 것입니다.

세 번째 참 장식은 문 모양이었다. "모든 결말은 새로운 시작이기도 합니다. 우리가 경험하는 모든 일은 우리를 돕기 위해 일어납니다. 그리고 문 하나가 닫히면 다른 문이 항상 열릴 것입니다." 억만장자가 말했다. "설령 말이 안 되는 일이 벌어지고 있다고 해도 인생은 당신을 지지해주고 있다는 사실을 항상 믿으세요."

### 억만장자의 행동 규칙 #3
**실패는 용기를 키워준다**

J. K. 롤링J. K. Rowling은 이렇게 말했습니다. "실패를 경험하지 않고 살 수는 없다. 산다고 할 수 없을 정도로 너무 조심스럽게 살지 않는 한 말이다. 그런 경우라면 실패한 인생이다."

당신의 내면에 있는 골리앗처럼 거대한 야망과 괴수처럼 엄청난 상상력은 절대로 '사람들이 뭐라고 생각할까?', '거절당하면 어떻게 하지?', '이것을 시도한다면 어리석어 보일까?' 라고 묻는 겁쟁이에게 납치되어서는 안 됩니다.

거부당할까 봐 두려워서 무력해질 수도 있고, 밖으로 나가 세상을 놀라게 할 수도 있습니다. 하지만 둘 다 할 수는 없습니다.

끔찍하게 복잡한 이 시대에 당신의 관심을 청하는 초월적 운명이 존재한다는 것이 삶의 진실입니다. 원했던 대로 되지 않은 일을 실패로 간주함으로써 자신의 위대함을 모욕하고, 자신의 당당함을 망가뜨리고, 자신의 광채를 부정하는 일을 멈추세요. 우리 모두는 외관상의 좌절 속에 더 큰 성공을 위한 절호의 기회가 놓여 있다는 것을 알아야 합니다.

지금부터는 '예' 라는 말을 더 자주 하며 생활하세요. 용기는 패기 없는 삶을 살며 후회할 일을 막아주는 훌륭한 무기입니다.

라일리가 금속 상자에서 조심스럽게 꺼낸 다음 참 장식은 손가락

크기의 나무 붓이었다. "이것은 당신이 자기 삶의 강력한 창조자라
는 사실을 강조해줄 것입니다. 그리고 자신의 야망을 그려나갈 위
대한 예술가라는 사실을 상기하게 해줄 것입니다. 생산적이고, 번
창하며, 건강하고, 낙관적인 사람들이 우연히 그런 행운을 얻었다
는 것은 거짓말입니다. 나는 두 분에게 이 점을 확실히 이해시키려
고 많은 시간을 투자했습니다. 그들이 좋은 별자리를 타고났기 때
문에 돈과 활력, 사회에 미치는 영향력을 거머쥐게 됐다는 말은 순
전히 미신입니다."

### 억만장자의 행동 규칙 #4
### 적절히 활용된 근원적 힘은 개인적 유토피아를 창조한다

많은 사람이 자기만족의 허울 속에서 인생 최고의 시간을 흘려보냅
니다. 그들은 행복하다고 생각하고 말하지만, 내가 보기에는 비참
한 삶입니다. 그들은 더욱 발전하려 하지 않고 현재 가진 것에 만족
한다고 말함으로써 자신의 꿈을 버리고, 보석 같은 인적 자산을 소
홀히 하고, 지구에 미칠 수 있는 영향을 최소화했다는 사실을 합리
화합니다. 자신이 가진 모든 것에 감사한 마음을 가지는 대신, 그런
사람들은 자신의 고유한 힘을 완전히 도외시하고 깡그리 포기함으
로써 장래성을 없애버립니다. 그 결과 그들은 풍부한 재능을 떨칠
희망도 무참히 짓밟고 맙니다.

인생의 마법에 빠지려면 당신의 욕망을 가시적 결과로 바꿔줄
4가지 창의적인 도구를 알아야 합니다. 바로 생각, 감정, 말, 행동
입니다. 숙달과 행복에 도달하는 데 도움이 되는 생각만 하도록 정
신을 훈련하세요. 정기적으로 당신이 가진 모든 것에 대해 감사와

긍정적인 기대, 애정을 느끼도록 하세요. 오로지 희망을 주고, 마음을 풍요롭게 해주고, 격려하는 말만 하세요. 그리고 가장 현명한 자아를 기반으로 자신 안에 사는 영웅과 완전히 일치하는 행동만 하세요.

잠재력을 제대로 발휘하지 못하는 사람들을 조사해보면 그들의 상황이 왜 그렇게 어려운지 분명히 이해할 수 있을 것입니다. 그들은 가진 것 대신 부족한 것에 생각을 집중합니다. 그들은 말이 갖는 힘을 무시하며 계속해서 '문제들'을 이야기합니다. 자신이 처한 상황에 '끔찍하다'라는 이름을 붙이고 큰 성공과 부, 만족, 타인을 위한 열정적 봉사와 같은 보상이 '불가능하다'라고 묘사합니다. 그리고 마법을 만들어내는 능력을 잃은 것이 자신의 말 때문임을 이해하지 못합니다. 말은 상황을 증폭시킵니다. 그런 사람들의 일상 행동을 들여다보면 전혀 노력하지 않고, 아름다운 인생을 바라면서도 최대한 일을 하지 않으려 하며, 자신의 인간성에 반하는 이런 범죄를 아무도 모를 거라고 믿습니다. 하지만 그들 안의 최고 마술사, 즉 그들의 양심과 잠재의식이 모든 것을 지켜보고 있습니다. 최상의 모습을 앗아가는 이 절도 행위를 목격하고 있습니다.

다음 마법 참 장식은 일부 문화권에서 사악한 사람을 물리치기 위해 사용하는 눈 모양의 부적인 나자르$^{nazar}$였다. 거기에는 '나쁜 사람을 피하세요'라는 문구가 붙어 있었다.

## 나쁜 사람을 피하라

동료들의 영향력을 절대 과소평가하지 마세요. '정서 전염emotional contagion' 현상과 뇌에 있는 거울 뉴런의 활성화를 통해 우리는 자주 어울리는 사람들의 행동을 모방합니다. 당신의 삶을 대단히 우수하고, 진취적이고, 건강하고, 긍정적이며 윤리적이며 진심 어린 애정을 가진 사람들로 채우세요. 그러면 시간이 흐르면서 당신도 그 고상한 특성들을 보이게 될 것입니다. '완전한 집중을 위한 보호막' 안에 꿈과 에너지와 열정을 앗아가는 사람들을 받아들이면, 당신도 틀림없이 그들과 같은 사람이 된다는 것을 알아두세요.

핵심은 문제를 일으키는 사람들을 피하는 것입니다. 극적인 사건들과 끊임없는 문제들로 가득한 환경에서 자란 사람들은 의식적, 무의식적으로 극적인 사건과 문제를 끊임없이 재현할 것입니다. 그런 상태가 친숙하고 안전한 집처럼 느껴지기 때문입니다. 극적인 사건과 부정적 언행을 일삼는 사람들을 멀리하세요. 그러지 않으면 조만간 그들이 당신의 위대함을 사라지게 하고 당신의 삶을 파괴할 것입니다. 그것이 그들의 일입니다.

가능한 한 모든 사람과 평화롭게 지내세요. 한 명의 적도 너무 많은 것입니다. 갈등 상황이 등장하면 도덕적으로 우월한 길을 택해 우아하게 살아가세요. 누가 당신에게 나쁜 짓을 하면 보복은 업보에 맡기세요. 그리고 세계적 수준의 삶을 사는 것으로 복수를 대신하세요.

여섯 번째 참 장식인 금고 안에는 고액의 지폐가 끼워진 편지가 들어 있었는데, 지폐는 삼각형으로 접혀 있었다.

## 돈은 희소성이 아니라 관대함의 결실이다

세상의 지배적 철학에 현혹되지 마세요. 빈곤은 외부 상황이 아니라 내적 상태의 결과입니다. 외부 상황을 탓한다면 당신이 불평하는 바로 그 상황에 번영의 마법 능력을 넘겨주게 됩니다.

돈은 전기처럼 흐르며 통용되어야 합니다. 네, 현금은 전류입니다. 순환되어야 합니다. 돈을 쌓아두면 사업과 개인 생활에서 돈의 흐름이 멈춥니다. 더 많은 돈을 받으려면 더 많은 돈을 주세요. 식당 종업원과 호텔의 객실 청소 담당자, 택시 운전사에게 후한 팁을 주세요. 자선단체에 기부하세요. 어떤 보답도 기대하지 말고 가족과 친구들에게 멋지게 베푸세요. 풍요의 쓰나미가 당신에게 몰려올 것입니다.

왜 그렇게 많은 사람이 결핍을 느끼며 생활하는지 궁금할 것입니다. 이런 존재 상태는 돈으로 인한 상처 때문입니다. 부모들의 메시지와 어린 시절에 큰 영향을 받았던 사람들의 가르침이 잠재의식에 깊숙이 박혔기 때문입니다. 그들은 흔히 이렇게 이야기합니다. "가진 것에 만족하라", "부자들은 정직하지 않다," "돈은 나무에서 자라는 게 아니다." 이런 말들이 감수성이 예민한 나이의 우리 안에 결핍에 관한 어두운 씨앗을 심어준 것입니다.

내가 부를 형성하게 해준 관행 4가지가 있는데, 두 분에게 선물로 알려주려고 합니다. 긍정적 기대, 적극적 믿음, 늘 감사하는 마음, 가치의 전파가 그것입니다. 당신이 번창하리라는 의식을 개발하고 수호할 때 수입과 순자산이 비약적으로 증가할 것입니다. 그러므로 이 행동 규칙을 올바로 이해하세요. 우리 문화에서는 너무 많은 사람이 돈이 부족하다고 생각해서 슬픈 일이 많이 생깁니다.

"다음은 무엇인가요?" 화가가 탐스러운 포도송이를 따서 통째로 입에 넣으면서 물었다.

억만장자는 금속 상자에서 러닝화 모형을 꺼내면서 말했다. "운동은 확실한 마법이죠. 내가 두 분을 위해서 쓴 편지가 거기 달려 있어요."

편지 내용은 다음과 같았다.

### 억만장자의 행동 규칙 #7

**최적의 건강은 마법을 만들어내는 능력을 최대화한다**

아침에 맨 먼저 운동부터 하면 우선 건강해집니다. 가장 중요한 건강 문제가 해결됐으므로 당신의 인지, 에너지, 생리, 영혼은 그날 하루 경이로움을 창조할 준비가 됩니다.

매일 꾸준히 운동하기 시작하면 운동을 빠뜨린 날 몸 상태가 얼마나 다른지 느끼고 놀라게 될 것입니다. 운동하는 습관을 받아들이기 전에 대체로 그런 상태로 생활했다는 뜻이죠. 평소 상태가 무기력했기 때문에 그것을 의식하지 못했을 뿐인 겁니다.

사실 최상의 건강 상태는 진정한 재산입니다. 건강을 잃은 사람들은 건강을 회복하기 위해 남은 생애를 바칩니다. 넘치는 활력은 번영을 증진하는 놀라운 방법이기도 합니다. 생애 최고의 건강 상태에 도달하고, 전문가 수준으로 영양 섭취를 조절하고, 수면 의식을 습관화하고, 노화를 최대로 늦출 때 주권적 자아에 대한 깊은 이해력이 향상됐다고 느끼게 됩니다. 그래서 자신의 천재성과 영광,

연민을 세상에 더 보여주게 됩니다. 이는 결국 부를 가져다줄 것입니다. 그보다 훨씬 중요한 점은 사회에 더 크게 이바지할 수 있는 위치에 놓이게 된다는 것입니다. 도움이 되는 것만큼 매력적인 일은 없죠. 모든 마술사는 이런 진실을 잘 알고 있습니다.

여덟 번째 참 장식은 등산가 모형이었다.

**억만장자의 행동 규칙 #8**
### 세계적인 수준에 확실히 도달할 때까지 삶의 기준을 계속 높여라

'쾌락 적응hedonic adaptation'은 인간이 환경과 삶의 변화에 적응하는 심리 기제를 말합니다. 몇 년 동안 원해왔던 금액으로 월급이 인상되면 하루 동안은 매우 기쁩니다. 하지만 얼마 후면 월급의 기준이 그 금액으로 바뀝니다. 당신의 기쁨은 사라지죠. 기차 선로 가까이에 있는 시끄러운 아파트로 이사를 해도 시간이 지나면 기차 소리가 거슬리지 않습니다. 꿈의 자동차를 막 샀을 때는 흥분으로 어쩔 줄 모르지만, 몇 주만 지나면 또 다른 익숙한 광경이 될 뿐이죠. 전부 쾌락 적응의 예들입니다. 그리고 이런 현상은 우리 삶 안에서도 전개됩니다.

이런 인간의 성향에 대한 한 가지 대항 수단은 개인적 기준과 삶의 질을 끊임없이 높이는 것입니다. 분기마다 이전 분기보다 나아지고, 해마다 이전 해보다 나아지게 하세요. 이것이 거장과 전설들의 발전 방법입니다.

이와 관련하여 내게 큰 도움이 됐던 중요한 철학이 있습니다. 바로 세계적 수준의 삶을 사는 것입니다. 인생은 너무 짧으니 자신을 최대한 멋지게 대접해야 합니다. 자신을 잘 보살필수록 다른 사람, 일, 돈, 세상과의 관계도 그에 상응하는 수준으로 향상될 것입니다. 외적 대상과의 관계는 자기 내면과의 관계를 보여주기 때문입니다. 인간은 그런 존재입니다.

당신이 살 수 있는 최고의 책에 투자하세요. 몇 배로 보상받을 것입니다. 지금은 당신이 사는 지역의 최고급 식당에서 샐러드를 먹을 정도의 돈밖에 없다고 해도 최고의 솜씨로 준비된 환상적인 음식을 드세요. 자신이 사는 도시에서 가장 좋은 호텔에 가서 커피를 마시도록 하세요. 자신이 사는 도시의 프로 스포츠팀을 좋아한다면 몇 시즌 동안 싼 좌석에서 경기를 관람하기보다는 코트사이드 좌석에서 한 경기만 관람하세요. 가능한 한 가장 좋은 차를 몰고 다니세요. 매일 신나는 음악을 들으세요. 미술관을 방문해서 화가의 창의성과 정신이 당신의 영혼에 영향을 주게 하세요. 그리고 자주 꽃을 가까이하는 것도 잊지 마세요. 꽃은 모든 비전의 소유자들이 찾았던 대체 우주를 보는 능력뿐만 아니라 빈도를 높여줍니다. 그렇게 많은 성인과 선지자, 치유자, 현자가 꽃을 곁에 두었던 이유가 무엇이겠습니까? 꽃이 인간의 능력에 어떤 영향을 미치는지 알면 깜짝 놀라게 될 것입니다.

아홉 번째 참 장식은 심장이었다.

**억만장자의 행동 규칙 #9**

## 깊은 사랑은 억누를 수 없는 기쁨을 낳는다

기회가 닿는 대로 사람들에게 사랑을 보여주세요. 윌리엄 펜<sup>William</sup>

Penn은 "인생은 한 번 사는 것이다. 따라서 내가 보여줄 수 있는 친절이나 다른 사람에게 베풀 수 있는 선행이 있다면 미루거나 무시하지 말고 지금 행동으로 옮겨라. 다시는 이 시간이 오지 않을 것이기 때문이다"라고 했죠. 이 말은 내 인생의 대부분을 인도해주었고 큰 도움을 주었습니다.

당신과 그들이 아직 살아 있을 때 그들을 얼마나 자랑스러워하는지, 얼마나 사랑하는지 말해주세요. 언젠가 만난 한 남자는 살아 있는 사람을 보기만 해도 큰 기쁨을 느낀다고 하더군요. 이유가 뭐냐고 물었더니 "죽은 사람을 너무 많이 봐서 살아 있는 사람을 만나는 것이 특별한 선물이기 때문입니다"라고 대답했어요.

우리 가운데 언제 죽음을 맞이할지 아는 사람은 아무도 없습니다. 그런데 왜 가장 가치 있는 인간의 능력, 깊이 사랑할 수 있는 능력을 발휘하기를 망설이나요?

생기 넘치는 사람으로서 당신의 임무 중 하나는 사람들이 자신에 대해 더 긍정적인 감정을 갖게 해주는 것입니다. 그리고 미소짓게 해주는 것입니다. 사람들을 행복하게 해주기가 얼마나 쉬운지 알고 나면 깜짝 놀랄 것입니다. 당신이 아끼는 모든 사람에게 예전 방식대로 사랑의 편지를 써주세요. 당신을 도와준 사람에게 감사 쪽지를 쓰고 보답의 메시지를 보내세요. 거절에 대한 극도의 두려움 때문에 움츠러들지 말고 당신의 진정한 감정을 표현하세요. 그리고 다른 사람에게 늘 관심을 두세요. 표현하려다 만 배려의 말과 따뜻한 감정, 실행하지 못한 선행은 최상의 자아에 제약이 될 것입니다.

"이거 받아요." 억만장자가 제자들에게 작은 천사 인형을 건네며 부드럽게 말했다. "이 편지에 있는 내용은 특히 중요합니다. 마음을 활짝 열고 읽기 바랍니다."

편지 내용은 다음과 같았다.

**억만장자의 행동 규칙 #10**

## 지상의 낙원은 장소가 아니라 마음의 상태다

매일 경외심을 품고, 정기적으로 경이로움을 느끼세요. 경이로움은 행복의 중요한 원천이며, 계속 성장하는 천재성을 촉진하는 핵심 기술입니다. 세상의 모든 위대한 인물은 매혹적인 하루의 마법을 즐기는 법을 배웠습니다.

이미 말했다시피 나는 인생의 실험들을 통해서 불멸의 철학자, 신비주의자, 구세주들이 말하는 '지상의 낙원'이 방문해야 할 장소가 아니라 존재의 상태라는 사실을 이해하게 됐습니다. 마인드셋을 가꾸고, 하트셋을 정화하고, 헬스셋을 최적화하고, 소울셋을 고양함에 따라 삶을 인식하고 경험하는 방식이 바뀌고 당신의 경험에 혁명이 일어날 것입니다. 정말입니다. 하지만 당신이 내면을 가꾸는 이 중요한 일을 하지 않는다면 지상의 낙원을 결코 알 수 없을 것입니다.

그렇게 자기연마에 할애하는 시간이 많을수록 자기애가 더욱 커질 것입니다. 화려한 성공과 개인적 기쁨은 모두 자신에 대한 사랑에 달려 있습니다. 의심, 불안, 두려움에 사로잡히는 것은 내적 가치를 낮게 보기 때문입니다. 어린 시절에 사람들에게 들었던 이야기 때문에 당신의 잠재의식은 자신의 용기를 무시하고, 자신의 위엄을 억누르고, 자신의 위대함을 쇠사슬로 묶게 됐습니다.

당신이 진실이라고 배운 거짓 믿음을 내려놓고, 모든 사랑에 마음을 닫게 한 감정적 상처에서 놓여날 때 내가 암시해온 이 모든 새로운 현실을 느낄 능력이 발달할 것입니다. 새로운 현실은 늘 거기에 있었습니다. 하지만 세상을 보는 당신의 필터가 오염되어 있어서 그 현실을 볼 수 없었던 것입니다.

그렇지만 아무 문제 없습니다. 결국 당신에게 일어난 일들 가운데 우연은 거의 없었음을 깨닫게 될 것입니다. 모든 게 당신의 성장을 위한 일이었습니다. 또한 당신에게 유익한 일이었습니다.

사업가와 화가는 열한 번째이자 마지막 마법 참 장식을 보고 약간 당황했다. 관 모양이었기 때문이다. "당신이 정말로 인생의 마법을 부리고 싶다면 이것을 자주 떠올리세요." 억만장자가 말했다.

이번 편지는 이전 것들과 달리 붉은 잉크로 쓰여 있었다.

### 억만장자의 행동 규칙 #11
**내일은 권리가 아니라 보너스다**

영웅적 행위를 연기하지도 말고 마음의 평화를 미루지도 마세요. 1시간 안에 당신의 인생이 무너질 수도 있습니다. 나는 낙관주의자이며 희망을 버리지 않는 장사꾼입니다. 하지만 현실주의자이기도 합니다. 사고, 질병, 상실, 죽음은 매일 일어납니다. 이런 일이 절대로 일어나지 않으리라고 생각하는 것이 인간의 본성입니다. 하지만 현명한 철학자들은 모두 인간 존재의 덧없음을 가르치죠.

이런 통찰로 무장하고 당신의 유한성을 인식하세요. 살날이 그리 길지 않다는 사실을 이해하세요. 그리고 아름다운 아침을 맞을 때마다 죽음에 가까워지고 있음을 생각하세요.

자신의 소질과 재능을 발휘하기를 미루지 마세요. 그리고 그 과정을 즐기세요. 위엄 있는 존재로 성장하는 시간을 즐기세요. 슬프게도 많은 사람이 아름답고 재미있고 마법 같은 삶을 살기를 미루며, 마침내는 너무 늙어서 그런 삶을 충분히 즐기지 못하게 됩니다.

인생은 참으로 즐거운 여행입니다. 물론 우리 모두가 시련과 비탄도 경험합니다. 하지만 좋은 일이 대부분이죠. 영웅 이야기에는 악당도 등장하고 중간중간 흥미진진한 비극적 사건들이 함께 나와 줘야 궁극적 승리를 고대하며 지켜보게 됩니다.

인생이 짧다는 사실을 늘 염두에 두세요. 시간이 생길 때까지, 또는 승진을 할 때까지, 은행 잔액이 늘 때까지 행복을 미루지 마세요. 그것들은 모두 핑계이니 당신의 인생행로에서 축출해버리세요.

내일은 약속이지 사실이 아닙니다. 매일 아침을 즐기고 지구에서의 하루하루를 감사히 여기세요. 대담하게 모험을 하면서도 상식적인 대비책을 마련해두세요. 내일이 없는 것처럼 생활하는 동시에 영원히 살 것처럼 행동하세요. 그래서 최후의 날이 왔을 때, 내면에 갖추고 있는 전설이 될 능력을 당당히 증언하며 살아왔다고 생각할 수 있게 하세요.


마지막 편지까지 다 읽자, 억만장자는 제자들을 꼬옥 껴안았다.

"사랑합니다. 정말 보고 싶을 거예요."

그러고는 산악자전거만 남겨두고 포도밭 속으로 사라졌다.

17장

# 자기 인생의 주인이 되다

영웅처럼 살아라. 그것이 고전의 가르침이다.
주인공이 되어라. 아니면 무엇을 위해 살겠는가?
J.M. 쿠체

---

남아프리카공화국, 케이프타운의 V&A 워터프런트에 있는 헬기장
은 관광객들이 대관람차인 케이프 휠을 타는 곳 근처에 자리 잡고
있고, 요트 대회에서 선수들이 보급품을 보충하는 중간 기착지이기
도 하며, 낚싯배를 예약하고 진한 아침 커피를 살 수도 있는 곳이다.

갈색 머리에 도서관 사서 같은 안경을 쓴 쾌활한 여성이 억만장자
와 사업가, 화가에게 탑승 전 브리핑을 했다. 세 사람은 헬리콥터를
타고 로벤섬에 갈 예정이었다.

케이프타운 해안에서 그리 멀지 않은 곳에 있는 조그맣고 황량한
섬, 로벤섬은 넬슨 만델라<sup>Nelson Mandela</sup>가 총 수감 기간 27년 중에서

18년 동안 갇혀 있었던 곳이다. 그곳에서 이 위대한 영웅은 공격받고, 학대당하고, 끔찍한 대우를 받았다. 하지만 그는 자신을 감옥에 가둔 이들에게서도 선함을 엿보며 화해의 손길을 내밀어 모든 사람이 평등한 민주주의 국가라는 희망을 지켜냈다.

아인슈타인은 마하트마 간디에 대해 "다음 세대는 이런 사람이 실제로 살아서 지구상에 걸어 다녔다는 사실을 믿기 힘들 것이다"라고 말했다. 넬슨 만델라에 대해서도 똑같이 표현할 수 있을 것이다.

"로벤섬까지의 짧은 여정에 여러분을 모시게 되어 대단히 기쁩니다." 여자가 정중하게 말했다. 남아프리카공화국 사람들은 대단히 예의 바르고 사려가 깊었다.

억만장자는 모자 앞쪽에 '지도자는 도움을 주는 사람이다' 라는 수가 놓인 검정 야구 모자를 쓰고 있었다.

"헬기장에 올라가면 그 모자를 벗어야 할 거예요, 젊은이." 여자가 황금빛으로 반짝이는 눈으로 그에게 말했다.

억만장자가 환하게 웃으며 두 사람에게 속삭였다. "나를 좋아하나 봐요." 그러더니 얼른 덧붙였다. "오늘이 우리의 마지막 수업이네요."

안전수칙을 전달받은 후 세 사람은 건물을 나와 피크닉 탁자 두 개가 놓인 아스팔트 대기장으로 안내됐다. 햇볕은 쨍쨍했지만 바람이 거셌다. 억만장자는 모자를 벗었다.

억만장자가 속으로 생각했다. '좀 불안하네. 로벤섬은 처음 와보는군. 인성이나 마음은 고려하지 않고 피부색에 따라 인간을 대우했던 비인간적이고 사악한 아파르트헤이트 체제 아래서 어떤 일들

이 벌어졌는가에 대해서는 많이 읽었지만.'

한 젊은이가 비어 있는 정비소 중 한 군데에서 나오더니 억만장자와 그의 제자들에게 헬기장으로 따라오라고 했다. 헬기장 중앙에는 회전 날개가 윙윙 돌아가는 국방색 헬리콥터 한 대가 있었다. 조종사는 다이얼과 손잡이 등을 맞추며 조종석에 앉아 있었다.

젊은이는 안전을 위해 무게가 분산되도록 꼼꼼하게 세 고객의 자리를 정해서 앉힌 다음에 억만장자의 머리에 마이크가 달린 헤드폰을 씌웠다.

"좋은 아침입니다." 점점 빨리 돌아가는 회전 날개의 소음을 뚫고 억만장자가 헬리콥터 조종사에게 큰 소리로 인사를 건넸다. 조종사의 얼굴은 헬멧과 조종사용 선글라스, 안면보호대에 가려 보이지 않았다. 그는 한마디도 하지 않았다.

"그리 친절하지는 않네." 억만장자는 곧 시작될 일생일대의 경험이 좀 불안하면서도 신나고 흥분되는 상태에서 중얼거렸다.

헬리콥터가 비상하기 시작했다. 처음에는 서서히 올라가더니 금방 고도를 높였다.

"비행은 5분 정도 소요될 것입니다. 오늘은 바람도 아주 강하고 너울도 아주 높이 일고 있습니다." 조종사의 말은 그게 전부였다. 그마저도 무뚝뚝하게 했다.

억만장자와 화가, 사업가는 조용히 있었다. 각자 로벤섬만 바라봤다. 서서히 모습을 드러내는 섬은 생각했던 것보다 넓고 혹독한 땅 같았다.

헬리콥터는 키 작은 나무들로 둘러싸인 헬기장에 착륙했다. 그

소리에 영양 일곱 마리가 우아하게 달아났다. 그렇다, 정확히 일곱 마리였다! 동시에 비가 내리기 시작했다. 모리셔스에서 돌고래와 수영할 때 나타났던 것처럼 수평선 전체를 가로질러 쌍무지개가 떴다.

"모든 것이 특별하네요." 화가가 아내와 팔짱을 끼고 말했다.

"우리는 확실히 마법의 세계에 들어왔어요." 억만장자가 로벤섬을 경험할 기회를 대단히 고맙게 여기는 동시에 그곳에서 파괴된 소중한 생명들에 대한 슬픔이 느껴지는 정중한 어조로 대답했다.

세 명의 승객이 착륙장의 아스팔트로 내려와 조용히 풍경을 눈에 담는 동안 조종사는 버튼을 누르고 시동을 끄면서 조종석에 남아 있었다.

그때 낡은 픽업트럭이 거대한 먼지구름을 달고 그들을 향해 달려왔다.

"여기 있으면 안 됩니다." 헬리콥터 앞에 도착하자마자 경비원이 분명한 트럭 운전자가 강한 남아공 억양으로 소리쳤다. 그는 차에서 내리지도 않았다.

"날씨 때문에 일반인은 로벤섬 입장이 안 됩니다." 그가 힘주어 말했다. "모든 여객선이 운항하지 않고 있습니다. 헬기도 착륙 허가를 내주지 않습니다. 위험하게 이게 무슨 짓입니까! 당신들은 대체 뭡니까?"

경비원은 줄곧 전문가의 자세를 유지했다. 하지만 놀랐다는 게 눈에 보였다. 게다가 약간 겁먹은 모습이 지상 공격에 나선 헬리콥터라도 상상하는 듯했다.

"문제 될 거 없습니다." 조종사가 보기 드문 단호함과 자신감을 보이며 말했다. 헬리콥터에서 내린 그는 트럭 쪽으로 천천히 걸어가면서 셔츠를 가다듬었다. 조종사는 젊은 사람이 아니었다. 걸음걸이로 보아 알 수 있었다.

"오늘은 이 사람들에게 특별한 날입니다." 조종사의 목소리가 점점 커졌다. "이들은 넬슨 만델라가 투옥됐던 감옥을 보려고 먼 길을 왔습니다. 바위에 반사된 햇빛에 시력이 영원히 손상됐을 정도로 강한 땡볕 아래서 만델라가 10년 넘게 돌을 잘라내야 했던 석회암 채석장을 보러 왔습니다. 그가 운동을 하고, 테니스공에 비밀 메시지를 넣어 옆 감방 건물에 투옥된 동료 정치범들에게 던지곤 했던 감옥 안마당도 보고 싶어 합니다. 넬슨 만델라가 오랫동안 써온 자서전《자유를 향한 머나먼 길Long Walk to Freedom》 원고를 땅에 몰래 묻었던 지점도 가봐야겠죠. 만델라가 여기서 18년이라는 모진 세월 동안 겪은 고통을 조금이라도 체험해봐야 할 거고요. 그가 인생의 가장 좋은 시절을 도둑질당하는 악랄한 대우를 받았음에도 석방된 후 자신에게 그토록 잔인했던 모든 사람을 용서하기로 했다는 것도 알아야겠죠."

조종사는 픽업트럭 앞에 멈춰 섰다. "이 사람들은 스스로 진정한 영웅이 되고 싶어 한다더군요. 일에서도 개인 생활에서도요. 이들은 생산성의 선두주자, 숙달된 능력을 완전히 발휘하는 우상, 인류 발전의 길을 개척하는 사람이 되기를 소망합니다. 세계에 요즘만큼 순수한 영웅이 필요했던 적이 없습니다. 내가 연단에서 늘 가르쳐왔듯이, 당신 안에 영웅에 합류할 수 있는 능력이 있는데 왜 영웅을 기다립니까?"

조종사가 고개를 돌리며 물었다. "그렇지 않아, 스톤?" 그 순간 억만장자의 입이 떡 벌어졌다.

조종사가 아주 조심스럽게, 거의 슬로 모션처럼 안면보호대를 벗었다. 그다음에는 선글라스를, 마지막으로 헬멧을 벗었다.

억만장자와 사업가, 화가는 깜짝 놀랐다. 그는 바로 연사였다.

용의주도하게 설치된 차가운 형광등 불빛은 낮인데도 로벤섬 감옥을 기괴하고 으스스해 보이게 했다. 또한 열악하고, 잔혹하고, 무자비하다는 느낌이 들게 했다.

환상적인 그날 아침, 남아공에서는 보이지 않는 손들이 5AM 클럽 회원들을 이끄는 것만 같았다. 우선 먼지투성이 픽업트럭을 몰고 달려온 경비원이 연사의 열렬한 추종자였다. 1호 팬을 자처하는 그는 연사의 가르침을 정말 좋아했다. 아마도 억만장자는 '마법'이라고 불렀을, 공시성<sup>synchronicity</sup>(카를 융이 제창한 개념으로 '의미가 있는 우연의 일치'를 말한다—옮긴이)의 작용이었을 것이다.

실제로 이런 일이 일어났다는 게 믿기지 않겠지만 관리 책임자도 연사의 팬이었다. 날씨가 나빠서 순회 버스의 운행도 중단됐지만, 그녀는 경비원에게 허락을 받아 방문객들이 서 있는 곳으로 버스를 몰고 왔다. 그리고 섬에 남은 소수의 안내원 중 한 명에게 개인 투어를 부탁했다. 억만장자와 사업가, 화가, 연사만을 위한 투어였다.

모든 삶, 특히 힘든 삶에서는 가능성과 기적의 문이 활짝 열리면서 각자가 경험하는 모든 일이 자기 능력의 최대치, 가장 멋진 환경, 최고선에 가까워지게 하려는 어떤 지적인 그리고 종종 비논리적인 계획의 일부라는 진실을 보여줄 때가 있다.

우리가 인생행로를 밟으면서 겪는 모든 일이 사실 우리에게 자신의 진정한 재능을 소개하고, 가장 상위 자아인 주권적 자아와 연결해주고, 저마다의 내면에 남아 있는 영예로운 영웅과 더욱 친숙해지도록 환상적으로 설계되고 편성된 것이다. 그렇다, 우리 한 사람한 사람 안에는 영웅이 있다. 당신 또한 마찬가지다.

그 역시 정치범이었던 안내원은 체격이 크고 목소리가 걸걸한 남자였다. 그는 넬슨 만델라가 그렇게 긴 세월 가혹한 생활을 강요당했던 감방으로 방문객들을 안내하면서 질문 하나하나에 성실히 답해줬다.

"당신도 넬슨 만델라를 알고 지냈나요?" 연사가 사려 깊게 물었다.

"네, 로벤섬에서 8년간 그와 함께 수감 생활을 했습니다."

"인간적으로 그는 어떤 사람이었나요?" 이렇게 질문하는 화가는 아파르트헤이트 시대에 수많은 잔학행위가 일어났던 감옥의 중앙통로를 걸어가면서 감정이 복잡한 듯했다.

"오, 그분은 겸손한 공복公僕이었죠." 안내원은 우아하고 지혜로운 미소를 띠며 부드럽게 대답했다.

"그럼 지도자로서의 만델라는 어땠나요?" 사업가의 질문이 이어졌다.

"대단했죠. 당당했습니다. 빈틈없는 처신에 온갖 고초에도 의연한 자세가 사람들에게 영감을 불어넣었죠. 동료 지도자들을 만날때마다, 흔히 이 마당에서 만났는데." 안내원이 정치범들이 걷고, 대화를 나누고, 계획을 세우고, 서 있었던 장소로 들어서며 말했다. "그분은 '공부는 하고 있지?'라고 묻곤 했습니다. 각자 한 명씩 가르치라는 말도 자주 했습니다. 그런 식으로 매일 배움을 공유함으로써 주변 사람들의 리더십 능력을 향상시키는 것이 중요하다고 동료들에게 조언했습니다. 만델라 대통령은 궁극적으로 자유로 가는 가장 빠른 길이 교육이라는 사실을 이해하고 있었습니다." 안내원이 덧붙였다.

"그 양반은 아주 고약한 대우를 받았습니다. 장시간 석회암 채석장에서 뼈 빠지게 노동해야 했고, 온갖 수모와 굴욕을 당했으며, 이곳으로 이감된 지 몇 년 후에는 감옥 마당에 무덤을 파고 그 안에 누워 있으라는 명령까지 받았습니다."

"이제 죽는구나 생각했겠네요." 억만장자가 나직이 말했다.

"아마도요." 안내원이 대답했다. "그런데 교도관들이 바지 지퍼를 내리고 그에게 오줌을 갈겼죠."

연사와 억만장자, 사업가, 화가는 다 같이 아래를 내려다봤다.

"우리 모두는 자신의 로벤섬에 갇혀 있을 수도 있겠네요." 억만장자가 생각에 잠기며 말했다.

"살아가는 동안 우리는 자기 몫의 시련과 불의를 견뎌냅니다. 물론 여기서 일어났던 일만큼 심각한 것들은 아니죠. 어디서 읽은 적이 있는데, 넬슨 만델라는 교통사고로 죽은 장남의 장례식에 참석할 수 있도록 외출을 허락해주지 않은 것이 가장 유감이었다고 말했대요."

억만장자가 말했다. 그는 하늘을 올려다봤다. "누구든 유감스러운 일이 있을 거예요. 그런데 자신만의 시련과 비극을 겪지 않고는 거기서 헤어나오지 못합니다."

안내원이 마당으로 나오는 출입구의 오른쪽 네 번째 창문을 가리키며 말했다. "저기가 만델라 대통령의 감방이었어요. 들어가시죠."

감방은 믿을 수 없을 만큼 좁았다. 침대도 없었다. 의자조차 없어서 만델라가 무릎을 꿇고 일기를 써야 했던 작은 나무 탁자 하나와 갈색 담요 한 장뿐이었고, 바닥은 콘크리트였다.

"남아공은 겨우내 몹시 추운데도 만델라 대통령은 투옥된 첫해에는 긴바지를 입는 것도 허락되지 않았습니다. 얇은 셔츠와 조잡한 반바지만 주어졌죠. 그분이 샤워할 때는 교도관들이 벌거벗은 그를 서서 지켜보았습니다. 수치심을 주어 그를 무너뜨리려고요. 식사 시간이면 짐승도 먹지 못할 음식을 주었습니다. 부인과 자녀의 편지가 와도 전달해주지 않을 때가 많았습니다. 아니면 심하게 검열을 한 다음에 주었죠. 전부 만델라 대통령의 기개를 짓밟으려는 속셈으로 그런 거였습니다."

"거센 바다에 둘러싸인 이 황량한 섬의 좁디좁은 감방 안에서 그가 견뎌낸 모든 고난이 그를 발전시키고, 관대하고 강해지게 했다는 생각이 드네요. 감옥은 그에게 호된 시련의 장이었습니다. 가혹한 대우는 타고난 능력과 최고의 인간성, 오점 없는 완벽한 영웅으로 그를 인도하는 구원의 길이 되었고요. 이기심과 무관심, 인간성과 단절된 사람들로 가득한 세계에서 그는 주어진 상황을 딛고 다른 사람들에게 리더십, 불굴의 용기, 사랑이 어떤 것인지 보여준 인물로 성장했습니다. 그럼으로써 용서와 평화를 상징하는 위대한 인물이 되었습니다." 연사가 의견을 밝혔다.

"네, 맞습니다." 안내원도 수긍했다. "결국 만델라 대통령은 로벤 섬에서 드라켄스타인 교도소로 이송됐습니다. 그분은 남아공의 대통령이 되는 것이 불가피했으므로 심하게 분열된 국가를 이끌 준비를 하고 있었습니다. 그분은 수감 생활 막바지에는 교도관의 집에서 지냈고, 석방되던 날 그 집을 나와 긴 포장도로를 걸어 경비초소와 흰 정문을 통해 나갔죠. 만델라 대통령은 자유로운 세상으로 나가는 그 길을 차를 타고 가겠냐는 제의를 받았지만 그냥 걸어가겠다며 거절했죠. 여러 세대를 고무시킬 유산을 남긴 변혁의 지도자이며 역사의 창조자인 그는 오랫동안 기다렸던 해방을 향한 발걸음을 그렇게 내디뎠습니다."

안내원이 긴 한숨을 내쉰 다음 이야기를 계속했다.

"만델라 대통령이 취임했을 때 남아공은 내전이 일어나기 직전이었습니다. 그렇지만 그는 파괴자가 아니라 통합자가 될 수 있었죠. 나는 그가 재판 때 했던 유명한 연설을 아직도 기억합니다."

— 나는 평생 아프리카인의 투쟁에 헌신해왔습니다. 백인의 지배에도 맞서 싸웠고 흑인의 지배에도 맞서 싸웠습니다. 나는 모든 사람이 평등한 기회를 얻고 조화롭게 살아가는 자유민주주의 사회를 건설한다는 이상을 간직해왔습니다. 나는 이 이상을 위해 살아왔고 그것이 실현되는 것을 보고 싶습니다. 이 이상을 위해서라면 나는 죽을 각오도 되어 있습니다.

라일리는 좁은 감방의 시멘트 바닥을 계속 바라봤다.

"만델라 대통령은 진정한 영웅이었습니다." 안내원이 강조했다. "그는 석방된 후 자신에게 사형을 구형했던 검사를 저녁 식사에 초대했습니다. 이곳 로벤섬에서 자신을 감시했던 교도관 한 명을 자신의 취임식에 초대하기도 했고요."

"정말요?" 사업가가 조용히 물었다.

"네, 사실입니다." 안내원이 대답했다. "그분은 진정한 지도자이자 진정한 용서를 보여준 분이었습니다."

연사가 손가락을 들어 할 말이 있다는 신호를 보냈다. "넬슨 만델라는 '나는 자유로 이어지는 문을 걸어 나올 때 비통함과 증오를 뒤로하지 않으면 여전히 감옥에 있게 될 거라는 것을 알았다'라고 했습니다."

"그분은 '자유롭다는 것은 단순히 사슬을 벗어나는 것이 아니라 타인의 자유를 존중하고 강화하는 방식으로 사는 것이다'라고 했어요." 안내원이 덧붙였다. "그리고 이런 말도 했습니다. '태어날 때부터 피부색이나 배경, 종교 등의 이유로 다른 사람을 증오하는 사람은 아무도 없다. 증오는 배운 것이다. 하지만 증오를 배운다면 사랑도 배울 수 있다. 왜냐하면 사랑은 증오보다 사람의 본성에 더 가깝기 때문이다'라고요."

"그는 대개 오전 5시에 일어나서 45분 동안 제자리 뛰기를 한 다음에 윗몸일으키기 200번과 손가락으로 팔굽혀펴기를 100번 했다고 읽었어요. 그래서 나도 항상 팔굽혀펴기를 해요." 억만장자가 웃으며 말했다.

안내원이 이야기를 이어갔다. "만델라 대통령이 이 감옥에 왔을 때는 성질이 급하고, 분노와 적대감으로 가득한 호전적인 청년이었습니다. 그런데 이 감옥에서 모든 사람의 우상으로 성장했죠. 데즈먼드 투투<sup>Desmond Tutu</sup>(남아프리카공화국의 성공회 신부로 노벨평화상 수상자—옮긴이) 주교로부터 '고통은 우리에게 적개심을 품게 할 수도 있고, 우리를 고귀하게 만들어줄 수 있습니다'라는 가르침을 얻었어요. 다행히도 마디바는 후자를 선택했죠. 아, 마디바는 그분 부족에서 쓰는 존칭입니다."

"세계 정상급 인물들에게는 공통점이 하나 있습니다." 연사가 말했다. "극한의 고통을 겪었다는 것입니다. 그리고 그런 상황을 자신을 치유하고, 정화하고, 고양하는 데 활용했기 때문에 각자 위대한 존재로 진화했습니다."

연사는 두 학생이 보게 될 마지막 학습 모형을 재킷에서 꺼냈다. '세상을 바꾸는 사람들의 7가지 덕목'이라는 제목이 붙은 그 학습 모형은 다음과 같았다.

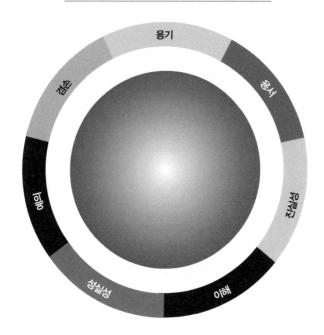

세상을 바꾸는 사람들의 7가지 덕목

"이것들은 더 나은 사회를 만드는 영웅이 되고자 하는 사람이라면 반드시 열망해야 하는 덕목입니다." 연사가 말했다. 오늘 아침 그의 목소리에서는 침울함과 강한 힘이 동시에 느껴졌다.

"리더십은 누구에게나 필요합니다. 어디에 살든, 무엇을 하든, 과거에 무슨 일이 있었든, 지금 무엇을 경험하고 있든 우리 각자는 우리를 가장 열등한 본성의 노예로 만드는 비난의 쇠고랑, 증오의 사슬, 무관심의 족쇄, 평범함의 철창을 벗어나야 합니다. 우리 모두는 매일 아침 5시에 일어나 천재성을 발휘하고, 재능을 계발하고, 품성을 도야하고, 영혼을 고양하기 위해 할 수 있는 모든 일을 해야 합니다. 우리 각자가 이렇게 해야 합니다. 세계 전역에서 말입니다."

연사는 이야기를 이어가면서 울기 시작했다. "우리 모두는 명예를 감금하고, 고결함을 속박하는 개인 감옥에서 탈출해야 합니다. 등한히 했던 소질과 재능은 저주와 슬픔이 된다는 사실을 부디 기억하세요." 그가 사업가와 화가의 눈을 똑바로 바라보며 말했다. "이제 당신들의 시대입니다."

세상을 바꾸는 사람들의 7가지 덕목 학습 모형은 창살이 쳐진 감방 창문 아래에 놓인 작은 탁자에 올려져 있었다. 연사는 탁자를 가운데로 끌고 가서 그 감방의 중앙에 오게 했다. 그런 다음 연사는 억만장자와 사업가, 화가, 안내원에게 학습 모형 가까이 둘러서라고 요청했다. 그들은 서로 손을 잡았다.

"어떤 고난과 어떤 역경을 만나도, 어떤 공격과 굴욕과 폭력이 우리를 찾아와도 우리는 끈기를 가져야 합니다. 계속 나아가야 합니다. 강인함을 유지해야 합니다. 빛나는 본성대로 살아야 합니다. 그리고 주권적 자아를 확대해야 합니다. 설령 온 세상이 우리에게 적대적인 듯이 느껴진다 해도. 우리를 인간으로 만들어주는 점은 바로 이것입니다. 설령 빛이 어둠을 이기지 못할 것처럼 보여도, 계속 자유를 향해 걸어가세요. 나머지 사람들을 위해 최고의 모범을 보여주세요. 대다수를 위해 품위의 본보기가 되어주세요. 우리 모두에게 진정한 사랑을 증명해주세요."

연사가 한 손을 들어 화가의 팔을 잡으며 말했다. "이제 당신들의 시간입니다." 그리고 다른 손은 사업가의 어깨에 부드럽게 얹었다.

그의 얼굴에 조용히 미소가 번졌다. 그는 침착해 보였다. 그리고 평화로워 보였다.

"무슨 뜻인가요?" 화가가 궁금해했다.

"당신들의 순례를 시작할 시간"이라는 간단한 답만 돌아왔다.

"어디로요?" 사업가가 약간 혼란스러워하는 표정으로 물었다.

"인류 유산이라고 불리는 영역으로." 연사가 암시했다. "많은 사람이 그곳을 관광객처럼 다녀갑니다. 소중한 아침 시간에 아주 잠깐 자신이 이뤄온 일들과 자신이 죽으면 무엇이 남을지 생각합니다. 잠시 자신의 생산성 수준, 품위, 영향력을 생각하다 산만해지죠. 바쁘다고 부산을 떨기 전에 그저 잠시 자신이 얼마나 아름답게 살았고, 얼마나 도움이 됐는지 생각해볼 뿐입니다. 이 영역을 잠시 방문할 뿐이죠."

라일리는 멘토가 하는 말을 들으면서 팔을 높이 들고 혼잣말을 했다. "나는 내 인생을 사랑합니다. 나는 더 나은 지도자가 될 겁니다. 나는 더 크게 이바지할 겁니다. 그리고 더 큰 영감을 주는 인간이 될 겁니다."

연사의 이야기가 이어졌다. "인류의 저명한 영웅들은 인류 유산이라는 영토의 시민이며 평생 거주자였습니다. 그곳은 그들의 고향이었습니다. 그리고 궁극적으로는 그 점이 그들을 전설로 만들었습니다. 그들은 자신보다는 대의를 위해 존재한다는 중대한 임무를 중심으로 살았습니다. 그래서 자신이 알던 세상보다 더 밝은 세상을 남기고 죽었습니다."

"우리 모두는 유효 기간을 갖고 태어납니다." 억만장자가 덧붙였다. "하지만 아무도 얼마나 오래 살 수 있는지는 모릅니다."

"맞아요." 사업가가 동의했다.

그때 연사가 선언했다. "오늘, 지금 이 순간은 대단히 창의적이고 생산적이며, 품위 있고 다수에게 봉사하는 사람이 되겠다는 당신들의 약속을 받기에 합당한 시간입니다. 이제 자기연마를 미루지 마세요. 본연의 힘에 더는 저항하지 마세요. 두려움, 거절, 의심, 실망의 그림자가 가장 빛나는 자아의 광채를 흐리게 놔두지 마세요. 이제 당신들의 시간입니다. 오늘은 당신들의 날입니다. 당신들의 고유한 방식으로 도약해 최고의 지도자들로 구성된 희소한 집단으로 들어가십시오. 모든 문명의 진보를 책임져온 진정한 달인, 저명한 거장, 진정한 영웅들의 세계로 들어가십시오."

다섯 명이 여전히 둥글게 서 있었다. 그들은 서로에게 미소를 지었다. 서로 존중하는 마음을 보여주는 미소였다.

"지도력은 자신이 살아가는 방식으로 사람들에게 영감을 주는 것입니다. 지도력은 가장 힘든 시기에 불길을 헤치고 용서하러 나서는 것입니다. 지도력은 타고난 권리인 위엄을 눈부시게 보여주며 인생 영역에 어떤 형태의 평범함도 침투하지 못하도록 하는 것입니다. 지도력은 공포를 승리로, 비통함을 영웅적 행동으로 바꾸는 것입니다. 그리고 무엇보다도 지도력은 이 작은 행성에서 선을 위한 힘이 되는 것입니다. 오늘 두 분은 남은 인생을 살아갈 기준을 높이라는 이 장중한 부름을 받아들여야 합니다."

이윽고 모두 함께 외쳤다. "5AM. 아침을 지배하라. 인생을 발전시켜라!"

# 5년 뒤

로벤섬에서 다녀온 지 몇 개월 후 스톤 라일리는 세상을 떠났다.

그는 로마의 역사 지구 중심에 있는 작은 아파트에서 잠을 자는 도중에 편안하게 숨을 거뒀다. 사랑하는 딸이 임종을 지켰고 연사도 함께 지켜봤다.

그가 숨지던 날 영원의 도시 로마에는 어느 때보다 많은 비둘기와 나비가 날아다녔다. 스페인 계단에서 콜로세움까지 이어지는 쌍무지개도 떴다.

억만장자는 희귀한 불치병을 앓았지만, 가장 친한 친구였던 연사를 제외한 누구에게도 그 사실을 알리지 않았다. 이 별난 재벌은 죽음을 앞두고 자신의 다양한 사업들을 정리한 다음 전액 자선단체에 기부했다. 그리고 모리셔스의 해변 별장은 사업가와 화가에게 물려주기로 했다. 그들이 그곳을 얼마나 좋아하는지 알았기 때문이다.

억만장자와 함께했던 초현실적인 모험 이후 사업가와 화가에게 어떤 일이 있었는지 궁금할 것이다. 사업가는 자신의 회사를 해당 분야의 상징적인 기업으로 성장시켜 엄청나게 부유한 여성이 됐다. 오랫동안 그녀를 괴롭혔던 과거의 악령에서 벗어났으며, 남편인 화가와 함께하는 생활을 정말로 사랑한다. 그녀는 여전히 일을 열심히 하지만, 휴식 시간도 자주 갖는다. 그녀는 막 네 번째 마라톤을 완주했고, 정원 가꾸기에 취미를 붙였으며, 매주 화요일 밤에는 노숙자 쉼터에서 자원봉사 활동을 한다. 그녀는 명성과 재산과 세속적인 힘을 갖고 있지만, 이제 그런 것들에 큰 관심이 없다.

화가가 자기 분야에서 가장 유명한 사람 중 한 명이 되었다는 것도 반가운 소식일 것이다. 그는 미루는 습관을 완전히 극복했고, 자기만의 화풍을 가진 대가로 널리 인정받고 있으며, 매우 훌륭한 남편이기도 하다. 그는 아내와 두 번의 마라톤을 뛰었으며 엄격한 채식주의자가 됐다. 수요일 밤에는 요들송 수업을 듣는다.

그리고 부부는 아주 잘생기고 똑똑한 아들을 뒀다. 그들은 아들의 이름을 스톤으로 지었다. 사업가와 화가는 여전히 5AM 클럽 회원으로, 매일 아침 동이 트기 전에 20/20/20 공식을 실천하고 있다. 그들은 라일리가 가르쳐준 내용 대부분을 여전히 실천하고 있다. 그리고 새벽 기상의 변혁적 가치를 최대한 많은 사람에게 알리겠다는 멘토와의 약속을 지켜왔다.

연사는 아직 생존해 있다. 여러 면에서 그는 예전보다도 강인하다. 도쿄를 근거지로 세계 각지의 강연장, 비행기, 호텔 객실에서 많은 시간을 보낸다. 낚시도 여전히 즐긴다.

# 영웅적 모험의 다음 단계는 무엇일까?

이 책의 결말은 여러분이 5AM 클럽에 합류하는 여정을 시작하는 것이다. 여러분이 새벽 기상을 평생의 습관으로 굳히고 20/20/20 공식을 아침 일과로 만들어 세계 수준의 결과를 얻는 데 도움을 주기 위해 로빈 샤르마는 다음과 같은 도구를 무료로 이용할 수 있도록 준비해두었다.

### 5AM 기상 습관 앱The 5 am Habit Installer
오전 5시 기상을 자동화하도록 앞으로 66일간 매일 진전 상황을 확인하는 데 도움이 될 훌륭한 앱이다. 여러분이 배운 프레임워크를 통합시켜줄 워크시트, 자신감을 북돋워 줄 음악 목록, 5AM 클럽의 다른 회원들과 연락할 수 있는 지원 플랫폼도 이용할 수 있다.

### 5AM 클럽 챌린지The 5 am Club Challenge
여러분이 자신과의 약속을 지킬 수 있도록 앞으로 2개월 동안 내용이 풍부하고 실용적인 코칭 동영상을 볼 수 있으며, 로빈 샤르마로부터의 격려와 고무적 조언도 받을 수 있다. 이를 통해 새벽 기상에 성공할 확률을 최대한으로 높일 수 있을 것이다.

### 5AM 클럽 아침 명상
로빈 샤르마는 여러분이 마인드셋을 최적화하고, 하트셋을 정화하고, 헬스셋을 강화하고, 소울셋을 고양하여 차분하고 집중력 있게, 그리고 긍정적으로 하루를 시작할 수 있도록 신중히 개발하고 세심히 수정한 명상 방법을 제공하고 있다.

이 모든 아름답고 가치 있는 자료들을 무료로 이용하려면
다음 사이트를 방문하기 바란다.
**robinsharma.com/The5AMClub**

# 여러분의 상승세에 속도를 더해줄
## 로빈 샤르마의 세계적인 베스트셀러들

지금까지 만난 사람들 중 가장 사려 깊고, 명료하고, 성공적이고, 우아한 사람들은 모두 공통된 습관을 갖고 있다는 사실을 알아차린 적이 있는가? 그들은 손에 닿는 대로 책을 읽는다.

당신이 성공의 정점에 도달했든 또는 이제 막 등반을 시작했든 독서는 위대한 사람들이 가진 가장 좋은 습관 중 하나임을 기억하라.

그래서 세계적으로 찬사를 받는 저자의 저서를 전부 소개한다. 이 책들은 최고의 생산성, 자기 일에서의 완전한 숙달, 아름다운 삶을 달성하면서 역사에 자취를 남길 수 있도록 여러분을 뒷받침해줄 것이다.

[  ]  The Monk Who Sold His Ferrari
       나를 발견한 하룻밤 인생 수업

[  ]  The Greatness Guide
       나를 빛내주는 아침 3분

[  ]  The Greatness Guide, Book 2

[  ]  The Leader Who Had No Title

[  ]  Who Will Cry When You Die?
       데일리 위즈덤 :잠들기 전 읽어야 할 인생의 지혜(나이트편)

[  ]  Leadership Wisdom from The Monk Who Sold His Ferrari
       티벳 수도승이 전해준 리더십의 8가지 지혜

[  ]  Family Wisdom from The Monk Who Sold His Ferrari
       훌륭한 부모는 리더십을 유산으로 남긴다

[  ]  Discover Your Destiny with The Monk Who Sold His Ferrari
       나를 찾아가는 여행

[  ]  The Secret Letters of the Monk Who Sold His Ferrari

[  ]  The Mastery Manual

[  ]  The Littel Black Book for Stunning Success

[  ]  The Saint, the Surfer, and the CEO
       바보 책, 90일 만에 성자가 되어 돌아오다

내 안의 무한한 잠재력을 깨우는 아침

# 변화의 시작 5AM 클럽

제1판 1쇄 발행 | 2019년 1월 31일
제1판 12쇄 발행 | 2024년 6월 18일

지은이 | 로빈 샤르마
옮긴이 | 김미정
펴낸이 | 김수언
펴낸곳 | 한국경제신문 한경BP
책임편집 | 김종오
저작권 | 박정현
홍보 | 서은실·이여진·박도현
마케팅 | 김규형·정우연
디자인 | 장주원·권석중
본문디자인 | 디자인 현

주소 | 서울특별시 중구 청파로 463
기획출판팀 | 02-3604-590, 584
영업마케팅팀 | 02-3604-595, 562   FAX | 02-3604-599
H | http://bp.hankyung.com   E | bp@hankyung.com
F | www.facebook.com/hankyungbp
등록 | 제 2-315(1967. 5. 15)

ISBN 978-89-475-4443-6   03320